珠江三角洲城际轨道交通广州至佛山段（广佛线）二期工程施工技术研究

孙钟权　朱建峰　王　虹　主编

中国建筑工业出版社

图书在版编目（CIP）数据

珠江三角洲城际轨道交通广州至佛山段（广佛线）二期工程施工技术研究/孙钟权，朱建峰，王虹主编. —北京：中国建筑工业出版社，2019.9
ISBN 978-7-112-23990-0

Ⅰ.①珠… Ⅱ.①孙…②朱…③王… Ⅲ.①珠江三角洲-城市铁路-轨道交通-工程施工-研究 Ⅳ.①U239.5

中国版本图书馆 CIP 数据核字（2019）第 149246 号

　　本书对珠江三角洲城际轨道交通广州至佛山段二期工程施工技术进行了较为全面细致的总结。该工程包括 4 个地下车站、3 个盾构区间、1 个明挖区间。本书对建设期间富水砂层、淤泥地层、围护结构施工及开挖处理技术，锚索处理及半截墙施工技术；盾构分体始发、盾构施工穿越塑料排水板及脱困技术，盾构穿越锚索群地层施工技术、盾构故障处理及脱困技术、隧道基底软弱地层加固等施工技术进行了较为深入的总结分析，资料丰富、记录全面，可参考性较强。

　　本书可供城市轨道交通土建技术人员、工程管理人员及教学、科研等相关人员参考。

责任编辑：刘颖超　孙书妍
责任校对：赵听雨　张惠雯

珠江三角洲城际轨道交通广州至佛山段（广佛线）二期工程施工技术研究

孙钟权　朱建峰　王　虹　主编

*

中国建筑工业出版社出版、发行（北京海淀三里河路 9 号）
各地新华书店、建筑书店经销
霸州市顺浩图文科技发展有限公司制版
北京富诚彩色印刷有限公司印刷

*

开本：787×1092 毫米　1/16　印张：18　字数：399 千字
2019 年 12 月第一版　2019 年 12 月第一次印刷
定价：**245.00** 元
ISBN 978-7-112-23990-0
（34293）

本书编委会

主　　编：孙钟权　朱建峰　王　虹
副主编：丁　朴　吴鸿军　陈淑杰　游　杰
编　　委：（按姓氏笔画排序）

于清平	么家琦	马　灿	王小军	王立波	王学龙
牛永宝	毛钟毓	卢会华	叶　剑	冯建霖	冯婷婷
冯键铭	吕征舟	朱统步	刘　洋	刘兴舟	肖伟琦
吴祖华	何　婧	宋贵民	张小东	林　海	易路行
周灿朗	饶　彪	夏文宇	徐南俊	谈炎培	黄建华
彭仕凤	韩　愈	韩国俊	韩晓瑞	曾红彪	廖振宇
翟利华	熊家勤	潘　茜	魏贤坤		

主要参编单位：

佛山市铁路投资建设集团有限公司

广州轨道交通建设监理有限公司

中铁十一局集团有限公司

广东华隧建设集团股份有限公司

中铁十四局集团有限公司

中铁一局集团有限公司

中铁工程设计咨询集团有限公司

广州地铁设计研究院有限公司

序

本人有幸见证了由佛山市自行组织实施建设的第一个轨道交通项目——珠江三角洲城际轨道交通广州至佛山段二期工程。

本工程在佛山市境内，由北往南再转至东跨禅城和顺德两个区，位于西江、北江三角洲平原及其支流的河谷冲积平原内，场地属第四纪海陆交互相冲淤积阶地地貌，地质极具特色！

2012年建设伊始，新组建的佛山轨道公司秉承"摸着石头过河"的原则，坚持"地质是基础，人才是根本，技术是关键"的管理理念，经过系统管理筹划、科学决策，以老带新，强化技术培训，狠抓技术管理的落实和落地，历时4载安全优质建成本项目，运营效益明显。

本书展示了年轻的佛山市轨道交通建设者，面对该地区深厚富水淤泥、粉细砂、上软下硬复合地层、地下残留锚索及塑料排水板等复杂工程地质、水文地质条件和复杂周边环境的挑战，坚持以科技创新引领工程建设，在车站围护结构、基坑开挖、主体结构施工和盾构施工、暗挖施工及其辅助施工技术等方面取得了多项创新成果，对工程建设起到了有力支撑作用，为佛山市轨道交通进入网络化建设奠定了人才和技术基础，并为国内同类工程建设提供借鉴。

本书是对珠江三角洲城际轨道交通广州至佛山段二期工程的系统总结。可以期望本书的出版能进一步推动佛山地铁新线路，乃至全国类似地层施工技术的应用和创新。

广州地铁原总工程师：孙谋年

二〇一九年八月

前　　言

珠江三角洲城际轨道交通广州至佛山段二期工程线路全长 6.678km，主要包含 4 个地下车站、3 个盾构区间、1 个明挖区间。工程于 2012 年 9 月 28 日开工，2016 年 12 月 28 日开通试运营，历时 4 年零 3 个月。

本工程是佛山市自行建设的第一个轨道交通项目。由于周边地质条件复杂，地表、地下建构筑物繁多，周边管线、管道、线材密集，在建设过程中出现了一些困难。但通过各参建单位的共同努力，上述困难得以一一解决和攻克，处理过程中所采用的施工技术具有一定技术前瞻性和地区特色，主要表现在如下几方面：

1. 由于地质较差，围护结构施工需采取措施进行特别处理，包括厚砂地层中连续墙墙身缺陷的预防及处理、软弱地层中连续墙与半截墙施工技术、连续墙施工过程中既有锚索和既有桩基的处理、地连墙接头检测等。

2. 地质条件复杂多变时所采用的基坑开挖技术，包括深厚砂层的基坑降水方法、超深超宽的基坑土方开挖技术、基底淤泥段抛石挤淤技术等。

3. 由于地质条件和既有条件限制，对盾构始发和掘进技术进行了改进，包括富水软弱地层盾构始发技术、极短距离盾构分体始发技术、全断面砂层盾构掘进技术、全断面淤泥层盾构掘进技术等。

4. 由于地下线材、障碍物密集引起的盾构故障及相关处理技术，包括盾构带压开仓处理异物技术、盾构穿越塑料排水板地段的掘进及脱困技术、盾构穿越锚索群地段的掘进技术等。

本书内容是各编委及项目参建施工单位、监理单位、第三方服务单位的技术人员在一线建设过程中一点一滴进行搜集的，是工程参建各方的汗水和智慧结晶。他们在完成自身繁重工作之余，牺牲休息时间进行数据整理和总结编写。在此，对所有参与编写的成员致以衷心的感谢！

本书对广佛线二期工程施工期间所遇到的难题及相关处理方案、所用技术措施进行了详细总结，如果能为城市轨道交通建设从业人员在解决类似工程地质或工程技术难题时提供一点借鉴和帮助，我们将深感欣慰。

孙钟权

二〇一九年元月

目　　录

第一篇　工程概况和施工环境

第一章　线路与盾构区间 ·· 2
第一节　广佛二期工程线路及工程概况 ······················· 2
第二节　各施工标段的工程量统计 ····························· 6

第二章　工程地质和水文地质环境 ······························ 7
第一节　工程地质条件 ··· 7
第二节　水文地质环境 ·· 19
第三节　岩土工程条件评价及工程措施建议 ················· 22

第二篇　车站施工技术篇

第三章　围护结构施工技术 ································· 26
第一节　厚砂地层中地下连续墙墙身缺陷预防与处理 ·········· 26
第二节　软弱地层中地下连续墙与半截墙施工技术 ············ 32
第三节　地下连续墙施工中既有锚索处理施工技术 ············ 37
第四节　地下连续墙接头检测施工技术 ······················ 42
第五节　大循环泥浆处理系统在东平站地下连续墙施工中的应用 ·· 46
第六节　地连墙浇筑不连续缺陷的处理措施 ·················· 51
第七节　连续墙冲孔过程中遇到废桩处理措施 ················ 53
第八节　盾构洞口采用玻璃纤维筋施工技术 ·················· 57

第四章　基坑工程施工技术 ································· 61
第一节　车站基底搅拌桩加固经验与教训 ···················· 61
第二节　深厚砂层深基坑降水施工技术 ······················ 64
第三节　超深、超宽软土基坑土方开挖技术 ·················· 67
第四节　基底淤泥段抛石挤淤施工技术 ······················ 76

第五章　主体结构施工技术 ································· 80
第一节　主体工程混凝土施工质量控制 ······················ 80
第二节　明挖结构混凝土施工技术总结 ······················ 84
第三节　大体积混凝土裂缝防治措施 ························· 90
第四节　静态切割技术在深基坑混凝土支撑拆除中的应用 ······ 92
第五节　轨顶风道混凝土施工技术 ·························· 95

第六节　地铁车站结构设计与施工技术 ……………………………… 101

第六章　主体结构防水工程施工技术 …………………………………… 115

第三篇　盾构施工技术篇

第七章　盾构选型…………………………………………………………… 128
　第一节　新城东—东平区间盾构适应性分析 …………………………… 128
　第二节　东平—世纪莲区间盾构适应性分析 …………………………… 136
　第三节　澜石—魁奇路区间盾构适应性分析 …………………………… 144
　第四节　盾构机主要参数汇总 …………………………………………… 149

第八章　盾构始发施工技术 ……………………………………………… 153
　第一节　富水软弱地层盾构始发端头加固技术 ……………………… 153
　第二节　盾构穿越既有河涌小桥施工技术 …………………………… 157
　第三节　盾构分体始发技术 …………………………………………… 163

第九章　盾构掘进施工技术 ……………………………………………… 170
　第一节　全断面砂层盾构施工技术 …………………………………… 170
　第二节　盾构机带压开仓处理异物施工技术 ………………………… 174
　第三节　盾构过裕和路段塑料排水板及脱困技术 …………………… 179
　第四节　盾构穿越锚索群地层施工技术 ……………………………… 184
　第五节　全断面淤泥层盾构施工技术 ………………………………… 196

第十章　盾构施工辅助工法 ……………………………………………… 205
　第一节　世纪莲站—东平站区间压气开仓作业技术 ………………… 205
　第二节　隧道基底软弱地层加固施工技术 …………………………… 210

第四篇　暗挖施工技术篇

第十一章　联络通道冷冻法施工技术 …………………………………… 216

第十二章　复合地层矿山法联络通道施工技术 ………………………… 225

第十三章　水平旋喷桩技术 ……………………………………………… 244

第五篇　第三方技术服务篇

第十四章　地铁基坑混凝土支撑轴力监测初始值的选定 ……………… 258

第十五章　地连墙渗漏水对基坑开挖的影响 …………………………… 263

第十六章　基坑开挖工序不当造成的监测数据预警 …………………… 270

参考文献 ………………………………………………………………… 277

第一篇

工程概况和施工环境

第一章　线路与盾构区间

第一节　广佛二期工程线路及工程概况

一、线路背景

珠江三角洲地区经过 20 多年的建设和发展，城市化水平逐年提高，已经初步形成了以广州、深圳、珠海为中心架构的沿珠江东、西两岸的城市发展带和以广州为中心的广佛都市圈，是全国经济发展最活跃和最具潜力的地区之一。

广佛都市圈地处珠江三角洲地区的中部，由广州市和佛山市（包括禅城区、南海区、顺德区、三水区、高明区等 5 区）组成，总面积 11248.04km²，分别占珠三角面积和全省面积的 26.8% 和 6.3%，如图 1-1 所示。广佛都市圈东接深圳、香港，西连肇庆，北邻韶关，南达江门、中山、珠海、澳门，在珠江三角洲地区和全省经济发展中占有十分重要的地位，是广东省乃至全国南方的重要门户和通向世界的主要口岸之一。广佛都市圈既是珠三角和广东地区的地理中心、产业链中心和行政管理中心，同时也是未来泛珠三角的中心。广州和佛山的城市发展几乎连成一片，以广州为中心的城市群已经成型。

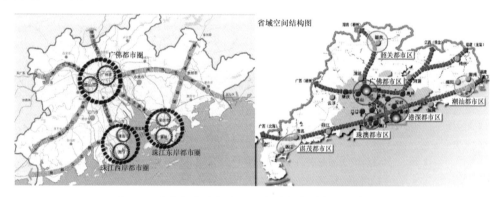

图 1-1　广佛都市圈在珠江三角洲城市群中的发展定位

广佛都市圈中，广州市是广东省的省会，全省的政治、经济、文化中心和交通枢纽；佛山市是珠江三角洲地区西翼经济文化中心，也是珠江三角洲通向粤西和广大山区以至大西南地区的重要门户和纽带，广州与佛山边界线全长 198km，在空间上联系紧密，随着广佛都市圈经济的快速增长，佛山与广州的互动式发展也越来越紧密。

服务于珠三角地区中心城市间、中心城镇和城市组团间及珠三角与港澳地区间的城际客流运输的珠江三角洲城际轨道交通网络（图1-2），是实现区域同城化的重要基础设施，是区域内城际客运系统的骨干。该城际轨道交通网络有助于区域内形成合理的综合交通体系，满足不同层次的旅客需求，加强中心城市的辐射能力，并对加快珠三角城镇群"同城化"进程，引导珠三角城镇体系发展，促进广东省国际竞争力的提高有着重要作用。

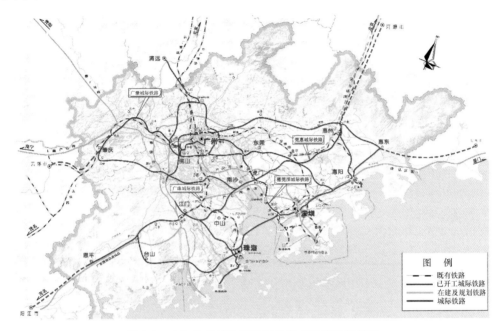

图 1-2　珠江三角洲地区城际轨道交通线网规划图

　　根据《佛山市城市总体规划》和《佛山市综合交通规划》，综合考虑修编后的珠江三角洲城际轨道交通线网规划和广州市轨道交通线网规划深化方案，佛山市规划了棋盘加放射式结构的城市轨道交通线网，如图1-3所示。

　　在珠江三角洲线网规划中，珠江三角洲城际快速轨道交通广州至佛山段（下称广佛线）是连接广州和佛山两市之间的城际轨道交通，同时广佛线在佛山境内的线路也是佛山市城市轨道交通线网规划中的一号线（佛山地铁一号线），如图1-4所示。广佛线沿交通走廊布设，穿越广州、佛山市的中心城区，跨越行政区限，是完善广佛间交通体系、促进城市群结构重组与发展、促进广佛交通一体化和有机衔接的重要组成。广佛线全长38.732km，从广州市的沥滘站至佛山市的新城东站（原名为小涌站），共设置25座车站。

　　广佛线分别在广州市西朗站、沙园站、南洲站、沥滘站与广州一号线、八号线、二号线、三号线进行换乘，并在佛山市东平站、魁奇路站、桂城站预留换乘衔接条件。广佛线实行分期建设，其中一期工程从魁奇路至沥滘，线路长约32.16km；二期工程从魁奇路至新城东，线路长约6.678km，如图1-5所示。广佛线二期工程线路呈L形布置，从魁奇路至东平水道段线路为南北走向，东平水道以南线路为东西走向。从广佛线一期工程魁奇路轨排井开始引出，沿着规划汾江南路继续向南延伸，在

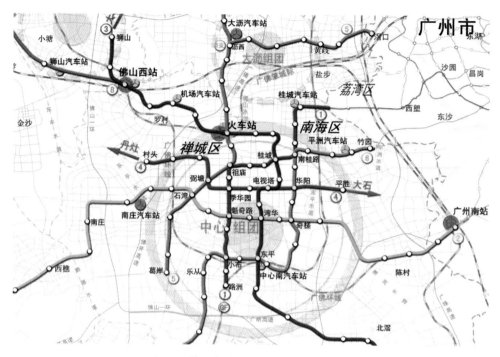

图 1-3　佛山市城市轨道交通线网规划图

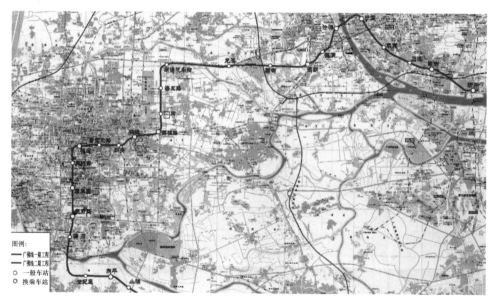

图 1-4　广佛线规划图

澜石二路北侧设置澜石站；接着下穿屈龙角涌，继续延正在建设的汾江南路向南行进，并与汾江南路过江隧道以沉管的形式共同下穿东平水道，之后线路到达顺德区，再转向东一直沿着裕和路行进，在世纪莲体育场西侧设置世纪莲站；在文华南路设置东平站，与规划佛山三号线、广佛环线、广佛珠城际线换乘；最终线路止于东平新城的裕和路东端，并在百顺道东侧设置终点站——新城东站。广佛线二期工程的 4 座车站均为地下车

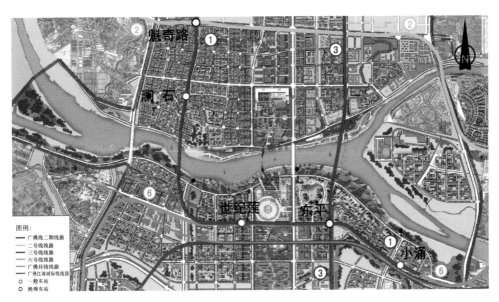

图 1-5　广佛线二期工程线路图

站，工程总投资约为 381543.48 万元，技术经济指标为 58055.92 万元/km。

广佛线二期工程沿着东平新城一期工程的中轴线敷设，可以辐射到东平新城二期、三期工程的大部分范围。更重要的是，广佛线二期可以充分发挥广州中心城市的辐射作用，强化东平新城与佛山老城区的密切联系，促进东平新城的开发与建设，实现佛山市城市总体规划的目标，对于促进广佛都市圈同城化具有十分重要的意义。

二、车站概况

按照城市规划要求，广佛线二期工程共设 4 座车站。根据设计规模和车站站址周围的具体条件，按照满足运营要求、方便乘客以及最大限度地吸引客流的原则，确定车站站位、车站规模及施工方法，见表 1-1。

车站设计要素汇总表　　　　　　　　　　　　　　　表 1-1

序号	站名	车站中心里程	站台型式	站台宽度(m)	车站长度(m)	线间距(m)	总建筑面积(m²)	结构类型	备注
1	澜石站	YAK-1+316	地下两层岛式	10	380.85	13	18182	明挖框架结构	
2	世纪莲站	YAK-4+595	地下两层岛式	11	318.35	14	16784	明挖框架结构	
3	东平站	YAK-5+190（二期工程）	地下三层岛式	13	218.6（二期工程）158.2（三号线）	16	25178	明挖框架结构	换乘站
4	新城东站	YAK-7+845	地下两层岛式	10	460	13	21380	明挖框架结构	

三、区间概况

区间隧道的结构类型和施工方法根据广佛线沿线工程地质与水文地质、线路埋深、地面建筑物与地下构筑物位置关系（含地下管线）及地面道路交通状况等条件进行确定。明挖区间隧道采用矩形框架结构。暗挖区间隧道分为三类：利用矿山法进行施工的，采用马蹄形复合衬砌；利用盾构法施工的，采用圆形（管片）衬砌；与汾江路南延线工程合建的穿越东平水道段，采用沉管法施工。

第二节 各施工标段的工程量统计

广佛二期工程共分为四个施工标段，各个标段的工程量统计见表1-2。

广佛线二期工程各标段工程量统计表 表 1-2

标段	工程量				工程投资	隧道主要技术指标		
	盾构法长度(m)	盾构机类型	盾构机数量	盾构机制造商	合同价(亿元)	隧道内径(mm)	管片厚度(mm)	管片宽度(mm)
1标	2417.118	土压	1	海瑞克	2.87	5400	300	1500
2标	1196.55	土压	2	海瑞克	1.04	5400	300	1500
3标	0	—	—	—	—	—	—	—
4标	584	土压	2	海瑞克	0.5157	5400	300	1500

标段	隧道主要技术指标						参建单位		
	混凝土强度	施工限界(mm)	最小曲率半径(m)	最大纵坡(‰)	隧道埋深(m)		业主	承包商	监理
					最大	最小			
1标	C50P12	2600	360	26.7	25.5	13.6	佛山市轨道交通发展有限公司	中铁十一局	广州轨道交通建设监理有限公司
2标	C40	2600	1200	21.5	17.5	11		广东华隧	
3标	—	—	—	—	—	—		中铁十四局	华铁工程咨询有限责任公司
4标	C50	50	800	3.736	14.6	20		中铁一局	

第二章 工程地质和水文地质环境

第一节 工程地质条件

一、城市自然地理状况

广佛线二期工程线路位于佛山市境内，由北往南转至东跨禅城和顺德两个区。佛山市地处珠江三角洲腹地，东倚广州，西接肇庆，南连珠海，北通清远，毗邻港澳，珠江水系中的西江、北江及其支流贯穿全境。佛山市现辖禅城、南海、顺德、三水和高明五区，全市总面积 3848.49km²。

二、地形与地貌

线路所经的禅城区和顺德区，位于西江、北江三角洲平原及其支流的河谷冲积平原内，场地属珠江三角洲腹地冲淤积平原，第四纪海陆交互相冲淤积阶地地貌，主要可分为平原、水域、丘陵和台地四大类。禅城区境内，线路沿汾江路穿行，地面多为城市道路，地形较为平坦；顺德区境内，地势由西北向东南倾斜。以东平水道为界，根据目前工可钻探资料，东平水道河堤以北地面高程在 4.16～6.06m 之间，东平水道河堤以南地面高程在 2.04～8.58m 之间。

三、地质构造

线路范围位于华南准地台湘桂赣粤褶皱系粤中拗褶束的中部，即瘦狗岭断裂带以南的构造区——三水断陷盆地东延部分。主体构造为东西向和北东向，形成于加里东运动，并伴随产生一系列东西走向的大型凹陷和隆起。三水盆地位于云开-增城-梅州挤压、推覆构造带的中段，属中新生代北西向张性断陷盆地，盆地内东西向断裂、北东向断裂比较发育，与本场地地基稳定性关系比较密切的主要断裂有：北东向虫雷岗西断裂和虫雷岗东断裂，均属于推测断裂，如图 2-1 所示。

（一）褶皱

线路范围位于三水断陷盆地的东延部分，三水断陷盆地为一个大型向斜拱曲构造，石碣-石湾一带为该向斜拱曲的东翼，自东向西依次为古新统莘庄组及始新统土布心组、宝月组和华涌组，本段地层产状为 260°—29°∠5°—30°。

（二）断裂

1. 虫雷岗西断裂（F104）：隶属广州-从化断裂带，经岭南明珠体育馆、澜石、乐从至沙边西面，总体呈 N30°E 方向展布，长约 20.6km。主体隐伏于第四系之下，断面倾向北西，倾角中等，在虫雷岗山西部可见构造角砾岩。根据地震安全性评价报告，该断裂自晚更新世晚期（距今约三万余年）以来无明显的活动迹象。同时，在南海大道中与桂平二路交汇处东北角拟建的桂城大厦场地 ZK23 孔构造角砾岩热释光测年数据为 76.43±5.70 万年，表明该断裂在早更新世末期、中更新世早期曾有过强烈活动。另外，场地内第四系冲积层等厚线呈北西向，与断裂明显斜交，反映出该断裂在晚更新世晚期以来已停止活动，对上更新统和全新统已无控制作用。断裂在晚更新世以来无明显活动，为非全新世断裂。

2. 虫雷岗东断裂（F105）：隶属广州-从化断裂带，虫雷岗东断裂自夏北、南约经石梁、东平河大桥、荷村至海心沙，呈 N30°E 方向展布，长约 21.7km。主体均隐伏于第四系之下，断面倾向北西，倾角中等，在桂城南约一带为红层与测水组界线。虫雷岗东断裂属于压扭性活动断裂，根据地震安全性评价报告，该断裂主要活动时代为中更新世，且距今 36300±2500 年以来，处于相对稳定的状态。同时该断裂沿线并无地震活动记录，属于非全新世断裂。

3. 湾华断裂（F106）：自夏西、东二，经湾华、大墩至海心沙，呈 N30°E 方向展布，长约 21.2km。主体均隐伏于第四系之下，断面倾向北西，倾角不清，其北端可能为旧称的五丫口断裂。在朝东路与季华路交叉路口东南的怡翠玫瑰园一期工程中钻探揭示：在 161 个钻孔中，有 52 个岩层倾角在 10°～90°之间变化，19 个钻孔岩层倾角达 70°～90°，34 个钻孔见擦痕、镜面，5 个钻孔在深部钻进中漏水，所揭示的构造角砾岩厚度大于 5.7m。在大墩和海心沙有土壤氡异常。

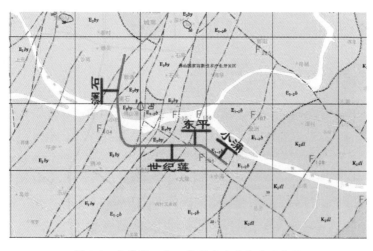

图 2-1　广佛线二期工程区域地质构造示意图

4. 登洲断裂（F107）：自登洲经新城东、大罗、黎湖至北江顺德水道，呈 N35°E 方向展布，长约 12.2km。主体均隐伏于第四系之下，被北西向断裂切成三段，北东、西南段断面倾向不明，中段倾向南东，倾角不清。

5. 三洪奇断裂（F206）：自佛山港、新城东，经水口、三洪奇、喜涌至顺德港，呈 N45°W 方向展布，长约 27.5km，倾向南西，倾角不清。

（三）地层与岩性

线路范围主要由填土、第四系海陆交互相冲淤积层及下第三系宝月组基岩组成。地层从老到新简述如下：

第三系始新统宝月组（E2by）：由砂砾岩、含砾砂岩、中、细粒砂岩、粉砂质泥岩、泥质粉砂岩组成。

第四系海陆交互相全新统灯笼沙组（Q4mc）：由河口湾三角洲相沉积的淤泥、淤泥质土、黏土、中细砂、粗砂、砾砂及卵石等组成，厚度因地而异，约为5~40m。

四、岩土分层

钻探揭露深度内，地层由上至下共分为7层，各层描述如下：

（一）人工填土层（Q4ml）

人工填土主要为素填土、杂填土，呈褐黄色、褐红色、灰黄色、灰色等，欠压实~稍压实，主要由砂土、黏性土、碎石及砖块等回填而成，部分顶部为10~20cm厚的混凝土面板。层厚为0.9~8.4m，平均3.87m。进行标贯试验15次，标贯击数2~8击，本层在线路内广泛分布，在图表中代号为"＜1＞"。

（二）海陆交互相沉积层（Q4mc）

本层根据土的性质和沉积层序，分为5个亚层。

1. 海陆交互相沉积淤泥层

呈深灰色，流塑状，主要由黏粒组成，局部含粉细砂、朽木等，稍具腥臭味。层厚为1.75~19.7m，平均10.15m。进行标贯试验42次，标贯击数1~4击。主要分布在体育馆东部，其余地段零星分布，在线路内呈厚层状分布，在图表中代号为"＜2-1A＞"。

2. 海陆交互相沉积淤泥质土层

呈深灰色、灰黑色，流塑状，含少量粉细砂薄层、少量有机质，稍具腥臭味。其中，淤泥质粉土孔隙比平均值0.8，液性指数平均值1.1，压缩系数平均值$0.59MPa^{-1}$，属高压缩性土；淤泥质黏土孔隙比平均值1.5，液性指数平均值1.7，压缩系数平均值$0.8MPa^{-1}$，属高压缩性土。层厚为0.8~6.3m，平均2.4m。进行标贯试验23次，标贯击数1~4击。沿线零星分布，在线路内多呈透镜状分布，在图表中代号为"＜2-1B＞"。

3. 海陆交互相沉积淤泥质粉细砂、粉细砂层

淤泥质粉细砂呈灰色、深灰色，主要由粉砂、细砂组成，局部含中砂，部分含较多粉、黏粒。常在＜2-1A＞、＜2-1B＞中呈透镜状产出，部分与薄层淤泥质土互层，级配不均，饱和，松散状，局部稍密。层厚为0.4~7.6m，平均2.61m。进行标贯试验9次，标贯击数2~16击，平均8.1击。在线路内呈条带状或透镜状分布，在图表中代号为"＜2-2＞"。

线路内灰色的砂层，常为粉土、粉细砂交错沉积，岩性较为复杂，当野外鉴别和室内试验结果确定其主要成分为粉细砂层时，将该层亦划归为＜2-2＞。

粉细砂层，呈灰黄、灰白色，以粉细砂为主，含黏粒，局部为中砂和粗砂。分选、磨圆均较好，饱和，松散～稍密，局部中密。标贯击数 5～16 击，平均 9.8 击，层厚为 0.85～11.05m。从传媒大楼至东平招商大楼呈厚层状分布，在图表中代号为"＜2-2＞"。

4. 海陆交互相沉积淤泥质中砂层、中粗砂层

淤泥质中砂呈灰色、深灰色，主要由中砂组成，局部含细砂，部分含较多粉粒、黏粒。呈透镜状产出，级配不均，饱和，松散状，局部稍密。层厚为 3.9～5.05m，平均 4.32m。进行标贯试验 8 次，标贯击数 4～17 击，平均 10.6 击。有 5 个地质钻孔揭露，本层在线路内呈透镜状零星分布，在图表中代号为"＜2-3＞"。

中粗砂层，呈灰黄、灰白色，以中砂和粗砂为主，含黏粒，局部为粉细砂。分选较好，饱和，松散，局部稍密。标贯击数 4～16 击，层厚为 1.9～2.6m。本层在勘察区间内的 2 个钻孔中有揭露，在图表中代号为"＜2-3＞"。

5. 海陆交互粉土、粉质黏土层

呈褐黄色、灰白色、灰绿色，主要由粉质黏土组成，呈可塑状，局部含粉土，呈松散状，多夹薄层粉细砂。孔隙比平均值 0.7，液性指数平均值 0.7，压缩系数平均值 0.3MPa^{-1}，属中等压缩性土。层厚为 1.0～4.85m，平均 2.68m。进行标贯试验 9 次，标贯击数 3～11 击，平均 6.2 击。有 8 个地质钻孔揭露，本层在线路内呈透镜状零星分布，在图表中代号为"＜2-4＞"。

（三）残积土层（Q^{el}）

本残积土层母岩成分为第三系碎屑岩，根据残积土的液性指数和密实程度，可分为可塑或稍密～中密状残积土层＜5-1＞和硬塑或密实状残积土层＜5-2＞两个亚层，其特征分述如下：

1. 可塑或稍密—中密状第三系红层残积土层

呈棕褐色、灰绿色、褐黄色，主要由粉质黏土组成，呈可塑状，部分粉土，呈稍密～中密状。粉质黏土孔隙比平均值 0.7，液性指数平均值 0.5，压缩系数平均值 0.2MPa^{-1}，属中等偏低压缩性土；粉土孔隙比平均值 0.8，液性指数平均值 0.9，压缩系数平均值 0.4MPa^{-1}，属中等偏高压缩性土。层厚为 1.4～8.8m，平均 3.28m。进行标贯试验 18 次，标贯击数 7～16 击，平均 10.9 击。有 8 个地质钻孔揭露，本层土主要分布于体育馆至东平水道南岸，在图表中代号为"＜5-1＞"。

2. 硬塑或密实状第三系红层残积土层

呈棕褐色、褐黄色，主要由粉质黏土组成，呈硬塑状，部分粉土，常含细砂，呈密实状。孔隙比平均值 0.7，液性指数平均值 0.5，压缩系数平均值 0.2MPa^{-1}，属中等偏低压缩性土。层厚为 1.5～8.7m，平均 3.75m，进行标贯试验 21 次，标贯击数 11～31 击，平均 20 击。有 12 个地质钻孔揭露，本层土主要分布于体育馆以东、江北路线两端，在图表中代号为"＜5-2＞"。

（四）岩石全风化带（E_2by）

为第三系红层碎屑岩全风化带，呈红褐色、紫红色等，原岩粉砂质泥岩、泥质粉砂岩等结构已完全风化破坏成土状，但尚可辨认，岩芯呈坚硬土柱状或密实土状，手捏即散。层厚为 2.2～4.9m，平均 3.55m。进行标贯试验 2 次，标贯击数分别为 31 和 38 击，平均 34.5 击。有 2 个地质钻孔揭露，本层在线路内呈透镜状分布，在图表中代号为"＜6＞"。

（五）岩石强风化带（E_2by）

为第三系红层碎屑岩强风化带，呈红褐色、紫红色，主要为泥质粉砂岩、粉砂质泥岩，局部含细砂岩，部分地段夹中风化夹层。原岩结构已大部分风化破坏，岩体较为破碎，失水开裂。层厚为 0.6～24.5m，平均 6.37m。进行标贯试验 7 次，标贯击数 44～55 击，平均 51.4 击。有 25 个地质钻孔揭露，本层在线路内呈层状广泛分布，部分呈透镜状在＜8＞中产出，在图表中代号为"＜7＞"。

（六）岩石中风化带（E_2by）

为第三系红层碎屑岩中等风化带，呈红褐色、紫红色等，主要为泥质粉砂岩、粉砂质泥岩，局部泥质细砂岩。碎屑结构，中厚层构造，泥质、钙泥胶结，原岩结构部分风化破坏，裂隙发育，岩芯较完整，呈短柱状，浸水易软化。层厚 0.6～13.2m，平均 5.5m。平均天然抗压强度标准值 12.5MPa，一组饱和抗压强度 5.0 MPa。有 11 个地质钻孔揭露，线路内分散分布，线路内呈层状或透镜状分布，部分呈透镜状在＜9＞中产出，在图表中代号为"＜8＞"。

（七）岩石微风化带（E_2by）

为第三系红层碎屑岩微风化带，呈棕褐色、紫红色等，主要为泥质粉砂岩和部分泥岩、粉砂岩、细砂岩、中砂岩。泥、钙质胶结，胶结紧密，陆源碎屑结构，中厚～厚层构造，原岩结构基本未风化破坏，裂隙不发育，局部裂隙稍发育，岩芯较完整，呈中长柱状，浸水易软化。层厚为 1.15～24.65m，平均 14.26m。佛山传媒大厦以东埋深较深，揭示厚度较薄或未能揭示，其余地段厚度较厚。泥质粉砂岩平均天然抗压强度标准值 23.2MPa，泥岩平均天然抗压强度 6.3MPa，属软质岩石，粉砂岩平均天然抗压强度标准值 35.3MPa，细砂岩平均天然抗压强度 28.3MPa，中砂岩一组天然抗压强度 11.5MPa。本层在图表中代号为"＜9＞"。

五、土石工程与隧道围岩分级

按照《城市轨道交通岩土工程勘察规范》（GB 50307—2012）附录 F（岩土施工工程分级的标准），结合本场地各岩土层的状态、特征和性状等特点，将本线路段土、石工程分级分为Ⅰ～Ⅴ5 个级别，见表 2-1。

根据《城市轨道交通岩土工程勘察规范》（GB 50307—2012）4 岩土分类、描述与围岩分级及附录 E 隧道围岩进行分级，具体见表 2-2。

土石可挖性分级一览表　表 2-1

层序	状态	土层名称	主要工程地质特征	土石可挖性分级
<1>	松散～稍密	人工填土	主要为素填土和杂填土，素填土多为吹填砂	Ⅰ～Ⅱ级
<2-1A>	流塑、饱和	海陆交互相淤泥	主要由黏粒组成	Ⅰ级松土
<2-1B>	软塑～流塑	海陆交互相淤泥质土	主要由黏粒组成，局部含粉细砂	Ⅰ级松土
<2-2>	松散～稍密	海陆交互相淤泥质细砂	主要由粉细砂及淤泥质组成，局部含黏粒	Ⅰ级松土
<2-3>	松散～稍密	海陆交互相中粗砂	主要由中粗砂组成，含少量淤泥质土	Ⅰ级松土
<2-4>	软塑	海陆交互相粉质黏土	主要由粉质黏土组成，稍夹粉细砂、植物根系等	Ⅰ级松土
<5-1>	可塑	碎屑岩类残积粉质黏土	黏性较好，透水性差，遇水软化	Ⅱ级普通土
<5-2>	硬塑	碎屑岩类残积粉质黏土	黏性较好，透水性差，遇水软化	Ⅱ级普通土
<6>	坚硬土状	红层碎屑岩全风化带	红褐色、黄色，已风化呈土状，组织结构已基本破坏，不清晰，岩芯呈坚硬土状，遇水软化	Ⅱ级普通土
<7>	半岩半土状	红层碎屑岩强风化带	红褐色，岩芯呈半岩半土短柱状，遇水软化	Ⅲ级硬土
<8>	岩质稍硬	红层碎屑岩中等风化带	红褐色，呈短柱状或柱状，敲击易碎	Ⅳ级软石
<9>	岩质硬	红层碎屑岩微风化带	红褐色，岩芯呈长柱状，局部含砾，岩石完整、硬，敲击声较脆	Ⅴ级次坚石

各层围岩分类/分级表　表 2-2

岩土层名称及分层代号	围岩分类	围岩分级
填土<1>、淤泥<2-1A>、淤泥质土<2-1B>、淤泥质细砂层<2-2>、淤泥质中粗砂层<2-3>、粉质黏土<2-4>、可塑状残积土层<5-1>	Ⅰ	Ⅵ
硬塑状残积土层<5-2>、碎屑岩全风化层<6>	Ⅱ	Ⅴ
碎屑岩强风化层<7>	Ⅱ～Ⅲ	Ⅳ
碎屑岩中等风化层<8>	Ⅲ～Ⅳ	Ⅲ～Ⅳ
碎屑岩微风化层<9>	Ⅳ～Ⅴ	Ⅱ～Ⅲ

六、各车站和区间工程地质条件

根据工程可行性研究阶段线路纵断面图以及相应的地质资料，线路中各车站和区间的工程地质条件简述如下：

(一)澜石站

站位基岩出露浅，站身范围顶部分布有硬塑状残积粉质黏土层，中部及底部主要为强风化泥质粉砂岩和粉砂质泥岩，工程地质条件较好，对开挖有利。若采用明挖法施工，基坑可以采用放坡开挖以及爆破等手段，放坡坡度的允许值（高宽比）见表 2-3。该站位的岩土参数建议值见表 2-4 和表 2-5。

放坡坡度允许值（高宽比）　　　　　　　　　表 2-3

土层名称	分层代号	状态	边坡高度		
			8～15m	<10m	10～20m
填土	<1>	松散	支护	支护	支护
粉质黏土	<5-2>	硬塑	1∶1.0～1∶1.25		
泥质粉砂岩、粉砂质泥岩	<7>	强风化		1∶0.4～1∶0.5	1∶0.5～1∶0.75
泥质粉砂岩、粉砂质泥岩	<8>	中风化		1∶0.3～1∶0.4	1∶0.3～1∶0.5

（二）澜石—世纪莲区间

该区间分为世纪莲—东平河段和东平河—澜石段。对于世纪莲—东平河段，局部分布有一定厚度的粉细砂层，最大埋深 15.1m，隧道穿越时要注意做好砂层的加固处理，防止隧顶坍塌和砂层渗水。若隧道同时贯穿第四系覆盖层和风化带，存在上软下硬的情况时，应注意隧道行进轴线方向的把握。对于东平河—澜石段，基岩出露浅，钻探未揭露软土和砂层，属岩土工程条件较好地段，隧道围岩分级为Ⅲ—Ⅳ级，由于红层碎屑岩岩性多变，不同岩性间存在软硬不均的现象，对施工带来一定的影响。东平河道段基岩直接出露，为强风化以及中风化的泥质粉砂岩、砂岩、粉砂质泥岩，地槽浚挖可采用水下爆破方式。由于推测的虫雷岗西断层贯穿东平水道，与线路在澜石—世纪莲区间相交，因此水下爆破时应注意爆炸可能引发的工程问题，同时注意对水环境的保护。澜石—世纪莲区间的地质情况如图 2-2 所示。

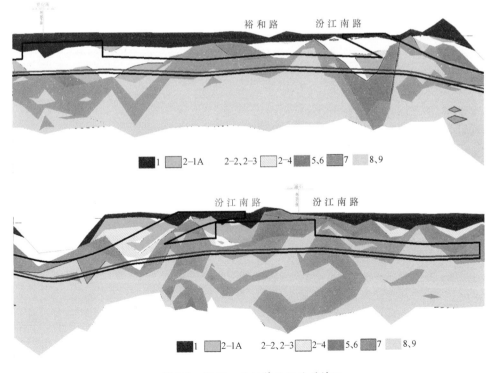

图 2-2 澜石—世纪莲区间地质情况

澜石站详细勘察岩土参数建议值表 (1)

表 2-4

岩土分层	岩土名称	时代与成因	天然密度 ρ (g/cm³)	天然含水量 w (%)	孔隙比 e	直接快剪 黏聚力 c (kPa)	直接快剪 内摩擦角 φ (°)	固结快剪 黏聚力 c (kPa)	固结快剪 内摩擦角 φ (°)	压缩系数 a_{1-2} (MPa⁻¹)	压缩模量 E_{s1-2} (MPa)	变形模量 E_0 (MPa)	渗透系数 K (m/d)	天然 f_c (MPa)	饱和 f_r (MPa)	烘干 f_d (MPa)	导温系数 ×10⁻³ (m²/h)	导热系数 [W/(m·K)]	比热容 C [kJ/(kg·K)]	水上坡角 (°)	水下坡角 (°)
<1>	人工填土（素填土）	Q_4^{ml}	—	—	—	10.0	12.0	—	—	—	—	—	0.50	—	—	—	2.06	1.48	1.29	—	—
<2-1A>	淤泥	Q_4^{mc}	1.58	66.6	1.746	7.0*	4.0*	8.0*	6.0*	1.21	2.5	4	0.01	—	—	—	2.23	1.85	1.40	—	—
<2-1B>	淤泥质土	Q_4^{mc}	1.65*	56.1*	1.252*	8.0*	5.5*	9.0*	8.0*	0.93*	2.7*	4	0.02	—	—	—	2.23	1.85	1.40	—	—
<2-2>	粉细砂	Q_4^{mc}	1.90*	—	—	0.0*	27.0*	—	—	0.50*	3.7*	10	7.00	—	—	—	2.10	1.60	1.53	40.0*	33.0*
<2-4>	粉质黏土	Q_4^{mc}	1.95	26.3	0.752	17.7	9.1	20.0*	11.0*	0.37	4.9	18	0.02	—	—	—	4.54	3.34	1.27	—	—
<5F-1>	残积粉土	Q^{el}	1.95*	25.6*	0.958*	16.0*	16.0*	18.0*	18.0*	0.45*	4.0*	20	0.05	—	—	—	1.62	1.33	1.48	—	—
<5N-2>	残积粉质黏土	Q^{el}	1.97	22.3	0.677	28.7	15.0	32.0*	22.0*	0.25	6.8	45	0.05	—	—	—	2.95	2.16	1.25	—	—
<6>	全风化（泥质）粉砂岩	E_2 by	2.01*	17.5*	0.583*	30.0*	16.5*	36.0*	24.0*	0.15*	8.6*	70	0.05	—	—	—	1.52	1.20	1.42	—	—
<7>	强风化（泥质）粉砂岩	E_2 by	2.06	16.1	0.512	45.5	17.7	50.0*	28.0*	—	—	100	0.50	1.0*	0.9*	3.0*	3.14	1.82	1.04	—	—
<8>	中风化（泥质）粉砂岩	E_2 by	2.52*	—	—	*400	*32	—	—	—	—	—	0.50	4.7*	4.0*	10.0*	4.00	3.10	0.91	—	—
<9>	微风化（泥质）粉砂岩	E_2 by	2.57	—	—	*600	*35	—	—	—	—	—	0.05	9.8	9.0*	17.0*	2.23	1.49	0.98	—	—

注：表中固结快剪采用经验值，渗透系数为参考抽水试验和室内试验后的经验值，带＊的为经验值。

表 2-5

澜石站详细勘察岩土参数建议值表 (2)

岩土分层	岩土名称	时代与成因	岩石地基承载力特征值 f_a (kPa)	土承载力特征值 f_{ak} (kPa)	桩侧阻力特征值(钻冲孔桩) q_{sa} (kPa)	桩的极限侧阻力标准值(钻冲孔桩) q_{sik} (kPa)	桩的端阻力特征值(钻冲孔桩)($\lambda_土$ >15m) q_{pa} (kPa)	桩的极限端阻力标准值(钻冲孔桩)($\lambda_土$ >30m) q_{pk} (kPa)	土体与锚固体粘结强度 q_s (kPa)	岩石与锚固体粘结强度 f (kPa)	地基系数的比例系数 m (MN/m⁴)	岩层或土层地基系数(水平) K_x (MPa/m)	岩层或土层地基系数(垂直) K_V (MPa/m)	静止侧压力系数 k_0	泊松比 μ	岩石质量指标 RQD (%)	基底摩擦系数 f	抗拔系数 μ	边坡坡度高宽比允许值(坡高 5~15m)
<1>	人工填土(素填土)	Q_4^{ml}	—	80	—	—	—	—	—	—	—	—	—	—	—	—	—	—	—
<2-1A>	淤泥	Q_4^{mc}	—	50	7	14	—	—	12	—	3	6	5	0.75	0.45	—	0.18	—	支护
<2-1B>	淤泥质土	Q_4^{mc}	—	55	7	14	—	—	12	—	3	6	5	0.75	0.45	—	0.18	—	支护
<2-2>	粉细砂	Q_4^{mc}	—	120	15	30	—	—	25	—	7	20	15	0.43	0.30	—	0.25	0.5~0.7	支护
<2-4>	粉质黏土	Q_4^{mc}	—	200	20	40	—	—	30	—	16	35	30	0.43	0.30	—	0.25	0.5~0.8	支护
<5F-1>	残积粉土	Q^{el}	—	150	26	50	—	—	40	—	20	40	30	0.43	0.30	—	0.30	0.7~0.8	1:1.50
<5N-2>	残积粉质黏土	Q^{el}	—	280	33	65	450	1400	65	—	45	60	50	0.39	0.28	—	0.35	0.7~0.8	1:1.25
<6>	全风化(泥质)粉砂岩	E_2^{by}	—	350	50	100	650	1600	80	—	70	80	70	0.37	0.27	—	0.40	0.7~0.8	1:10
<7>	强风化(泥质)粉砂岩	E_2^{by}	500	—	75	150	900	2200	150	120	—	150	120	0.33	0.25	—	0.45	③	1:0.5
<8>	中风化(泥质)粉砂岩	E_2^{by}	1200	—	①	②	①	②	200	200	—	450	400	—	0.22	43	0.55	⑤	1:0.25
<9>	微风化(泥质)粉砂岩	E_2^{by}	2500	—	①	②	①	②	250	250	—	850	800	—	0.20	85	0.70	③	1:0.20

注：①需要按《建筑地基基础设计规范》DBJ 15-31—2016中的表10.2.4选用 C_1、C_2 值。该参数与设计施工形式及施工工艺有关，与地质相关部分中风化岩较破碎取低值，微风化岩按较完整取高值。

②需要按嵌岩深径比查《建筑桩基技术规范》JGJ 94—2008 表5.3.9中的 ζ_r 值确定，该参数主要与设计嵌岩深度与桩径、岩石软硬及成桩工艺有关。

③土层部分与长径比有关，长径比大时取大值；基岩部分抗拔系数根据设计经验确定。

（三）世纪莲站、东平站、新城东站

世纪莲站位主要分布有冲洪积粉细砂层和部分中粗砂层、淤泥质土层，下伏为强风化泥质粉砂岩。淤泥质土层最大埋深为16.6m，砂层为稍密～中密状态，土石可挖性分级为Ⅰ级松土（表2-6～表2-7）。

东平站站位主要分布有淤泥、海陆交互相中粗砂层等软土层，下伏为硬塑状碎屑岩残积土层，其中淤泥最大埋深为14.1m。

新城东站站位主要分布有淤泥层，层底最大标高为－19.83m，最大埋深为22.1m。结构底板以下为淤泥及海陆交互相粉细砂、中粗砂层，<2-2>层层底最大埋深为21.40m。

上述车站处于岩土工程条件复杂地段，东平站、新城东站处软土及砂层厚度大，车站深埋处理难以避免软土和砂层等不良地质体。由于淤泥层一般呈饱和、流塑状态，具有天然含水量高、孔隙比大、压缩性高、强度低、渗透系数小，在7度地震下可能产生震陷的不良工程特性，因此其自稳性能差，如采用明挖法施工，不宜进行放坡开挖。建议车站明挖施工时采用支护开挖，在车站结构施工前，设置挡土结构、基坑围护结构和止水措施。同时，由于基坑底部大部分接触地层为软弱土层，不宜直接作为车站结构的持力层，施工前应对结构底板以下持力层实施加固措施，提高地基承载力。另外，车站底板部分贯穿粉细砂层，应注意坑底止水及基坑上浮，设置好基坑抗浮措施。

由于本次工可阶段岩土工程勘察东平—新城东段7个钻孔因钻机无法进场，未能施钻，地质资料利用了东平新城招商中心提供的《佛山市新城区启动区首期道路B标段路基岩土工程详细勘察报告》（广东省工程勘察院2004.11）以及《佛山市中心组团新城区启动区B标段桥梁、地道工程地质勘察报告》（广东佛山地质工程勘察院2005.5）的资料，建议在下阶段详细查明软土分布，工程中是否含有害气体、可燃气体等，提供施工所需各项岩土参数，同时查明稳定地下水位，做好基坑开挖涌水量预测。

（四）世纪莲—东平区间

世纪莲—东平区间的地质情况如图2-3所示。区间第四系覆盖层埋深为9.20～24.5m，主要由填土、粉细砂、淤泥质土、残积粉质黏土等组成，基岩出露较浅，具备较好的盾构施工条件。隧道若穿过第四系覆盖层，应做好软土和砂土的加固处理措施；隧道穿过红层风化带时要注意沉积岩岩性变化较大以及风化不均匀带来的强度不均，洞身存在上软下硬的特征，局部夹微风化透镜体。建议测定红层碎屑岩中泥岩、粉砂质泥岩、泥质粉砂岩中的黏粒含量，为盾构机选型提供基础数据。

（五）东平—新城东区间

东平—新城东区间的地质情况如图2-4所示。第四系覆盖层较厚，主要为淤泥层，部分为海陆交互相中粗砂层，下伏为红层硬塑状残积土层，其中淤泥层最大埋深为24.80m，属岩土工程条件复杂地段。隧道周围土层性质较差，围岩分级为Ⅵ级。

世纪莲站详细勘察岩土参数建议值表（1）

表 2-6

岩土分层	岩土名称	时代与成因	天然密度ρ(g/cm³)	天然含水量w(%)	孔隙比e	剪切试验 直接快剪 黏聚力c(kPa)	剪切试验 直接快剪 内摩擦角φ(°)	剪切试验 固结快剪 黏聚力c(kPa)	剪切试验 固结快剪 内摩擦角φ(°)	压缩系数a_{1-2}(MPa⁻¹)	压缩模量E_{s1-2}(MPa)	变形模量E_0(MPa)	渗透系数K(m/d)	单轴抗压强度标准值 天然f_c	单轴抗压强度标准值 饱和f_r	单轴抗压强度标准值 烘干f_d	导温系数(m²·h)	导热系数[W/(m·K)]	比热容C[kJ/(kg·K)]	水上坡角(°)	水下坡角(°)
<1>	素填土	Q_4^{ml}	—	—	—	*15	*12	—	—	—	—	—	0.50	—	—	—	—	—	—	—	—
<2-1A>	淤泥	Q_4^{mc}	1.65	56.1	1.252	6.1	2.6	9.0	10.0	0.930	2.7	4	<0.001	—	—	—	2.73	1.85	1.4	—	—
<2-1B>	淤泥质土	Q_4^{mc}	1.76	43.7	1.155	10.8	6.3	16.1	9.0	0.696	3.4	3.5	0.01	—	—	—	0.0065	0.73	2.5	—	—
<2-2>	粉细砂	Q_4^{mc}	*1.95	—	—	0.0	*27	—	—	—	—	10	2.60	—	—	—	0.00555	2.4	0.71	44.0	34.0
<2-3>	中粗砂	Q_4^{mc}	*2.00	—	—	0.0	*30	—	—	—	—	20	3.00	—	—	—	0.0065	3.75	1.01	44.3	35.5
<2-4>	粉质黏土	Q_4^{mc}	1.98	24.0	0.691	18.4	11.0	*20	*12	0.358	4.96	18	0.02	—	—	—	0.00185	1.55	1.41	—	—
<5N-1>	残积粉质黏土	Q_4^{el}	*1.97	25.3	*0.644	22.0	12.0	*24	*12	*0.33	*5.1	20	0.05	—	—	—	0.00162	1.33	1.48	—	—
<5N-2>	残积粉质黏土	Q_4^{el}	2.02	22.3	0.637	30.0	18.0	32.0	19.0	0.300	5.4	45	0.05	—	—	—	0.00154	1.30	1.50	—	—
<6>	全风化（泥质）粉砂岩	E_2by	2.06	20.3	0.583	27.0	*20	*35	28.0	0.275	5.8	70	0.01	—	—	—	0.00155	1.20	1.42	—	—
<7>	强风化（泥质）粉砂岩	E_2by	2.10	20.0	—	*50.0	*28	50.0*	28.0*	—	—	100	0.5	*1.5	—	—	0.0011	0.81	1.4	—	—
<8>	中风化（泥质）粉砂岩	E_2by	2.55	—	—	*400	*32	—	—	—	—	2500	0.5	4.7	*4.0	10.0	0.203	1.45	0.58	—	—
<9>	微风化（泥质）粉砂岩	E_2by	2.62	—	—	*600	*35	—	—	—	—	4000	0.02	11.7	7.68	17.2	0.00275	1.3	0.58	—	—

注：表中固结快剪采用经验值，渗透系数为参考抽水试验和室内试验后的经验值，带＊的为经验值。

表 2-7

世纪莲站详细勘察岩土参数建议表（2）

岩土分层	岩土名称	时代与成因	岩石地基承载力特征值 f_a (kPa)	土与地基承载力特征值 f_{ak} (kPa)	桩侧摩阻力特征值（钻冲孔桩）q_{sa} (kPa)	桩的端阻力特征值（钻冲孔桩）(λ± >15m) q_{pa} (kPa)	桩的极限侧阻力标准值（钻冲孔桩）(λ± 孔 >30m) q_{sk} (kPa)	桩的极限端阻力标准值（钻冲孔桩）q_{pk} (kPa)	土体与锚固体粘结强度 q_s (kPa)	岩石与锚固体粘结强度 f (kPa)	地基系数的比例系数 m (MN/m⁴)	岩层或土层地基系数（水平）K_x (MPa/m)	岩层或土层地基系数（垂直）K_v (MPa/m)	静止侧压力系数 k_0	泊松比 μ	岩石质量指标 ROD (%)	基底摩擦系数 f	抗拔系数 μ	边坡坡度高宽比允许值（坡高5~15m）	土石工程分类
<1>	素填土	Q_4^{ml}	—	100	—	—	—	—	—	—	—	—	—	—	—	—	—	—	—	I
<2-1A>	淤泥	Q_4^{mc}	—	45	7	—	14	—	12	—	3	6	5	0.75	0.45	—	0.18	—	支护	I
<2-1B>	淤泥质土	Q_4^{mc}	—	65	7	—	14	—	12	—	3	6	5	0.75	0.45	—	0.18	—	支护	I
<2-2>	粉细砂	Q_4^{mc}	—	110	15	—	30	—	25	—	7	20	15	0.43	0.30	—	0.25	0.5~0.7	支护	I
<2-3>	中粗砂	Q_4^{mc}	—	200	25	—	45	—	35	—	15	25	20	0.39	0.28	—	0.25	0.5~0.7	支护	I
<2-4>	粉质黏土	Q_4^{mc}	—	180	20	—	40	—	30	—	16	35	30	0.43	0.30	—	0.25	0.7~0.8	支护	II
<5N-1>	残积粉质黏土	Q_4^{dl}	—	220	26	—	50	—	40	—	20	40	30	0.43	0.30	—	0.30	0.7~0.8	1:1.50	II
<5N-2>	残积粉质黏土	Q_4^{dl}	—	250	33	450	65	1400	65	—	45	60	50	0.39	0.28	—	0.35	0.7~0.8	1:1.25	II
<6>	全风化(泥质)粉砂岩	E_2^{by}	—	300	50	650	100	1600	80	—	70	80	70	0.37	0.27	—	0.40	0.7~0.8	1:1	III
<7>	强风化(泥质)粉砂岩	E_2by	500	—	75	900	150	2200	②	120	—	150	120	0.33	0.25	—	0.45	③	1:0.5	III~IV
<8>	中风化(泥质)粉砂岩	E_2by	1200	—	①	①	②	②	②	200	—	450	400	—	0.22	40	0.55	③	1:0.25	IV
<9>	微风化(泥质)粉砂岩	E_2by	2500	—	①	①	②	②	②	250	—	850	800	—	0.20	85	0.70	③	1:0.20	V

注：① 需要按《建筑地基基础设计规范》DBJ 15-31—2016 中的表 10.2.4 适用 C_1、C_2 值。该参数与设计施工工艺有关。与地质相关部分中风化岩较破碎取低值，微风化岩按较完整取高值。

② 需要按桩岩深径比查《建筑桩基技术规范》JGJ 94—2008 5.3.9 中的 ζ_r 值确定。该参数主要与设计嵌岩深与桩径、岩石软硬及成桩工艺有关。

③ 土层部分与长径比有关，长径比大时取大值；基岩部分抗拔系数根据设计经验确定。

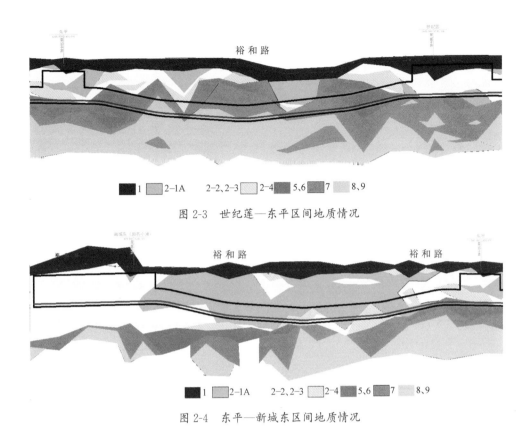

图 2-3 世纪莲—东平区间地质情况

图 2-4 东平—新城东区间地质情况

若采用地下方案，则盾构法施工较为经济合理，可以降低软土和砂层等不良地质条件对隧道施工的不利影响。同时建议在必要时对受隧道影响的软弱土层采取预先加固措施；盾构试推进阶段对软土进行土体变形，地面垂直、水平位移监测。

第二节 水文地质环境

一、地表水和地下水

（一）地表水

线路范围处于西江、北江及其支流形成的水系网内，周边大小水系发育。西江全长 2214km，集水面积（境内）为 34 万多 km^2，且长年不冻，中下游干流丰枯期水流量差别不大，水量充沛，年均径流量达 2300 亿 m^3。北江全长 468km，流域面积 46710km^2，占珠江流域面积的 10.3%，年均径流量 490 亿 m^3。其中，流经三水区境内的北江长度为 48.4km，汛期河面平均宽度为 700～1200m，三水站最大流量为 16200m^3/s，最小流量为 332m^3/s，多年平均流量为 1246m^3/s。周边地表水系对防洪排涝起一定控制作用。

（二）地下水

地下水埋深为 2.80～3.60m 之间，整体埋深较浅，明挖基坑应设置好基坑支护和止水措施，同时做好排水和导水管道。隧道下穿东平河，过江段隧道上覆岩土层须保留足够的安全厚度，且应充分考虑过江段隧道围岩透水性。

二、地下水类型

（一）第四系松散层孔隙潜水

第四系孔隙水主要赋存于海陆相交互相冲淤积的砂层＜2-2＞、＜2-3＞、＜3-1＞、＜3-2＞中，其上有厚度不等的人工填土层＜1＞和淤泥层＜2-1A＞覆盖，以弱承压水为主，潜水次之。含水层富水性为弱～中等，水量贫乏～中等，局部丰富。水化学类型属 HCO_3-Cl-Ca-Na 型水，矿化度 0.20～0.74g/L，铵含量 0.60～6.00mg/L，单井涌水量 65～737m^3/d，局部单井涌水量达 1000m^3/d 以上。第四系松散层孔隙潜水与东平河水水力联系密切，地下水位受东平河道涨潮和退潮影响。

（二）基岩风化裂隙水

基岩风化裂隙水主要赋存于下第三系碎屑岩的强风化带和中风化带中，属 HCO_3-Ca、HCO_3-Cl-Ca-Na 型，矿化度 0.092～0.93g/L，单井涌水量一般小于 100m^3/d。其赋存条件与岩石风化程度、裂隙发育程度等有关。

从勘察资料分析，基岩强风化带岩石破碎，岩芯呈半岩半土状；基岩中风化带岩石较破碎，岩芯呈短柱状或块状。风化带局部裂隙较发育，由于风化裂隙为泥质充填，地下水赋存条件相对较差，一般具有弱透水性，富水性弱。由于部分强～中风化基岩上覆全风化岩＜6＞和残积土＜5＞等为相对隔水层，这部分基岩风化裂隙水具有承压水特征。同时，部分地段风化基岩直接下伏在砂层之下，缺乏相对隔水层，这部分裂隙水与第四系含水层中地下水水力联系密切，循环通道较为畅通，基底直接接触时，应做好止水措施。

三、地下水的补给、径流及排泄

线路范围内地下水的补给来源十分丰富，主要有大气降水、地表水渗入和外围含水层的侧向补给。地表水主要为东平河道水、河涌水、鱼塘水，它与第四系松散岩类孔隙水、基岩裂隙水相互间水力关系较密切，相互补给。通常降水充沛的丰水期，一般是地表水补给地下水，而在降水稀少的枯水期，则由地下水补给地表水。地表水和地下水同时受大气降水和蒸发的影响。沿河两岸地下水位受潮水涨落的影响而变化，涨潮时河水补给两岸的第四系松散岩类孔隙水，退潮时则相反。

地下水径流方向按地势由高往低流动，多以潜流的方式排泄入沟渠或河涌。由于气候炎热，地下水部分通过土面蒸发和树木叶面蒸腾。

四、地表水及地下水腐蚀性评价

根据广佛线二期工程工可阶段水质分析成果和东平新城招商中心提供的《佛山市新城区启动区首期道路 B 标段路基岩土工程详细勘察报告》（广东省工程勘察院 2004.11）以及《佛山市中心组团新城区启动区 B 标段桥梁、地道工程地质勘察报告》（广东佛山地质工程勘察院 2005.5）水质分析资料，地表水及地下水的腐蚀性评价见表 2-8。

地表水及地下水腐蚀性评价表

表 2-8

| 位置 | 取水钻孔 | SO_4^{2-} (mg/L) | Mg^{2+} (mg/L) | NH_4^+ (mg/L) | OH^- (mg/L) | 总矿化度 | Cl^- (mg/L) | HCO_3^- (mg/L) | 侵蚀 CO_2 (mg/L) | pH值 | 对混凝土腐蚀性 | | 对混凝土中钢筋腐蚀性 | | 对钢结构腐蚀性 |
											长期浸水	干湿交替	长期浸水	干湿交替	
新城东站东侧170m	ZK55-3	32.00	13.86	—	0	—	19.85	156.21	4.08	6.8	无	无	无	无	弱
东平—世纪莲区间	ZK8	182.50	0.56		0	746.66	25.81	323.74	0	—	无	无	无	无	弱
世纪莲站	ZK2-3	23.36	15.07		0	—	13.83	479.62	0	6.9	无	无	无	无	弱
世纪莲站	ZK6	179.0	0.45	11.25	0	943.81	29.21	469.02	0	—	无	无	无	无	弱
世纪莲—澜石区间	ZK2	182.0	0.45	0.20	0	616.53	122.70	113.70	19.92	—	无	无	无	弱	弱
澜石站南300m	MGF1-NY-23	45.19	6.86	48.14	0	503.16	57.69	420.72	16.85	7.6	无	无	无	无	弱
东平河水	东平河	27.11	5.15	0.67	0	181.98	13.98	146.92	3.61	7.3	无	无	无	无	弱

注：1. 表中按Ⅱ类环境类型进行水对混凝土结构的腐蚀性评价。
　　2. 腐蚀介质为 Cl^-、SO_4^{2-}。
　　3. 表中"—"表示未进行该项试验。
　　4. 按地层渗透性，ZK_2 中侵蚀性 CO_2 含量为 19.92mg/L，对混凝土结构有弱腐蚀性。

综合以上资料，按Ⅱ类环境类型，地下水对混凝土结构无腐蚀性；地下水对钢筋混凝土结构中的钢筋无腐蚀性；地下水对钢结构有弱腐蚀性。

第三节　岩土工程条件评价及工程措施建议

一、软土

线路内世纪莲—新城东段广泛分布有软土层，为海陆交互相沉积淤泥<2-1A>、淤泥质土层<2-1B>，分布较为连续，厚度大，埋深大。在明挖车站处分布的软土，易导致基坑失稳或因排水固结导致地面建筑物不均匀沉降；隧顶或隧底分布的软土，易造成隧顶坍塌，隧底沉降。

二、岩石软化、崩解

线路内钻探范围揭露的下第三系红层残积土层及其全风化、强风化岩，泥质含量较高，遇水易软化；含砾砂岩等残积土、全风化岩、强风化岩含砂粒较多遇水易发生崩解；泥质粉砂岩、粉砂质泥岩暴露时间长易发生失水干裂。在地下隧道施工或基坑开挖过程中，应注意由于岩石的软化和干裂而导致隧道拱顶、边墙及基坑坑壁发生掉块或坍塌事故。在施工时应采取有效措施，避免基岩裸露时间过长或长时间浸水，同时尽量避开在雨期进行基坑施工。

三、岩石软硬不均

场地范围为下第三系红层碎屑岩沉积区，线路范围内发育有泥质粉砂岩、粉砂质泥岩、砂岩、含砾砂岩等，且各岩性间互层明显。根据《佛山市中心组团新城区启动区B标段桥梁、地道工程地质勘察报告》（广东佛山地质工程勘察院2005.5）中岩石天然单轴极限抗压强度试验值，以微风化层<9>为例，泥岩 f_a 平均值为 24.7MPa（样本数 $n=5$）；粉砂质泥岩 f_a 平均值为 25.4MPa（$n=9$）；泥质粉砂岩 f_a 平均值为 26.0MPa（$n=8$）；粉砂岩 f_a 平均值为 30.1MPa（$n=9$）；砂岩 f_a 平均值为 56.2MPa（$n=7$）。以上统计资料反映出各岩性间抗压强度从泥岩→粉砂质泥岩→泥质粉砂岩→粉砂岩→砂岩有逐渐增大的趋势。其中强度相差较大的是砂岩，若进一步考虑含砾量的影响，其差别会更大。因此，红层不同岩性互层所引起的岩石软硬不均对盾构水平掘进时轴线方向、桩基持力层的选择等带来一定的影响，施工时应注意。

四、抗震设防

线路范围在地质构造上位于三水盆地东南部，在晚白垩世、早第三纪和第四纪晚期为沉降区，沉积了一层上白垩统～下第三系岩层，第四系全新统为海陆交互相松散沉积层。本次勘察未发现有钻孔揭露断裂构造迹象。

根据地震安全性评价报告，考虑场址周围约 300km 地震影响区内的地震活动特征以及地震动衰减关系等，采用复合概率法计算工程场址的地震危险性，得到各场点三个概率水平的地震烈度及基岩加速度峰值 PGA。根据地震危险性分析结果以及未来 50 年 10％概率烈度计算值，各场点基本烈度均为Ⅶ度。

根据《建筑抗震设计规范》GB 50011—2010 及《中国地震动参数区划图》GB 18306—2015，广佛线二期工程场地范围内抗震设防烈度为Ⅶ度，设计地震分组为第一组，设计基本地震加速度值为 0.10g，地震设计特征周期值为 0.35s。

根据地震安全性评价报告，广佛线二期及汾江路南延线工程场地历史上未遭受Ⅶ度及以上的地震破坏，广佛线二期工程场地可按Ⅶ度进行抗震设防。

五、地质灾害

（一）地质灾害危险性现状评估

线路范围内现状地质灾害有崩塌 3 处，地面沉降 6 处。崩塌主要是由河流侵蚀、淘蚀作用造成的；地面沉降主要是因为软土地基的天然稳定性被破坏。现状地质灾害规模属微型～小型，处于不稳定～基本稳定状态，地质灾害发育程度中等，地质灾害危害小，危险性小。

（二）地质灾害危险性预测评估

1. 地面塌陷

线路全线均为地下工程，由于地下掏空，地表土体失去支撑作用，在岩土体自重或附加荷载作用下工程建设可能引发地面塌陷。因此，评估区有潜在地面塌陷的可能性。预测东平水道段（里程 YAK-1＋000～YAK-3＋400）不稳定（极易塌陷），地面塌陷的危害大，危险性大；预测澜石站（里程 YAK0＋24～YAK-1＋000）、世纪莲～新城东区间（里程 YAK-3＋400～YAK-6＋112）较不稳定（易塌陷），地面塌陷的危害中等，危险性中等（表 2-9）。

开挖基坑危险性评估表　　　　表 2-9

序号	名称	中心里程	基坑工程地质特征	危险性评估
1	澜石站	YAK-1＋316	开挖深度约 17m，组成坑壁的各土层厚度：填土 4.5m，残积粉质黏土 2m，基岩风化层 10.5m；基坑深，坑壁土层较厚，工程地质条件较差	中等
2	北岸明挖暗埋段	YAK-2＋704	开挖深度约 25m，组成坑壁的各土层厚度：填土 1m，淤泥 1m，残积粉质黏土 5m，基岩风化层 18m；基坑深，坑壁土层较厚，局部分布软土，临近河道，工程地质条件较差	中等
3	南岸明挖暗埋段	YAK-3＋110	开挖深度约 25m，组成坑壁的各土层厚度：填土 5m，淤泥质土 4m，残积粉质黏土 6m，基岩风化层 10m；基坑深，坑壁土层较厚，局部分布软土，临近河道，工程地质条件差	大
4	世纪莲站	YAK-4＋560	开挖深度约 16m，组成坑壁的各土层厚度：填土 6.5m，冲积粉质黏土 4.5m，残积粉质黏土 1.5m，基岩风化层 2m；基坑深，坑壁土层较厚，工程地质条件较差	中等
5	东平站	YAK-5＋161	开挖深度约 16m，组成坑壁的各土层厚度：填土 3.5m，粉细砂 3m，残积粉质黏土 4m，基岩风化层 5.5m；基坑深，坑壁土层较厚，工程地质条件较差	中等
6	新城东站	YAK-6＋446	开挖深度约 16m，组成坑壁的各土层厚度：填土 3m，粉细砂 3.5m，残积粉质黏土 3m，基岩风化层 6.5m；基坑深，坑壁土层较厚，工程地质条件较差	中等

2. 基坑边坡失稳

线路范围内基坑的开挖深度较深，且场区浅部岩土工程地质条件较差，部分基坑在开挖深度范围内主要为人工填土、粉质黏土、淤泥质土及砂层等，土的力学性质差。因此若基坑支护措施选用不当或支护不及时，则容易引发基坑边坡失稳。

3. 河岸崩塌

线路穿越处北侧河岸为河流凹岸，以冲刷淘蚀作用为主，根据现场调查及访问，附近曾经发生河岸崩塌2处（现已治理），故预测北侧河岸发生崩塌的可能性较大。南侧河岸为河流凸岸，以堆积淤积作用为主，从现场调查看，堤岸未见塌岸或崩塌现象，现状堤岸稳定。此外，产生河岸崩塌的另一原因是建筑物荷载及其侧向挤压作用，因河岸上部的建筑物荷载较大，且线路南侧河岸下伏软土较发育，对河岸挤压引起土体蠕动、滑移的程度较大。因此预测河岸崩塌地质灾害发育强度中等，危害中等，危险性中等。

4. 地质灾害危险性综合分区评估

结合地质环境条件、已发和潜在地质灾害的发育特征、危害程度和分布范围进行综合分析后，将相同和相近等级的区块合并叠加，将评估区划分为地质灾害危险性大区（Ⅰ）和危险性中等区（Ⅱ）这两个级别区，根据地质灾害不同特征，危险性中等区（Ⅱ）再细分为两个亚区（Ⅱ₁～Ⅱ₂），各分区叙述见表2-10。

地质灾害危险性综合分区说明表　　　　　　表2-10

分区	分布位置及面积	地质环境条件	现状评估	预测评估	综合评估
Ⅰ	位于评估线路东平水道段（里程YAK-1＋000～YAK-3＋400），面积2.70km²，占评估区总面积的23.7%	地形地貌条件简单；地层岩性与地质构造条件中等；水文地质条件复杂；工程地质条件复杂；人类工程活动对地质环境的影响程度大。综合判定评估区地质环境条件复杂	现状地质灾害有地面沉降2处，已治理崩塌2处，危害小，危险性小	预测地质灾害有地面塌陷、基坑边坡失稳和河岸崩塌3种，其中地面塌陷、基坑边坡失稳地质灾害发育，危害中等～大，危险性中等～大；河岸崩塌地质灾害发育强度中等，危害中等，危险性中等	潜在危害对象有隧道、建筑物、道路、岸堤等，难以处理，处理费用高。综合评估为地质灾害危险性大区
Ⅱ₁	位于评估线路澜石站段（里程YAK0＋24～YAK-1＋000），面积2.39km²，占评估区总面积的21.0%	地形地貌条件简单；地层岩性与地质构造条件中等；水文地质条件复杂；工程地质条件中等；人类工程活动对地质环境的影响程度大。综合判定评估区地质环境条件复杂	现状地质灾害有地面沉降2处，已治理崩塌1处，危害小，危险性小	预测地质灾害有地面塌陷、基坑边坡失稳2种，预测地质灾害均为发育强度中等，危害中等，危险性中等	潜在危害对象主要为隧道、建筑物、道路等，可采取措施予以处理，处理费用较高。综合评估为地质灾害危险性中等区
Ⅱ₂	位于评估线路世纪莲站～新城东站段（里程YAK-3＋400～YAK-6＋112），面积6.28km²，占评估区总面积的55.3%		现状地质灾害有地面沉降2处，其危害小，危险性小	预测地质灾害有地面塌陷、基坑边坡失稳2种，预测地质灾害均为发育强度中等，危害中等，危险性中等	潜在危害对象主要为隧道、建筑物、道路等，可采取措施予以处理，处理费用较高。综合评估为地质灾害危险性中等区

第二篇

车站施工技术篇

第三章 围护结构施工技术

第一节 厚砂地层中地下连续墙墙身缺陷预防与处理

一、工程概况

新城东站基坑安全等级为一级，根据本站的工程地质、水文地质、周边情况、基坑安全等级综合考虑，主体围护结构采用800mm厚地下连续墙，连续墙与主体形成复合结构，车站标准段宽度19.7m，盾构扩大端宽度24m，主体基坑深度为15.58m。围护结构地下连续墙共155幅，其中"一"字形144幅，"L"形6幅，"Z"形5幅，"T"形2副，连续墙墙身长度23.68～26.68m不等，墙体接头采用H形钢接头。

本站连续墙墙身地质主要为＜2-2＞粉细砂、＜2-3＞中粗砂，墙底均落底于＜7＞泥质粉砂岩强风化带，入岩深度1m，如图3-1所示。本站地下水以孔隙水形式

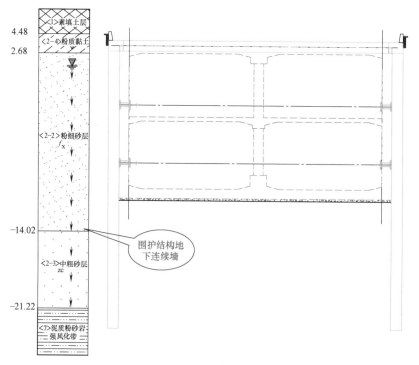

图 3-1 地连墙地质剖面图

存在，该地层主要被人工填土覆盖，局部被淤泥质土、粉质黏土层覆盖，水量丰富，透水性中等，地下水具有微承压性。

二、厚砂地层中连续墙墙体缺陷预防措施

厚砂地层中连续墙墙体缺陷以预防为主，以加固处理为辅。在连续墙的施工过程中施工单位始终紧抓墙体缺陷的预防，采取了以下具体措施。

1. 从施工准备入手

在连续墙施工前，选定距离施工场地更近的商混供应商，可使工序衔接更加顺畅，减少因混凝土供应不及时而造成的墙体质量问题。

2. 从优化设计入手

在地下连续墙导墙施工时，可将导墙净空适当放大，使槽壁尺寸稍大于设计尺寸，可减少钢筋笼吊放时对泥浆壁的刮蹭，使槽壁产生坍塌而造成夹泥夹砂问题。

3. 从材料选择入手

由于厚砂地层槽壁比较容易产生坍塌现象，因此对泥浆的护壁效果要求非常高，在膨润土选择上应选择性质更好的钠基膨润土，而不采用钙基膨润土。

4. 从泥浆制备入手

在深厚砂层连续墙施工中，泥浆循环系统的使用是关键工序。泥浆的静水压力可抵抗作用在槽壁上的水压力和土侧压力；泥浆在槽壁上形成不透水泥皮层，从而使泥浆的静水压力能有效地作用在槽壁上；泥浆从槽壁表面向地层内渗入到一定范围就粘附在土颗粒上，通过这种粘附作用可使槽壁减少坍塌性和渗水性。配制泥浆用水应采用新鲜洁净的淡水，使用前将水样送有关部门进行水质分析，以免对泥浆性能产生不利影响，泥浆各项参数应根据地层地质情况及时抽测、置换及调整。具体性能指标见表 3-1。

泥浆配制管理性能指标　　　　　　　　　　表 3-1

泥浆性能	新制备的泥浆		循环泥浆		废弃泥浆		检验方法
	黏性土	砂性土	黏性土	砂性土	黏性土	砂性土	
密度（kg/m³）	1.04～1.05	1.06～1.08	＜1.10	＜1.15	＞1.25	＞1.35	比重计
黏度（s）	20～25	25～30	＜25	＜35	＞50	＞60	漏斗计
含砂率（%）	＜3	＜4	＜4	＜7	＞8	＞11	洗砂瓶
pH 值	7～9	7～9	＞8	＞8	＞14	＞14	试纸

5. 从成槽作业入手

在连续墙成槽过程中，应重点控制泥浆的物理学指标，对泥浆进行检查时，不仅检查槽底标高 20cm 处泥浆指标，还要抽查开挖范围内的泥浆指标，遇到不同地层时，及时调整泥浆的性能和配合比，调整参数见表 3-1。

6. 从混凝土施工入手

厚砂地层混凝土应在钢筋笼吊放完成后 4h 内灌注，并应尽量缩短间隔时间，导管需做气密性试验和过塞试验，灌注过程中导管埋深不小于 2m，亦不宜大于 6m。混凝土浇灌必须连续进行，中断最长不超过 30min。混凝土浇筑时应先将导管顶部漏斗装满后再同时释放灌入槽内，以保证能将槽底的泥浆全部挤出底部，施工过程中应及时量测导管埋设深度，并及时拆管。

三、连续墙检测情况及原因分析

由于目前地下连续墙施工工艺及人为原因，深厚砂层中地下连续墙的施工质量缺陷是不能完全避免的，如何减少由于管理及人为原因造成的施工缺陷是地下连续墙施工质量控制及缺陷预防的关键所在。对于已产生的质量缺陷，应及时选取有效的措施进行处理，保证基坑及周边环境的安全。

（一）连续墙检测情况

根据《建筑基桩检测技术规范》JGJ 106—2014 要求，声波透射法抽检桩数不小于施工总桩数的 20％，本站共有 155 幅连续墙，需抽检 31 幅连续墙。通过声波透射法检测和抽芯检测相结合，共计检测 32 幅连续墙，检测结果显示 32 幅连续墙中缺陷分布如下：冠梁以下 1～3m 缺陷；冠梁下 3m 至基底下 2m 缺陷（图 3-2）；基底 2m 以下缺陷；连续墙底部缺陷（图 3-3）。

图 3-2 基底下 2m 以上连续墙缺陷

（二）连续墙缺陷原因分析

1. 工程地质原因

本站处于深厚粉细砂、中粗砂地层，地下水头较高，钢筋笼吊装及混凝土灌注过

图 3-3　基底 2m 以下连续墙缺陷（罗小健摄）

程中由于设备的振动导致槽壁出现局部塌孔现象，冠梁底以下 1～3m 位置出现夹泥、夹砂现象与此种情况有较大关系（图 3-4）。

2. 施工工艺原因

地下连续墙采用传统的液压抓斗法成槽时，尤其是在厚砂地质中，不可避免地会碰撞或啃坏槽段土体，使槽段土体部分凹凸不平。钢筋笼下方过程中，钢筋笼上安装的垫块不可避免地会对两侧槽段壁进行刮蹭，破坏泥浆护壁效果产生坍塌。在混凝土浇筑过程中，亦会有少量的砂土脱落并沉淀在浇筑的混凝土中，因此造成局部鼓包夹泥夹砂现象。

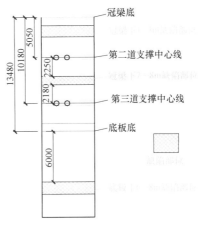

图 3-4　地连墙缺陷部位
与支撑位置关系图

3. 工序时差间隔

在连续墙施工过程中，各道工序施工都有时间差，在完成槽段成孔沉渣清理后，从钢筋笼吊装到混凝土灌注，需要 2～3h 时间，槽底沉渣厚度可能加大，导致局部出现混凝土包裹沉渣，造成夹砂、夹泥现象。

4. 泥浆制备管理不到位

地下连续墙成槽过程中，因各层地质不同，泥浆各项参数应根据现场实际情况及时抽测、置换及调整。如泥浆相对密度过大，对混凝土的流动阻力加大，流动不畅，两根导管浇筑的混凝土相互穿插易将泥浆卷入混凝土内，导致交界面夹泥。如泥浆黏度不符合要求，形成不了有效护壁，则易造成塌孔等问题。

5. 墙底沉渣清理不到位

在深厚砂层施工的连续墙，墙底沉渣厚度一般都比较大，而过厚的沉渣是造成墙底夹泥夹砂的主要原因。在钢筋笼下完至混凝土浇筑这段时间内，墙底沉渣会逐渐增多，因此浇筑前应重新量测槽底沉渣厚度，否则直接浇筑混凝土的话，会造成墙底夹泥夹砂现象出现。

6. 混凝土施工管理不到位

从现场施工检查情况分析，工人操作失误，导管埋深过大不能有效地翻浆或在拆除导管时测量导管埋深不准确，导管底口超出原混凝土面，造成墙身夹泥夹砂。本站混凝土距离商混站较远，混凝土供应不及时亦为厚砂层中夹泥夹砂的重要原因。

四、连续墙墙体缺陷处理措施

（一）钻孔灌注桩补强＋旋喷桩止水处理措施

针对连续墙缺陷面积较大，墙身存在明显空洞，为确保墙身强度达到设计要求，在墙体外侧施做灌注桩与旋喷桩，达到增强结构受力与止水完整性要求。

在墙体外侧采用 2 根直径 800mm 钻孔灌注桩加固，桩长从冠梁顶往下 11.06m，穿越第三层钢支撑以下 2m，两侧及两桩之间共加设 5 根直径 600mm 旋喷桩止水，旋喷桩桩长 9.28m，从冠梁顶面标高至缺陷部位以下 2m，如图 3-5 所示。

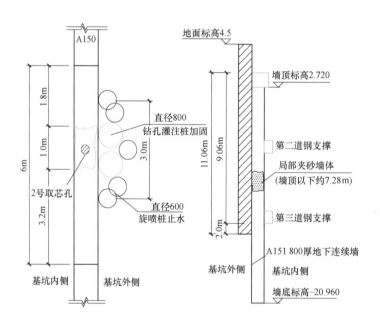

图 3-5　钻孔灌注桩补强＋旋喷桩止水处理措施图

（二）旋喷桩加固止水处理措施

对缺陷部位并非完全是夹砂，而是类似于水泥砂浆，有一定强度的缺陷，在墙体外侧施做旋喷桩止水即可。

在缺陷连续墙外侧加设一排旋喷桩。具体布置为：桩长 8.5m（穿越含砂段以下 2.4～3.1m）、桩径 ϕ＝600mm，间距 450mm，共 9 根，咬合布置，如图 3-6 所示。

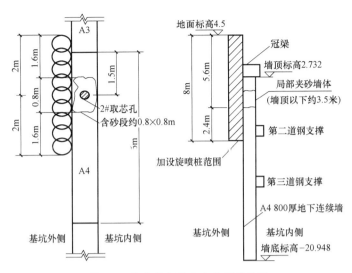

图 3-6　旋喷桩加固止水处理措施图

(三) 注浆法止水及加固处理措施

对于已知缺陷部位，根据缺陷位置确定注浆时间、材料。如缺陷部位在冠梁以下至底板开挖面以下 2m 区域，缺陷面积较小，采用基坑开挖过程中在坑内钻孔注浆的措施，达到止水及加固的作用。根据本车站工程地质条件，处理范围主要处于松散至稍密状粉细砂层，渗透系数较大，渗透注浆能达到预期效果，注浆设备为双液注浆机。

如缺陷部位位于冠梁底至 7m 位置，可直接开挖至缺陷部位，查看渗漏情况，出现渗漏水采用注普通水泥浆液方式止水。

如缺陷部位位于冠梁底 7m 以下至底板 2m 以上范围，开挖到缺陷部位以上 1m 左右停止开挖，在基坑内打注浆管注普通水泥浆或水泥—水玻璃双液浆（图 3-7）。

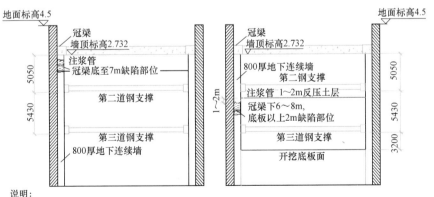

说明：
1. 缺陷部位位于冠梁底至 7m 范围，可采用开挖至缺陷部位，查看渗漏情况，出现渗水注普通水泥浆液。
2. 缺陷部位位于冠梁底 7m 以下至底板 2m 以上范围，开挖到缺陷部位以上 1～2m 位置停止开挖，出现渗漏水则在基坑内注普通水泥浆或水泥-水玻璃双液浆。
3. 对于未知部位，开挖过程中严密巡视，如果一旦发现立即停止开挖并根据缺陷程度，选择及时注浆或反滤回填后再注浆。
4. 底板下 2m 以下缺陷部位由于上覆土体较厚，本站又无较大承压水头，坑外地下水对此范围影响较小，此范围可不做处理。

图 3-7　缺陷部位注浆与土方开挖关系图

第二节 软弱地层中地下连续墙与半截墙施工技术

一、工程概况

东平站为广佛线二期与佛山三号线车站的换乘站，其中佛山三号线车站长

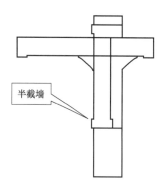

半截墙

图 3-8 围护结构平面图

300.5m、宽 43.5m，基坑开挖深度为 26.5m，车站基坑开挖范围内地层以淤泥层和砂层为主。车站围护结构采用地下连续墙，共计 175 个槽段，其中车站与物业交界处为半截墙，如图 3-8 所示，导墙施工时为保证连续墙外形尺寸的精确性，导墙外放 3cm。导墙中心线外放尺寸分别为 15cm＋3cm＝18cm。

工程地质及水文地质情况如下：

1. 地质

从上至下土层分别为：

<1>素填土、<2-1A>淤泥、<2-1B>淤泥质土、<2-2>粉细砂、<5N-2>粉质黏土、<6>全风化岩、<7>强风化岩、<8>中风化岩、<9>微风化岩。

2. 基底地层

A 区：粉质黏土；B 区：中风化岩；C 区：车站三层部分位于中风化；D 区：淤泥质土层。

3. 地下水

主要有两种基本类型，分别为松散层孔隙水和基岩裂隙水。松散层孔隙水主要赋存于海陆交互相砂层<2-2>、<2-3>中，基岩裂隙水：主要赋存于基岩层的强风化带和中风化带中。

车站地质剖面图如图 3-9 所示。

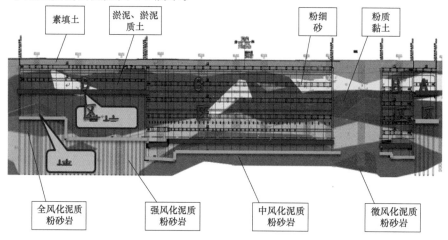

素填土　淤泥、淤泥质土　粉细砂　粉质黏土

全风化泥质粉砂岩　强风化泥质粉砂岩　中风化泥质粉砂岩　微风化泥质粉砂岩

图 3-9 地质纵剖面图

二、工程重难点分析

1. 地质条件差

车站所处位置存在大量淤泥，如图 3-10 所示。

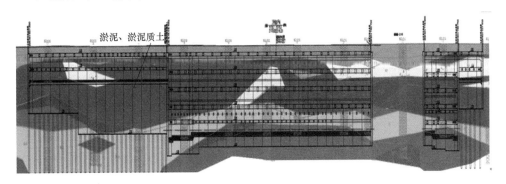

图 3-10　淤泥地层分布范围

以淤泥层为代表的软弱地层对深基坑施工存在如下两个不利因素：（1）地基承载力较低；（2）自我稳定性差，富水状态下多呈流塑状。为了克服这两个不利因素，在施工过程中着重解决了以下难题：

1）在连续墙成槽过程中经常出现"塌孔"的问题，须采取措施提高槽壁的稳定性。

2）软弱地层地基承载力低，无法满足大型设备对地基承载力的要求，须采取措施提高地基承载力或降低大型设备对地基的压应力。

3）软弱地层中难以确保连续墙墙身施工质量，如何有效提高连续墙墙身质量？

4）连续墙接头可能出现质量问题，如何在基坑开挖前确认并有效提高连续墙接头质量，以免出现接头涌水、涌砂的险情？

2. 半截墙施工难度大

1）连续墙 C-m27～C-m30、C-m31～C-m51 槽段空孔平均高度达 18.4m。空孔深，钢筋笼的制作、吊装、定位均较困难。

2）根据设计 C-m27～C-m30、C-m31～C-m51 半截墙上须植入作为支撑体系的组合式格构钢柱。半截墙上植入格构柱，钢筋笼的吊装及格构柱的定位较困难。

三、应对重难点采取的解决措施

（一）针对地质条件所采取的措施

1. 通过优化护壁泥浆性能及成槽设备的工作参数来避免成槽塌孔。

1）采用施工单位研发改良的大循环泥浆处理系统，以实现地下连续墙施工泥浆处理、供应、回收的循环理念，源源不断地为槽段内提供优质泥浆，系统运行示意图如图 3-11 所示。

2）配置泥浆时采用优质的原材料，并根据地质条件、成槽方法等进行泥浆配合

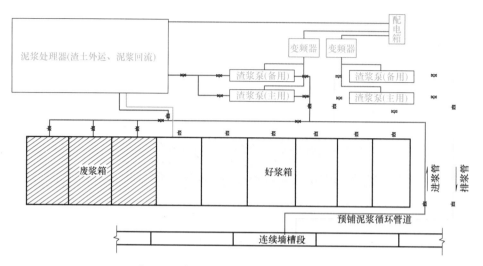

图 3-11 大循环泥浆处理系统运行示意图

图 3-12 大循环泥浆处理系统实物图

比的初定，检验合格后方可使用，为了实现更好的护壁效果，现场适当提高了泥浆的相对密度和黏度（图 3-12）。

3）成槽设备对土体的扰动也是造成塌孔的重要因素，因此，施工中严格控制了设备的工作参数（如冲锤工作时将提升高度减小，旋挖钻机减小下沉速度等），从而将设备对土体的扰动控制在一定程度以下。

2. 采取有效的质量保证措施和墙身的检测措施，以确保连续墙墙身的施工质量，施工过程中采取了如下质量保证措施：

1）连续墙成槽及方法

① 在成槽过程中通过巡查，早发现早纠偏；回填黏土（禁填片石），低锤密击修孔修槽。

② 通过垂吊桩锤的钢丝绳子与导墙之间的位置变动关系量观测偏移情况，发现有异常及时报告、处理。

③ 硬化机械设备作业位置场地，避免沉降变化带来偏差。

④ 严格全过程监控制，经常复核设备的偏位情况。

⑤ 成槽后采用专用探笼（宽 2.5m，厚 0.48m，高 4m）进行槽段垂直度检测，观察探笼下放情况。

⑥ 在墙身里预埋声测管，在连续墙浇筑完成后采用声波透射法检测墙身质量。

2）加强连续墙的成孔和清孔管理

① 导墙中心与槽段中心的偏差不得超出规范的要求，保证成槽位置的准确。

② 制作护壁和排渣用的泥浆：循环泥浆相对密度应控制在 1.3；施工过程中经常测定泥浆相对密度、黏度、含砂率和胶体率。

③ 成槽的垂直度：施工时检查设备的垂直度，并随时调整，保证成槽垂直度满足要求。

3）现场采取的槽壁塌方的预防及应急措施

防止槽壁塌方的措施：泥浆拌制材料选用优质膨润土，泥浆各项指标满足规范要求，泥浆液面保持在地下水位以上 0.5m，减少地面荷载对导墙及槽壁影响。

如挖槽过程中出现漏浆或坍塌时，迅速补浆以提高泥浆液面，同时根据情况回填黄泥包，待槽内液面稳定后再重新开挖。

3. 采用声波透射法检测连续墙接头质量，并提前做好补强措施，以保证连续墙接头质量。

（二）针对半截墙所采取的措施

半截墙施工时在空孔部分设置桁架筋，工字钢伸长至导墙面以下 0.5m，水平筋按 5m 一道将桁架筋、工字钢焊接成整体，空孔部分填碎石，如图 3-13 所示。

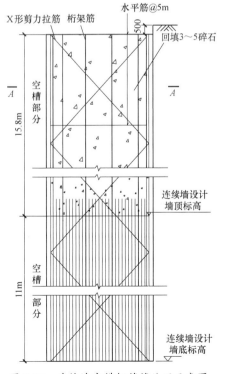

图 3-13 连续墙空槽钢筋笼处理示意图

半截连续墙上植入格构柱采用两台履带吊协作吊装，首先使用 160t 履带吊吊装半截连续墙钢筋笼进入槽段，当下吊至剩下 3m 左右钢筋笼在导墙面以上时，使用 100t 履带吊吊装格构柱对插入钢筋笼，测量复测柱位坐标无误后将格构柱与钢筋笼进行焊接。然后两台履带吊协作下放钢筋笼进入槽段。

四、应用情况

1. 采用大循环泥浆处理系统有效地保持了护壁泥浆的高质量和稳定的性能，保证了成槽质量，并且，将泥浆集中处理后杜绝了现场的"脏、乱、差"现象，极大地提高了文明施工质量，应用后现场文明施工情况如图 3-14 所示。

图 3-14　良好的文明施工（李甫福摄）

2. 严格控制泥浆性能指标后，槽段塌孔情况有所减少，连续墙墙身质量有所提高，检测的合格率达 100%（其中 I 类桩达到 80%），墙身抽芯检测 2 幅，均为 I 类桩（图 3-15）。

图 3-15　泥浆性能测试（周松摄）

3. 基坑开挖前，应用超声波透射技术对连续墙接头进行检测，接头检测完成后对存在严重质量缺陷的接头进行旋喷桩预加固处理，防止基坑开挖过程中出现连续墙接头漏水、漏砂的现象（图 3-16、图 3-17）。

图 3-16　漏水的接头　　　　　图 3-17　加固后接头止水效果良好（阳东升摄）

五、小结

通过上述施工技术在软弱地层中地下连续墙施工中的实施，项目部顺利完成了东平站的围护结构施工，节约了大量的工期，也保证了连续墙施工质量，基坑开挖的过程中从未出现连续墙接头漏水、漏砂的现象，有效保证了基坑的安全施工。

第三节　地下连续墙施工中既有锚索处理施工技术

一、工程概况

东平站周边重要建筑物主要有保利1号地块在建项目和东平广场基坑等，东平站基坑距离保利1号地块地下结构约20～26m；东平站基坑距离东平广场围护结构边线约6.7～11.6m。保利1号地块锚索均侵入广佛线二期车站与佛山三号线车站围护结构基坑，直接影响广佛二期基坑东北侧及佛山三号线基坑A区东侧地下连续墙施工，影响范围分别为36m、12m；影响地连墙数量统计见表3-2，地铁基坑与保利1号地块项目围护结构锚索相对位置关系平面图如图3-18所示，剖面图如图3-19、图3-20所示，锚索统计表见表3-3。

影响地连墙施工统计表　　　　　　　　　　　表 3-2

名称	锚索/锚杆所在部位	影响范围	地连墙数量	地连墙编号
东平站	保利1号地块	48m	9幅	A-n02、A-m13、A-m14、A32、A33、A34、A35、B1、A36

锚索统计表　　　　　　　　　　　　　表 3-3

序号	直径	注浆材料	钢筋材料	配置数量	长度	根数	所属单位	影响位置
1	200	32.5R复合水泥浆	Φ^S	2×7ϕ5	32m	25	保利1号地块	广佛二期车站
2	200	32.5R复合水泥浆	Φ^S	2×7ϕ5	32m	9	保利1号地块	佛山三号线车站
					总计	34根		

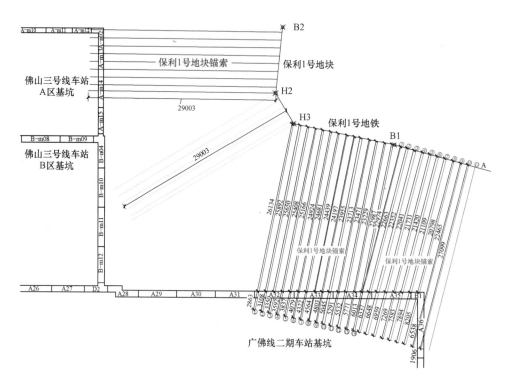

图 3-18 东平站与保利 1 号地块锚索相对位置关系平面图

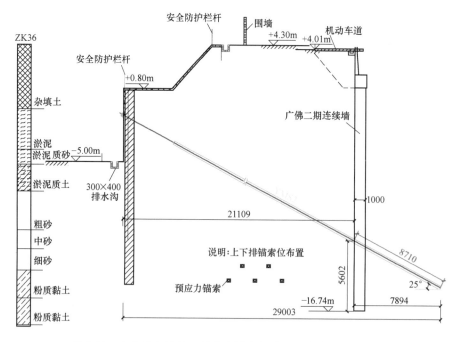

图 3-19 东平站与保利 1 号地块锚索相对位置关系剖面图 (1)

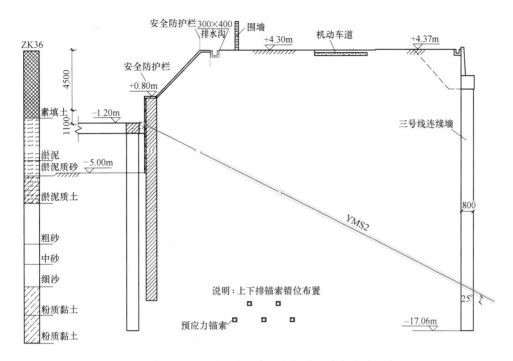

图 3-20　东平站与保利 1 号地块锚索相对位置关系剖面图（2）

二、锚索处理的方法

方法 1：采用千斤顶将锚索直接拔出。

方法 2：采用地质钻探取芯原理，在锚索加固土体的侧面使用带套管钻头的钻机沿着锚索的入射方向将其钻芯取出（图 3-21）。

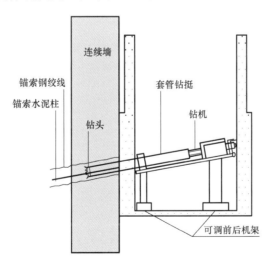

图 3-21　传统锚索处理方式示意图

上述方法的基本思路基本上是在水平方向将锚索整体取出，但是，这种方法对设备作业空间有较高的要求，如果在地下空间中作业，一般事先要做人工竖井，在繁华地段的地铁施工中往往不具备空间条件，且此种方法需要投入更多的工期和设备。本文所列举的锚索处理施工工艺很好地解决了上述局限性。

方法3："重锤低冲法"反复冲击锚索。

通过冲锤的重力和土体提供的反力，锚索将在槽段范围内截断；为了给冲锤提供足够的反力，并防止冲锤工作时拉坏锚头影响既有建筑物稳定，我们将锚索处土体置换为碎石；调整护壁泥浆的配合比，防止处理锚索时槽段内塌孔（图3-22）

图3-22 连续墙冲锤示意图

地下连续墙施工中既有锚索处理施工技术是通过分析既有锚索的信息，对连续墙成槽冲锤进行选型，通过置换锚索处土体为冲锤提供足够的反力，再通过调整护壁泥浆配合比来防止槽段内塌孔，当冲锤的冲力和碎石反力共同作用于槽段内锚索时，锚索内会产生超过其抗剪强度的剪应力，再控制冲锤的工作参数，采用"重锤低冲"的形式来控制锚索处碎石的沉降，经过冲锤多次的作用，锚索即可在槽段内局部截断，施工过程中使用探笼来检测既有锚索处理情况，当检测到锚索已截断，则冲锤恢复成槽的工作参数继续施工。这种施工技术仅仅使用连续墙成槽的施工设备，无需另外提供设备，既经济又高效。另外，本技术既可解决锚索对地下连续墙施工的影响，又能保障未截断部分的锚索继续发挥其作用，且有效规避了锚索处理施工时拉坏锚头，影响既有建筑物稳定性的风险。

综上所述，采用"重锤低冲"反复冲击锚索的施工方法处理地下连续墙侵入锚索效果更佳。

三、施工工艺

1. 冲锤型号的选择

由于锚索的强度较高，因此，冲锤选择重量较大的为宜，一般选取4t的重锤。此外，重锤底部两端带有锯齿，当重锤落下时，锯齿处的锚索就会形成点受力，这样就能使锚索在此处截断。我们选用的是多齿的圆锤，这样既能提高每次锤击锯齿冲到锚索的概率，又能提高锚索截断的效率。

2. 护壁泥浆性能控制

冲孔成槽前，槽段的护壁泥浆在配置时，选用优质泥浆，黏度应调整至比正常成槽时所用泥浆高，可取 35s 左右，防止槽段塌孔，泥浆的配合比可按表 3-4 控制。

泥浆配合比　　　　　　　　　　　　　　　　　　表 3-4

泥浆材料	膨润土	纯碱	CMC	清水
1m³ 投料量(kg)	130.6	4.364	0.583	919.3

3. 冲锤工作参数的设置

由于选用的冲锤自重较大，冲锤的提升高度必须控制好，若下落高度过小则达不到截断效果；若下落高度过大则可能会造成锚索在截断前随着碎石面的过大沉降而产生过大的拉力影响锚头，也可能造成槽段内塌孔。因此，根据现场实践，下落高度控制在 1m 左右锚索的截断效果较好。

4. 锚索处理效果的探测

成槽后采用专用探笼（宽 2.5m，厚 0.88m，高 6m）进行锚索处理效果检测，观察探笼下放情况。若探笼能自由上下连续墙高度范围，则锚索处理完成，若探笼下放困难，则需将探笼吊出，重新回填碎石、下放方锤进行作业，直至探笼能自由下放。

四、经济效益情况

两个车站基坑开挖范围内地层以淤泥层和砂层为主，因此围护结构均采用地下连续墙，共计 278 个槽段，其中锚索对连续墙的影响情况统计见表 3-5、表 3-6。

影响地连墙施工统计表　　　　　　　　　　　　　表 3-5

名称	锚索/锚杆所在部位	影响范围	地连墙数量	地连墙编号
东平站	保利 1 号地块	48m	9 幅	A-n02、A-m13、A-m14、A32、A33、A34、A35、B1、A36

锚索统计表　　　　　　　　　　　　　　　　　　表 3-6

序号	直径	注浆材料	钢筋材料	配置数量	长度	根数	所属单位	影响位置
1	200mm	32.5R 复合水泥浆	Φ^S	2×7φ5	32m	25	保利 1 号地块	广佛二期车站
2	200mm	32.5R 复合水泥浆	Φ^S	2×7φ5	32m	9	保利 1 号地块	佛山三号线车站
					总计	34 根		

为了确保连续墙正常施工，我们对槽段内局部锚索进行了冲锤截断处理，造成的额外费用如下：使用冲锤后扩孔系数为 1.25，连续墙尺寸以 6m×1m×20m 计算，每幅连续墙由于扩孔造成的混凝土方量为 30m³，共 270m³，费用为 270×358＝96660 元；换填碎石约 9×1.5×1×6×5＝405m³，费用为 405×50＝20250 元，共 116910 元。

若采用传统方法，造成的额外费用如下：施工人工竖井时，土方放坡开挖 1×15×48＝720m³，费用为 720×45＝32400 元；钻芯取锚索长度 32×34＝1088m，费用为 1088×350＝380800 元，共需费用 413200 元。

相对于传统工艺，工期至少缩短 15d 以上，按每天固定成本开销 1.89 万元（员工工资 1.8 万元/d、办公费用 0.04 万元/d、水电支出 0.05 万元/d）节省施工成本 28.35 万元。

另外，规避了拉坏锚头，影响既有建筑物稳定，对造成的险情的处理等，这些费用不可预计。

通过应用地下连续墙施工中既有锚索处理施工技术，有效解决了既有锚索对连续墙施工的阻碍，提高了连续墙成槽质量，缩短了处理锚索的工期，并能有效规避处理锚索时影响到既有建筑物稳定性的风险。节约直接施工成本总计在 57.9 万元以上，另外还减免了因连续墙接头漏水、漏砂引起基坑失稳、坍塌的不可预计费用（图 3-23）。

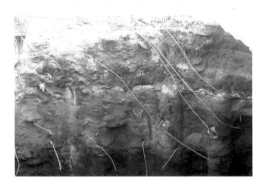

图 3-23 开挖过程中发现的被冲断的锚索

五、结束语

地下连续墙施工中既有锚索处理施工技术在本工程中的成功运用，有效解决了既有锚索对连续墙施工的阻碍，大大提高了连续墙成槽质量，缩短了处理锚索的工期，节约了设备成本，并能有效规避处理锚索时影响到既有建筑物稳定性的风险，此项技术对往后采用地下连续墙做围护结构的深基坑施工有很好的借鉴作用。

第四节 地下连续墙接头检测施工技术

地下连续墙施工时的先行幅和后继幅间的接缝处易成为围护结构防水的薄弱环节，尤其是采用工字钢接头，接头处易发生夹砂、夹泥的情况，容易导致基坑开挖过程中出现接头漏水、漏砂的情况，是车站基坑施工的致命风险点。本文介绍了一种自行研发的地下连续墙接头检测技术，对往后采用地下连续墙做围护结构的深基坑施工有很好的借鉴作用。

一、原理

地下连续墙接头出现质量缺陷的原因，主要是因地下连续墙一期槽段混凝土浇筑时混凝土出现绕流或是因二期槽段接头清理不到位而夹泥、夹砂造成，当地下连续墙接头存在夹泥、夹砂等缺陷时，声波将绕过缺陷继续传播或在低速介质中传播，这样会使声时相对延长，波速相对降低；同时声波在缺陷区将产生吸收衰减和散射衰减，造成声波能量耗损，使接收波波幅明显下降，从而在缺陷背后形成一个声阴影；另外，超声脉冲波是复频波，当脉冲波穿过缺陷区时会产生"频漂"现象；由于超声脉冲波在缺陷界面产生反射和折射，形成不同的波束，这些波束由于传播路径不同或由于在反射界面上产生波形转换而形成横波等原因，使到达接收换能器的时间不同，结果造成接收波成为许多同相位或不同相位的波束的叠加波，导致波形畸变。因此，可以根据波速、波幅、频率等大小和形态的异常及结合工程情况，综合判定地下连续墙接头的完整性，从而实现地下连续墙接头质量的检测。

二、地下连续墙接头检测的方法

根据超声波透射法的工作机理，在地下连续墙施工时在一期槽段、二期槽段钢筋笼的两侧各预埋一根声测管，作为换能器的通道。待连续墙施工完成后，将连续墙接头两侧的声测管灌满水，通过水的耦合，使得超声脉冲信号可从一根声测管中的换能器发射出去，在另一根声测管中的声测管接收信号，再通过超声仪测定有关参数并采集记录、储存以供分析使用。通过分析采集的数据对接头的质量进行判据，得到最终接头质量检测的结果。

（一）检测设备的选用

地下连续墙接头检测的工作原理与地下连续墙完整性相同，因此超声波检测仪可选用目前常用的声波检测仪。

（二）声测管管材的选择

声测管宜选用无缝钢管，因此选用钢管，管径为 5cm。

（三）相邻槽段声测管的埋设要求

由于声波信号的发射会形成一定的发射束角，而声波是沿最短路径行走，因此声测管的埋设在平面上应位于接头的两侧图 3-24，以尽可能地减少接头检测的死角范围。相邻声测管埋管间距控制在 80～120cm 为最佳。

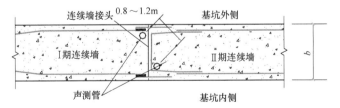

图 3-24　接头声测管埋设示意图

（四）谐振频率范围的选用

接头声波检测宜选用的谐振频率宜为 30～40kHz。

（五）拉线的速度控制

通常地下连续墙完整线检测的拉线速度为 20～40cm/s，而对于接头的声波检测时，拉线速度宜控制在 20～25cm/s。

（六）评据方法的选用

对于由声速、波幅衰减确定的异常区，结合 PSD 曲线进行综合分析，采用斜率法作为辅助异常判据，当 PSD 值在某测点附近明显变化时，应将其作为可疑缺陷区。

三、应用实例及效果

为确保基坑开挖的安全，本工程在广佛线二期车站开挖前，应用本技术对广佛线二期围护结构的连续墙接头进行检测，共计 101 个接头，通过应用此项技术共发现 6 个接头存在较为严重的质量缺陷。

（一）地下连续墙预埋无缝钢管

地下连续墙施工时，采用预埋无缝钢管以待进行声波透射法的检测，如图 3-25 所示。

图 3-25　预埋无缝钢管

（二）声波透射法检测

1. 向声测管中注入洁净的水作为耦合剂，安装超声波探头，并测量预埋管间距（图 3-26、图 3-27）。

图 3-26　声测管注水并安装探头

图 3-27　测量管距

2. 拉线检测并导出波形图（图 3-28、图 3-29）。

图 3-28　拉线检测

图 3-29　分析波形

现场接头检测的 PSD 曲线成果图如图 3-30 所示。

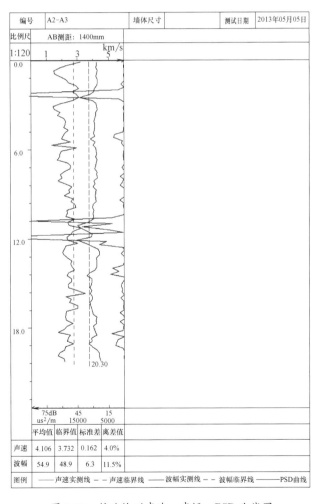

图 3-30　接头检测声速、声幅、PSD 曲线图

从图 3-30 看出，在距墙顶 1.8～2.0m 处 PSD 曲线出现测点异常，所对应的声速也异常，明显低于临界波速值；11～12.5m 处 PSD 曲线出现测点连续异常，说明该接头在对应部位存在较为严重的缺陷，很有可能是夹泥或是混凝土松散，均有可能危害基坑开挖的安全。

接头检测完成后对存在质量缺陷的接头进行了有针对性的处理，即只对有缺陷的具体部位进行预加固处理，节省了加固费用。目前该基坑已开挖完成，开挖过程中未出现连续墙接头漏水、漏砂的现象，基坑开挖顺利，确保了施工工期。而与本工程工程地质以及施工工艺相同的两个标段均出现了接头漏水、漏砂的情况。

四、小结

该技术根据地下连续墙接头检测的特点和目的对声测的埋管间距、谐振频率的选用、拉线的速度、判据方法的选用等进行了研究和分析，并制定了接头超声波检测的合理参数，形成了一套较为完善的地下连续墙接头检测施工技术，可快速检测出地下连续墙接头的质量，提前进行预加固处理，对接头的处理由以往的被动处理转为主动预防，可规避地下连续墙接头漏水、漏砂的致命风险点，降低了深基坑施工的安全风险。

第五节　大循环泥浆处理系统在东平站地下连续墙施工中的应用

地下连续墙施工技术在我国地铁施工工程中得到了广泛应用。泥浆处理过程是地下连续墙施工过程中一个极为重要的环节。以往地下连续墙施工时，采用分散砌筑泥浆池进行泥浆自然沉淀、分离、泥浆外运的方式进行泥浆处理存在破坏施工现场环境、泥浆外运量大、泥浆质量不稳定等缺点，而运用大循环泥浆处理系统，能达到节能、节地、节水、节材料和环保的目的。本节以广佛线二期工程中东平站为例，介绍大循环泥浆处理系统在地下连续墙施工中的应用。

一、工程概述

东平站为广佛线二期与佛山三号线车站的换乘站，其中广佛线二期车站长 216.5m、宽 32.7m，基坑开挖深度为 17.5m；佛山三号线车站长 300.5m、宽 43.5m，基坑开挖深度为 26.5m，两个车站基坑开挖范围内地层以淤泥层和砂层为主，因此围护结构均采用地下连续墙。

广佛线二期东平站地下连续墙总长 589m，共分 103 个槽段，墙厚 1000mm，标准节段宽为 6000mm，墙深约 17～26m，连续墙接头采用工字钢板接头，墙体混凝土为 C30 水下混凝土。

佛山三号线东平站及物业结构下连续墙总长 900.84m，共分 175 个槽段，墙厚分为 800mm、1000mm，标准节段宽为 6000mm，墙深度为 18.74～35.728m，连续墙接头采用工字钢板接头，墙体混凝土为 C30 水下混凝土。

二、工程地质情况

东平站场地地貌属于珠江三角洲海陆交汇互相沉积平原地貌，场地原始地貌平整，现场地势主要受周边商业地产基坑开挖影响较大。该场地范围内各岩层情况见表 3-7。

表 3-7

地质情况表

序号	名称	层厚（m）	层底标高（m）
<1>	人工填土层	0.70～23.80	−20.19～2.61
<2-1A>	淤泥	1.50～20.70	−9.84～−0.80
<2-1B>	淤泥质土	1.00～19.10	−17.30～−2.08
<2-2>	粉细砂层	0.90～11.10	−12.67～−2.61
<2-3>	中粗砂	0.90～6.00	−19.39～−2.73
<2-4>	粉质黏土层	1.00～10.80	−19.77～−0.93
<5N-2>	粉质黏土	1.00～10.10	−20.51～−5.46
<6>	(泥质)粉砂岩全分化带	0.90～7.00	−19.53～−5.85
<7>	(泥质)粉砂岩强风化带	0.50～15.91	−26.40～−8.73
<8>	(泥质)粉砂岩中风化带	0.80～11.05	−29.45～−14.51
<9>	(泥质)粉砂岩微风化带	—	−30.39～−14.6

三、大循环泥浆处理系统简介

(一) 大循环泥浆处理系统设计

结合大循环泥浆处理系统的地下连续墙施工技术，改变了地下连续墙施工泥浆处理、供应、回收的理念，进一步完善、改进了地下连续墙施工技术。

泥浆处理系统由多个部分组成，按泥浆处理的工序，从前至后可分为以下几个部分：

1. 前级渣浆泵

如图 3-31 所示，前级渣浆泵入口连接槽段泥浆，出口连接抽浆管，将废浆送入抽浆管。

图 3-31　前级渣浆泵

2. 抽浆管、送浆管

如图 3-32 所示，抽浆管采用单根 6m 长的 $\phi200$ 泥浆专用管用快换接头连接而成，现场将抽浆管漆成红色，将废浆排入废浆池中；送浆管采用单根 6m 长的 $\phi200$ 泥浆专用管用快换接头连接而成，现场将送浆管漆成黄色，将好浆输送至各槽段中。

图 3-32　抽浆管道（红）、送浆管道（黄）

3. 泥浆池

如图 3-33 所示，泥浆池为钢筋混凝土结构，分为好浆池和废浆池，规格均为 8m×3.5m×3m。废浆池用来储存从前级渣浆泵抽出的废浆，待废浆达到废浆池的 80％时，将废浆送入泥浆处理器。废浆经过泥浆处理器分离后，好浆排入好浆池储存，待好浆达到好浆池的 80％时，成浆送入好浆箱。

图 3-33　泥浆池

4. 泥浆处理器

如图 3-34 所示，泥浆处理器采用黑旋风机械生产的泥浆处理专用机，将废浆通

图 3-34　黑旋风泥浆处理器

过旋流分离、筛网分离等方式制备好浆，并将废渣排出。制备的好浆通过管道送至好浆箱储存备用，废渣排至渣坑，运出场外。

5. 好浆箱

如图 3-35、图 3-36 所示，好浆箱储存好浆，由 5 个规格为 6.12m×3m×2.5m 的钢结构泥浆箱用连通管连通，好浆箱配有搅拌器，可对放置沉积的泥浆做搅匀，及对堵塞的出入口做疏通。

图 3-35　好浆箱外观

图 3-36　好浆箱内泥浆

6. 后级渣浆泵

如图 3-37 所示，后级渣浆泵入口连接好浆箱，将好浆抽出，出口连接送浆管，将好浆输送至送浆管。

图 3-37　后级渣浆泵

（二）泥浆循环施工工艺介绍

该泥浆处理系统通过抽浆管将槽段中的废浆引入钢筋混凝土废浆池，通过导管将钢筋混凝土废浆池中废浆引入黑旋风泥浆处理器，通过黑旋风泥浆处理器中的预筛器和泥浆处理机处理废浆，处理后的好浆排入钢筋混凝土好浆池，通过导管将好浆引入钢结构好浆池中，槽段需要泥浆护壁时，通过导管将钢结构好浆箱中的好浆引入槽段中，形成一个对泥浆处理的闭路循环净化系统。

四、泥浆循环系统在东平站围护结构施工中的应用

（一）泥浆循环系统布置及各部件参数

东平站共设置两套泥浆处理系统（由 4 台黑旋风、1 个膨润土仓库、11 个储浆箱、3 个循环后泥浆箱、4 台 6/4D-AH 型渣浆泵，以及成槽施工时的泥浆泵及连接管件组成），如图 3-38、图 3-39 所示。

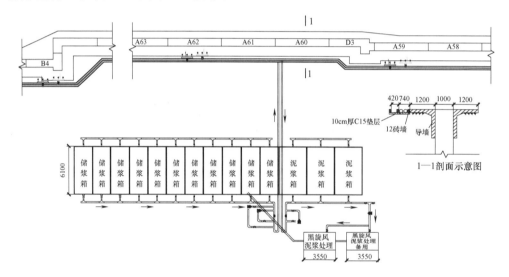

图 3-38　东平站泥浆处理系统布置示意图

图 3-39　组合钢箱集中式泥浆处理系统

（二）应用效果

东平站围护结构共 278 幅地下连续墙，使用了结合大循环泥浆处理系统的地下连续墙施工技术后，与采用自然沉淀的传统泥浆处理法相比，提高了泥浆质量，大大缩短了成槽时间，而且减少了施工过程中的环境污染，费用也大大降低（图 3-40）。

图 3-40 分离后的泥浆和渣土

五、结论

通过东平站项目中成功应用，得出大循环泥浆处理系统具有如下特点：

1）适应性广，大循环泥浆处理系统可以适用于大部分地层条件下的地下连续墙施工。

2）效率高，减少泥浆的制备和输送时间，大大缩短工期，加快施工进度。

3）经济性好，大大缩短工期，不仅节省大量费用，更能产生巨大的社会效益。

4）文明施工程度高，减少了泥浆的排放，降低了环境污染（图 3-41）。

图 3-41 场地内良好的文明施工情况

大循环泥浆处理系统在东平站地下连续墙施工中的成功应用充分证明使用该系统的成槽技术在围护结构施工中的应用前景广阔。

第六节 地连墙浇筑不连续缺陷的处理措施

地连墙在施工过程中或因浇筑不连续而形成缺陷，这给整个工程带来了极大的安全隐患。本节以广佛二期工程世纪莲站基坑围护结构的地连墙施工中 A61 槽段为例，介绍形成缺陷的原因及处理措施。

一、A61 槽段施工过程背景

A61 槽段于 2013 年 3 月 14 日开槽，设计槽深 20.9m，实际成槽深度 21m，地连墙墙身 17.9m。成槽机抓槽深度至导墙顶下 9.3m 左右抓不动，该部位处于＜7＞号地层（强风化泥质粉砂岩），下部为冲击钻孔成槽。成槽后在浇筑混凝土时，发生堵管现象，现场施工人员采取措施进行反复提升、下落导管，依然无法下料。又分别拆除一节导管，拆除完该节导管后，此时导管底部已高出混凝土液面 0.6m，后续混凝土浇筑顺利，形成缺陷。

二、A61 缺陷原因分析总结

1）现场技术管理人员对混凝土浇筑质量管理程序和技术交底要求执行不到位，对到场混凝土坍落度没有及时检验。

2）施工过程中对商混站的混凝土出场质量未能有效控制，导致进场混凝土质量存在严重缺陷。

3）发生堵管现象未能及时采取有效措施。

三、A61 地连墙缺陷处理措施

（一）取芯

结合现场施工过程情况分析，确定钻孔取样深度为 15m 左右，钻孔布置按照 0.5m 间距布设，合计 11 孔。取芯孔位布置如图 3-42 所示。

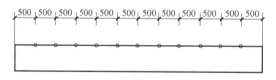

图 3-42 取芯孔位布置图

根据槽段所处位置地质情况及所取的芯样情况，绘制剖面示意图，如图 3-43 所示。

根据钻芯结果判断，缺陷位置在墙顶标高下 10～13.1m 区段内，缺陷区域不密实厚度约 3.1m（最大处），钻孔深度为缺陷位置下 40cm。

（二）压浆处理

根据钻孔芯样，计算夹层中所含的泥砂量，对 11 个孔位压注清水不停的清孔，在清孔过程中专人负责观察清理孔口处的泛砂情况及其他孔出砂情况，并做好统计。当孔口泛砂量很少，几乎没有且其他孔口也没有砂石出现的情况下确定夹层清理干净，压浆前停止清孔。

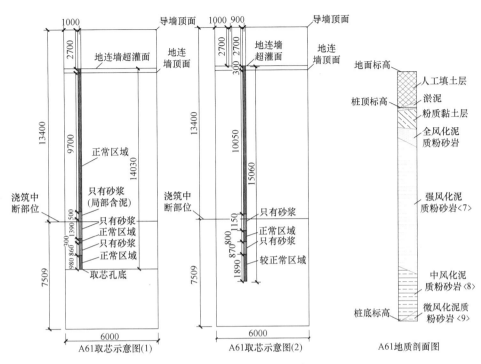

图 3-43　A61 芯样剖面示意图

当夹层清理完成后，为保证压浆一次性成功，提前计算压浆所需的水泥用量，水泥采用 PO42.5，在配置水泥浆时，尽可能按高强度等级配置，但水泥浆过稠会导致压浆困难。根据类似方案处理经验，水泥浆配置采用 1∶1，压浆前在孔口处安装控制阀（分两种单向阀和放空阀），从安装单向阀中进行注浆，放空阀门打开，等放空阀门开始流出浆液逐个进行关闭，注浆终压控制在 3.5MPa，直至将 11 个空洞全部压浆完毕。

注浆完成 28d 后，重新钻孔取样，确定缺陷区域经注浆补强后的完整性及强度，检验注浆效果。

四、小结

断墙是严重的质量事故，对于诱发的断桩的因素必须在施工初期进行彻底排查，确保成桩质量。对于后期基坑开挖应进行高频率的监测，以确保基坑及周边建筑安全。

第七节　连续墙冲孔过程中遇到废桩处理措施

一、工程概况

澜石站一期西侧连续墙位于银苑商住楼 14 号、12 号、10 号、8 号楼拆迁范围内，部分桩基侵入连续墙范围，需要对侵入的桩基先行破除后才能施工连续墙。该桩基为人工挖孔桩，桩径 1.3～1.5m，桩长约 15m，钢筋笼主筋为 Φ 20，箍筋为 Φ 12（图 3-44）。

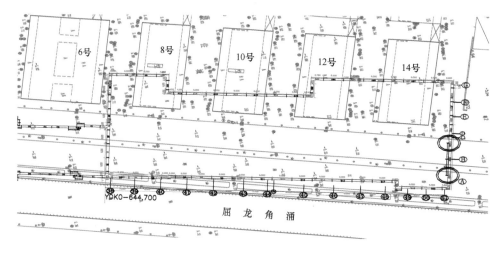

图 3-44　澜石站一期围护结构与银苑商住楼平面位置关系图

二、施工总体思路及重难点分析

根据桩基与连续墙的平面关系，桩基处理可分两种处理方式：一种为桩基全部侵入连续墙范围，对于此种情况采用冲孔桩机直接冲孔的方式；第二种是对于桩基部分侵入连续墙的，需增加辅助孔，先进行桩基破除，破除完成后再施工辅助孔，最终完成连续墙的成槽。本节主要就桩基局部侵入连续墙这种情况下的处理方式作详细介绍。

（一）导墙的施做顺序

为防止桩基破除完毕后，施做导墙不稳固，同时减少桩基破除的护筒埋设工作，需先施做导墙。导墙施做时将桩基包围在导墙内，在导墙内进行桩基破除施工。

（二）桩基钢筋的处理

桩基采用冲孔桩机破除施工，在冲击过程中，因桩基钢筋不能被完全冲断，且钢筋存在弯曲变形形成弹簧作用，使得冲锤不能冲击到混凝土面，所以需每冲击约 1m，采取电磁铁吸附桩基钢筋，如此循环往复冲击，直至设计标高。

（三）镀锌钢板的安装

为了防止连续墙浇筑混凝土过程中，在桩基位置形成新素混凝土桩，需在连续墙钢筋笼两侧（迎土面）安装镀锌钢板，在连续墙范围外的桩基孔及辅助孔内填充砂袋，然后再浇筑连续墙混凝土，确保连续墙浇筑质量。

三、施工工艺

（一）导墙施工及分幅调整

根据桩基与连续墙的位置关系，需要对导墙及连续墙的分幅调整，导墙的施做要将桩基包含进去，连续墙的分幅调整原则为连续墙接口处距离桩基不小于 1m。施工过程中将 A26、A27、A28 三幅连续墙幅宽作了适当调整，三幅连续墙宽度分别调整成 5.4m、5.1m 和 7.0m，如图 3-45～图 3-48 所示。

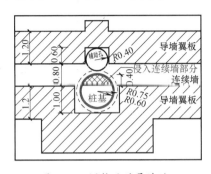

图 3-45 调整后的导墙施工

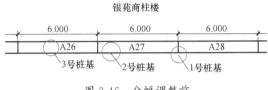

图 3-46 分幅调整前

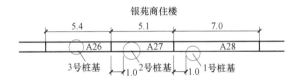

图 3-47 分幅调整后

图 3-48 导墙施做

（二）桩基破除

桩机安装牢固后调整桩机使桩锤、桩基中心重合，开始阶段，采用低冲程冲击（0.6～1m），待整个冲锤全部、均匀地进入桩基后采用大冲程（1.2～1.5m），高频次冲击。冲击过程中应随时注意向孔内补充泥浆，维持孔内的水头高度。整个冲孔过程中要始终保持孔内水头不低于 1.5m，每进尺 1～2m 后用电磁铁吸取冲断的钢筋，然后用掏渣桶掏出残渣，如此反复冲击直至槽底设计标高（图 3-49）。

图 3-49　冲桩施工图

（三）辅助孔设计及施工

辅助孔是沿垂直于导墙延伸的方向设置，辅助孔采用直径 800mm 的冲锤冲击成孔，成孔深度与设计槽底的标高一致。其位置设置原则为桩基净距不小于 0.3m。如桩基直径为 1.2m，则辅助孔中心位置距桩基中心的距离则为 1.3m，辅助孔的设置是为确保桩基位置的连续墙成槽考虑。

（四）桩锤的选用

桩锤的直径应大于基桩直径的 10～20cm，这样才能保证桩基破除的完整性，同时也有利于桩锤的控制；辅助孔则采用 800mm 的桩锤施工。

（五）钢筋笼上挡板制作

对于该槽段的钢筋笼，在制作过程中，需要另外增加两块镀锌钢板，用以隔断辅助孔、桩基孔与槽段之间的通道，为后期填砂袋做准备。在辅助孔及桩基孔一侧（迎水面侧）增加镀锌钢板，钢板顶部与连续墙顶平齐，钢板底部与槽底平齐，钢板宽度大于孔直径两侧各 50cm 及以上（图 3-50）。

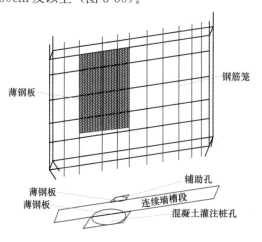

图 3-50　挡板制作

（六）回填砂袋、浇筑混凝土

待相应槽段钢筋笼下放就位后，用事先准备好的砂袋回填到连续墙外的桩基孔及辅助孔中，直至连续墙顶部，回填时砂袋不能结块，确保回填的密实性。

四、结语

本工程采用冲孔桩基破除桩基，可有效利用围护结构施工阶段现场设备资源，但其施工效率较低、工序相比连续墙施工需增加绑扎钢板、回填桩孔等工序，虽然对控制混凝土超方起了一定作用，但总体来讲，其成本略高。

第八节　盾构洞口采用玻璃纤维筋施工技术

一、工程背景

目前，地铁车站通常采用地下连续墙作为基坑围护结构，盾构机到达接收端洞门处时洞门范围内的连续墙需采用人工或机械凿除，这种方法作业环境差，功效低，同时如果端头地质条件差时易出现土体塌方、涌水涌砂等险情，严重时危及地面管线及周边建（构）筑物及人身安全。本工程接收端头范围连续墙配筋采用玻璃纤维筋后取得了良好的效益。

二、玻璃纤维筋在澜石站围护结构中的应用

（一）钢筋笼加工

1. 玻璃纤维筋加工

根据澜石站围护结构施工图计算玻璃纤维筋主筋、附加筋、水平筋、桁架筋、剪刀筋长度和数量，玻璃纤维筋在厂家加工成型后送到施工场地进行安装。由于玻璃纤维筋不能焊接，因此玻璃纤维筋之间、玻璃纤维筋与钢筋只能采用搭接。本工程玻璃纤维筋除通长筋外，其他均由厂家按照我方钢筋大样图加工成型。钢筋笼加工有以下要点：

1）钢筋笼的制作速度同成槽的速度保持一致。

2）预埋件严格定位，尤其是腰梁和内衬墙预埋连接筋位置。

3）钢筋笼制作完毕后，应注明内侧、外侧；上端、下端，并设置好控制钢筋笼标高的标高控制点。

4）钢筋笼制作时，须注意声测管、接头注浆管、测斜管及钢筋预埋件安装。

2. 玻璃纤维筋安装

澜石站北端墙玻璃纤维筋连续墙共2幅，连续墙宽度7000mm（B22、B24），均为一期槽段，采用工字钢接头。玻璃纤维筋与钢筋搭接长度必须满足施工要求，主筋和附加筋采用钢卡环连接，桁架筋、水平筋、剪刀筋采用14号钢丝绑扎连接。主筋、附加筋与玻璃纤维筋搭接范围内绑扎3道卡环，剪刀筋、水平筋与主筋间隔用钢丝绑

扎 1 道，其他玻璃纤维筋节点处各绑扎 1 道。钢筋笼桁架筋位置主筋设置为通长钢筋，在相邻主筋位置绑扎玻璃纤维桁架筋，钢筋笼吊装下放到玻璃纤维筋位置后割除洞门范围内钢筋（图 3-51～图 3-53）。

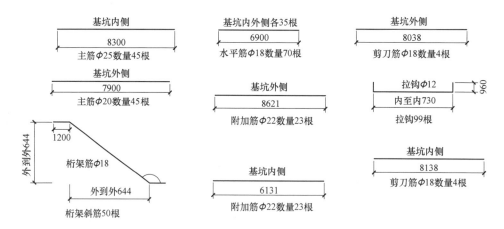

图 3-51　玻璃纤维筋加工大样图（mm）

图 3-52　玻璃纤维筋与钢筋搭接

图 3-53　钢筋笼制作

（二）钢筋笼吊装

玻璃纤维筋属于脆性材料，为保证吊装安全，吊装采用竖向 5 点吊装，吊点均设置在纵向桁架上且在横向桁架旁边。

吊装时，缓慢起吊，钢筋笼离地 50cm 后静置 5min，检查整体受力变形情况，待无异常后，通过吊车配合，使钢筋笼转至竖直状态，并移到槽段位置，平稳、缓慢地放入槽中。吊放钢筋笼过程中要平稳，在下笼子工程中出现异常情况要立即停止吊放，查明原因并排除障碍后方可继续下放钢筋笼，不得野蛮下放。

下钢筋笼到洞门范围时，由专业人员切割内部钢筋桁架，并将钢筋由主筋空隙内抽出。切割过程中，切割过程不得碰触玻璃纤维筋；向外抽出已拆离的钢筋时，需小心轻拉，防止撞碎玻璃纤维筋。钢筋笼下放到位后，及时进行后续工序。

钢筋笼吊放采用双机抬吊，空中回直。以 80t 履带吊作为主吊，一台 25t 汽车吊机作辅吊机。起吊时必须使吊钩中心与钢筋笼重心相重合，保证起吊平衡。主吊机用

ϕ56、长 15m（起吊绳）＋10m（连接绳）长的钢丝绳，辅吊机用 ϕ34.5、12m 长的钢丝绳。

钢筋笼分七步吊装：

第一步：指挥 80t、25t 两吊机转移到起吊位置，起重工分别安装吊点的卸扣。

第二步：检查两吊机钢丝绳的安装情况及受力重心后，开始同时平吊。

第三步：钢筋笼吊至离地面 1m 后，80t 起钩，根据钢筋笼尾部距地面距离，随时指挥辅机配合起钩。

第四步：钢筋笼吊起后，80t 吊机向左（或向右）侧旋转、25t 吊机顺转至合适位置，让钢筋笼垂直于地面。

第五步：指挥起重工卸除钢筋笼上 25t 吊机起吊点的卡环，然后远离起吊作业范围。

第六步：指挥 80t 吊机吊笼入槽、定位，吊机走行应平稳，钢筋笼上应拉牵引绳，下放时不得强行入槽。

第七步：钢筋笼下放到玻璃纤维筋位置后，用型钢固定钢筋笼更换主吊点，在钢筋笼下放过程中割除洞门范围内普通钢筋（桁架筋和两侧主筋）。

三、玻璃纤维筋施工技术应用效果

洞门范围内采用玻璃纤维筋后，盾构机可直接削切墙体出洞，无需再凿除洞门（图 3-54～图 3-57）。

图 3-54　盾构机接收准备工作完成

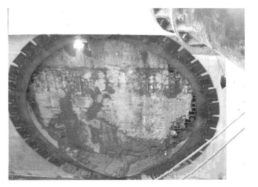

图 3-55　盾构机刀盘抵近连续墙面

图 3-56　盾构机刀盘抵近切削连续墙面

图 3-57　盾构机精确推出

四、结语

盾构接收端头采用玻璃纤维筋施工技术，降低了传统人工或机械破除洞门所带来的安全风险，虽然玻璃纤维筋的材料、加工成本高，但综合考虑其效益，盾构接收端采用玻璃纤维筋技术在地铁施工中应用越来越广泛。

第四章 基坑工程施工技术

第一节 车站基底搅拌桩加固经验与教训

一、工程概况

新城东站局部基底下卧淤泥质土层，地基承载力较低，为避免地基基础产生不均匀沉降，采用直径 $\phi600$ 单轴加强型搅拌桩进行基底加固。搅拌桩采用梅花形布置，间距 1.0m×1.0m。现场施工时，基坑底部以上施工空桩，基底以下是实桩，加固深度应穿越淤泥质土层进入强风化泥质粉砂岩 0.5m。根据设计图纸显示，加固区域起点里程 YDK-6-291.72，终点里程 YDK-6-144.098，区域长度 147.322m，宽度 10.378~19.7m，深度范围为 21.38~27.95m 之间（图 4-1）。

图 4-1 加固区域平面布置图

二、工程地质及水文地质

站址范围内普遍为第四系沉积物、残积物覆盖，下伏基岩为泥质粉砂岩。上覆土层主要为人工填土、海陆交互相沉积层及残积层等，场地内无深大活动性断裂通过。岩土分层为人工填土、淤泥、粉细砂、中粗砂、粉质黏土、风化岩。根据车站详勘报告，在里程 YDK-6-144.098~YDK-6-291.72 处，基底下存在淤泥、淤泥质土软弱土层，层顶埋深 16~21m，该层厚度 3~9m 不等。

站址内无大的地表水系，地下水主要有两种基本类型：一是孔隙水，主要赋存于海陆交互相砂层中，砂层主要被人工填土覆盖，局部地段被淤泥及粉质黏土覆盖，具有微承压性，该层水量较丰富；二是基岩裂隙水，主要含水层为基岩强风化带和中风化带，该层水的赋存条件与岩性、岩石风化程度、裂隙发育程度有关（图 4-2）。

三、施工中遇到的难题及改进措施

（一）施工中遇到的难题

1）搅拌桩施工桩长过长。本站基底加固处理目的主要是解决车站底板下软弱土

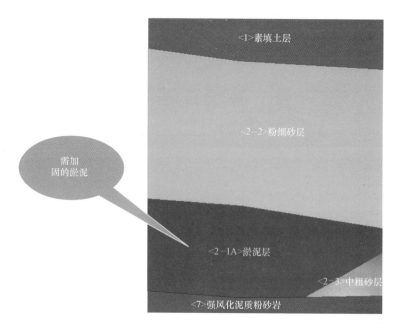

图 4-2 部分加固区域地质图

层引起工后沉降，此工序只能在基坑开挖前施做，搅拌桩桩长由 23～28m 不等，在施工时存在搅拌桩下钻困难，且成桩质量较差等难题。

2）深厚砂层下搅困难。本站加固范围内砂层厚度在 20～22m 左右，上部为稍密～中密粉细砂，下部为稍密～密实中粗砂，搅拌桩适宜处理松散砂层，施工中在下钻至中密～密实砂层时，搅拌桩机存在钻进困难的难题。

3）砂层塌孔抱钻。粉细砂、中粗砂层成孔过程极易塌孔，易造成注浆孔堵塞。下搅时喷浆，能减少堵管频率，但在提钻过程中，由于砂粒沉淀，叶片上部沉砂过多将钻杆卡住，造成钻杆提不上来甚至钻杆断裂现象。

4）砂层含水量大成桩困难。本站搅拌桩实桩上半段处于粉细砂、中粗砂层中，埋深 15～21m，该地层含水量丰富，水泥浆与原状土胶结质量差，成桩不连续甚至不成桩。

（二）采取改进措施

针对施工中出现的堵管、钻进困难、刀片磨损严重、在富水砂层中难以成桩等一系列问题，本站吸取经验教训，采取了以下措施改进施工工艺。

1）对原状土体补充勘察（图 4-3）。为查找搅拌桩不成桩原因，本站对加固区的原状土进行取芯，原状土芯样地质报告如下：

原状土地质分布情况如下：

0～4m：灰黄、黄褐色素填土，土质松散；

4～4.5m：灰色、灰黑色淤泥质土；

4.5～17m：灰色、深灰色粉细砂，含少量黏粒；

17～19m：灰色、深灰色粉细砂，下部夹黄褐色中粗砂；

层底深度(m)	分层厚度(m)	柱状图	地质描述
4	4		灰黄、黄褐色素填土，土质松散
9	5		深灰色水泥土，芯样较完整，强度较低，用手可掰碎
12	3		深灰色水泥土，芯样较破碎，夹较多粉细砂
17	5		深灰色粉细砂，芯样破碎，局部夹小块状水泥土
21	4		灰色粉细砂夹灰黄、黄褐色中砂，中粗砂段夹大块状水泥土
23	2		灰色、深灰色粘性土，含少量水泥
25	2		红褐色强风化泥质粉砂岩

7-5号桩芯样柱状图

层底深度(m)	分层厚度(m)	柱状图	地质描述
4	4		灰黄、黄褐色素填土，土质松散
4.5	0.5		灰色、灰黑色淤泥
17	12.5		灰色、深灰色粉细砂，含少量粘粒
19	2		灰色粉细砂，下部夹黄褐色中粗砂
21	2		灰色、褐色中粗砂
23	2		灰色、青灰色粘性土，夹薄层粉细砂
25	2		红褐色、灰色强风化泥质粉砂岩

原状土芯样柱状图

图 4-3　原状土补勘报告

19～21m：灰黄、黄褐色中粗砂；

21～23m：灰色、青灰色黏土，夹薄层粉细砂，沉积分层明显；

23～25m：红褐色、灰色强风化泥质粉砂岩。

从补勘报告地质情况可以看出，本站基底加固区域处在富水厚砂地层，搅拌桩难以成桩，且施工过程中钻进困难，刀片磨损严重。

2）改进施工机具。增设两台空压机，施工过程中保持 0.3～0.5MPa 风压，降低堵管频率，使喷浆连续。

3）砂层工艺改进。深厚砂层钻进困难，但钻进时带水作业，确保能预搅到设计深度。针对富水砂层地段水泥浆含量少，施工中调整搅拌工艺，增加一次复搅复喷，降低下搅与提升速度，该段下搅与提升速度控制在 0.5m/min 内。

4）淤泥层工艺改进。淤泥质土地段钻进容易，成桩困难，为此在淤泥质土地段增加复搅，砂层段加水钻进施工，取得了较好的工程效果（图 4-4）。

增加复喷复搅工艺后取芯样

图 4-4　搅拌桩芯样

四、施工经验与教训

本站基底加固施工过程中出现诸多问题，主要有：喷浆过程经常出现堵管，喷浆不连续，影响施工进度及施工质量；施工过程中常出现下钻困难现象；抽取的芯样显示成桩质量差甚至不成桩。尽管经过对施工工艺的调整，施工最后顺利完成，但是施工中存在的一些问题及教训还是值得总结与反思的，主要总结为以下几点。

（一）设计方面的局限性

本站基底加固设计为加强型单轴搅拌桩，桩径为 $\phi600$，$1m \times 1m$ 梅花形布置，加固体桩长 23～28m 不等，加固范围内砂层厚度 20～22m 左右。在本站这种深厚砂层且空桩过长的条件下，单轴搅拌桩难以下钻，且钻杆垂直度难以控制，成桩质量亦难以保证，其中垂直度问题又会影响到钻芯检测效果。对于这种条件下的加固，设计旋喷桩或者三轴搅拌桩加固，加固效果会更好，但是加固成本会相应增加。

（二）加固检测方式选择问题

本站基底加固设计检测方式为钻芯法，检测的数量为总桩数的 1%，且不少于 5 根。对于深厚砂层且桩长过长的单轴搅拌桩处理土地基，采取钻芯法检测桩身完整性是很难取得完整芯样的，主要原因为成桩的垂直度及钻机的垂直度均难以控制。本站前期检测就采取了钻芯法，在取不到完整芯样后，决定修改检测方式，由钻芯法改为平板荷载试验。在基坑开挖至基底后，采取平板荷载试验检测处理土地基承载力，均满足设计要求。

五、结语

对处理土地基的检测有许多种方式，应该根据施工现场的实际情况进行调整，而不是一成不变地选定其中的某一种。对本站遇到的这种地质的加固，今后的设计方面应该多考虑施工的可行性问题，设计方案应选择工艺成熟、质量可控、利于检测、造价适中的加固方案。

第二节　深厚砂层深基坑降水施工技术

一、工程概况

新城东站为广佛线二期工程第一座车站，车站设计总长度为 507m，现阶段实施总长度为 432.7m。标准段宽约 20m，开挖深度约为 15.5m；端头井宽约 24m，开挖深度约为 16.8m。围护结构深入到下层基岩。地下水主要有两种基本类型，分别为松散层孔隙水和基岩裂隙水。本站原状地面为堆土场、鱼塘，场址范围地面无建筑物，周边车辆稀少。场内无影响车站施工的综合管线，降水对周边环境影响不大。本线路岩土分层为：<1>素填土层、<2-1A>淤泥、<2-2>粉细砂及淤泥粉细砂、<2-3>中粗砂、

<2-4>粉质黏土。其中<2-2>粉细砂层、<2-3>中粗砂层深入到基坑开挖面以下5～8m。本基坑主要特点是粉细砂层及中粗砂层较厚，水量相对较大，水具有微承压性。粉细砂、中粗砂均为中等透水，渗透系数分别为4.5m/d、5m/d（图4-5）。

图4-5 车站部分地层地质剖面图

二、基坑降水方案总体设计思路

（一）本方案设计降水的目的

1）疏干开挖范围内土体中的地下水，方便挖掘机和工人在坑内施工作业。

2）降低坑内土体含水量，提高坑内土体强度。

（二）设计思路

本区主要含水层为<2-2>粉细砂层、<2-3>中粗砂层，本站基坑开挖底板位于<2-3>中粗砂层。基坑围护结构深入到下层基岩，设计上是围护结构完全隔断基坑内外含水层的水力联系。疏干降水一方面是疏干地层中的残存水，另一方面就是地连墙的少量渗漏的水。根据经验，一般单井疏干面积在150～250m²之间，本次选取单井疏干面积200m²，本站现阶段施工基坑主体结构总面积约为8635.17m²，共布置44口疏干井。在基坑外布置6口观测井，作为基坑地下水位观测及围护结构渗漏的备用措施。部分布置图如图4-6所示。

三、降水实际情况

依据设计和方案，对新城东站主体基坑进行降水。在后面的施工过程中，发现大部分降水井水量稀少，基坑底土体干燥。结合多方面因素考虑，认为存在这种现象有以下两种原因：（1）地下连续墙基本隔断了基坑内外含水层的水力联系。（2）砂层渗透性大，单井疏干面积超过经验值（图4-7）。

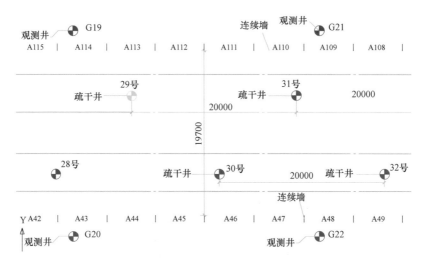

图 4-6 车站部分降水井平面布置图

图 4-7 车站降水后基坑土体照片

四、降水方案的优化

依据现场实际情况，了解到降水井实际水量很小，地下连续墙基本已隔断基坑内与基坑外的水力联系，降水井仅需要疏干地层中的残存水。按照设计上布置的 44 口降水井，存在巨大经济浪费。图 4-8 为实际降水井模型图。

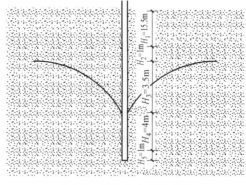

图 4-8 实际降水井模型图

其中因降水井水量很小，未有水来源（不考虑雨水补给），故不考虑涌水量，单从降水井疏干范围来考虑。降水井依然按原设计，深度均为 $H = 25m$。图中：

H_1——车站标准段基坑开挖深度，取 15.5m；

H_2——降水水位距离基坑底要求深度，取 1m；

H_3——水力坡度作用基坑所需增加的深度；

H_4——降水井过滤器的工作长度，取 4m；

H_5——沉砂管长度，取 1m。

$$H = H_1 + H_2 = H_3 + H_4 + H_5$$

得 $H_3 = 3.5m$。

降水井周围分布的水力坡度 i 为 $1/15 \sim 1/10$，取 $i = 1/10$。

可得降水井疏干半径为 35m。

五、总结

本站主要特点是粉细砂及中粗砂层较厚，渗透性好，地层中残存水较容易疏干。地下连续墙止水效果好，能够基本隔断基坑内外水力联系。设计的降水井数量可适当减少，降水井可进行单排布置，间距可适当加大。因地下连续墙已基本隔断基坑内外水力联系，基坑外水位变化对坑内水位基本无影响，基坑外观测井建议取消。

第三节　超深、超宽软土基坑土方开挖技术

一、土方开挖工程概述

东平站位于裕和路和文华南路交叉路口，作为规划佛山三号线预留车站。车站沿文华南路南北向敷设，为四柱五跨三层站，其基坑设计情况如图4-9所示，见表4-1。

三号线车站坑支撑体系概况　　　　　　　　　　　表 4-1

	A区	B区	C区	D区
支撑体系	1道混凝土支撑+1道钢支撑	5道混凝土支撑+1道钢换撑	4道混凝土支撑+1道钢支撑+1道钢换撑	D区为1道混凝土支撑+1道钢支撑
开挖深度(m)	10.74	最大 26.68	最大 25.91	11.05
基坑长度(m)	15.7	21.85	133.6	90.8
基坑宽度(m)	44.35	44.85~46.65	43.85~93.15	44.35

二、开挖范围内工程地质、水文地质情况

1）地形地貌

地势总体较为低缓，起伏较小，路面现为市政公路。

2）地质：从上至下土层分别为：<1>素填土、<2-1A>淤泥、<2-1B>淤泥质土、<2-2>粉细砂、<5N-2>粉质黏土、<6>全风化岩、<7>强风化岩、<8>

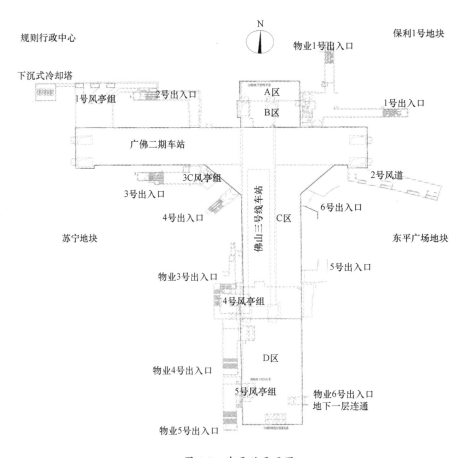

图 4-9 东平站平面图

中风化岩、<9>微风化岩。

3）基底地层：A区：粉质黏土；B区：中风化岩；C区：车站三层部分位于中风化；D区：淤泥质土层。

车站所处位置存在大量淤泥，如图 4-10 所示。

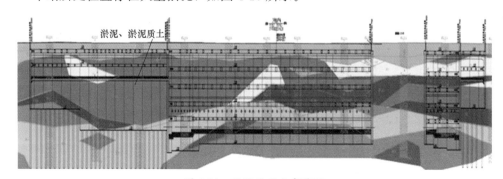

图 4-10 淤泥地层分布范围

三、周边环境情况

东平站场址被十字相交的裕和路与文化南路切割为四大块，东北面为在建保利地产地块（处于房屋结构施工阶段），东南面为在建东平交通枢纽（处于基坑开挖阶段），西南面规划为 CBD，西北面规划为行政中心。

四、软土基坑土方开挖特难点及应对措施

（一）施工难点

1）软土地层中的地铁围护结构的接头难免因塌孔而出现夹泥、夹砂的质量缺陷，由此引起的软土基坑开挖过程中的接头出现漏水、漏砂可能会造成基坑外侧的软土将快速涌入基坑内，甚至造成基坑失稳、塌陷。

2）软土基坑由于地层较软弱，开挖过程中无法放坡，因此，只能分层开挖，且需先撑后挖，而软土基坑围护结构外侧受到的土压力相对较大，其内支撑间距（特别是钢支撑）往往设计较小，过小的支撑间距将造成挖土设备无法下到工作面和摆臂不畅等问题，常规分层、分段、放坡开挖方法无法实现。

3）软土基坑开挖见底后，易出现围护结构"踢脚"的情况。

（二）应对措施

1）通过应用超声波透射法对围护结构接头进行完整性检测，发现质量缺陷及时采取增设旋喷桩等预加固措施，防止基坑开挖时接头涌水、涌砂的出现。

2）将软土基坑开挖施工原则归纳为：先撑后挖、分层对称开挖、下层支撑及时安装以及信息法施工。

3）通过优化支撑布置型式及调整局部的支撑间距，确保基坑开挖设备在先撑后挖的前提下能顺利进入工作面，并通过码头吊机或增设可拆卸的倒土平台，实现深层软土的垂直运输。

五、工艺简介

软土基坑开挖施工流程如图 4-11 所示。

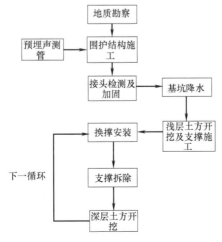

图 4-11　软土基坑开挖施工流程

（一）应用超声波透射法对围护结构接头进行完整性检测

工艺内容详见第二篇第三章第四节。

（二）局部调整钢支撑

东平站基坑深度范围内存在大量的淤泥质地层，基坑采用地下连续墙＋内支撑型式，其支撑设计为双拼钢管支撑，最大间距为 3m，如图 4-12、图 4-13 所示。

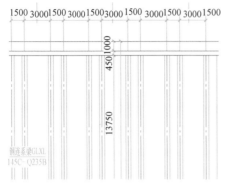

图 4-12　钢支撑设置平面图

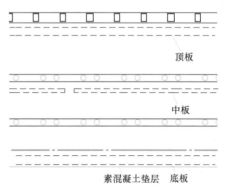

图 4-13　钢支撑设置剖面图

由于过小的钢支撑间距造成了挖土设备无法下到工作面和摆臂不畅等问题，经过设计验算后，将局部钢支撑的布置型式进行了如图 4-14～图 4-16 所示的调整。

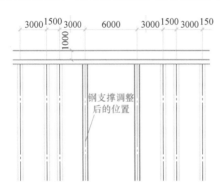

图 4-14　调整后钢支撑平面图

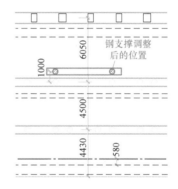

图 4-15　调整后钢支撑剖面图

图 4-16　调整后钢支撑布置照片

（三）基坑降水

由于软土地层一般孔隙率大，属高压缩性土，若基坑开挖前降水过快，则会形成大幅度的沉降，不利于建筑物保护，但降水不够又会造成开挖后坑内积水。因此，根据施工过程中总结的经验，对于淤泥，每次基坑开挖前将水位降低 3m 左右为宜，其余软土的降水控制值应邀请专业单位建模计算后确定（图 4-17）。

（四）土方运输

1. 移动式出土平台

如图 4-18 所示，采用钢丝绳将钢制土斗悬挂在混凝土支撑等固定结构上，并将其靠基坑边放置，如此便形成一个渣土运输中转平台，使用该平台，一方面，可有效减少挖机在运输土方过程中因掉落引起的功效损失，另一方面，可将地面挖机的开挖深度适应范围延长（增加了基坑内挖机可运输土方的最大高度）。使用该工具，出土效率基本能保持在 $800 \sim 1000 \text{m}^3/\text{d}$。

图 4-17 基坑降水施工

图 4-18 围护结构施工

2. 吊机抓斗

对于深层土方，现场采用了原用于码头的吊机抓斗，由于软土地层的塑性和流动性，该设备可顺利地深入地层中抓土，施工效率可达到 $500 \text{m}^3/\text{d}$。

六、施工情况介绍

（一）开挖前条件验收项目

东平站广佛二期车站分 2 个部分进行开挖条件验收，2013 年 8 月 28 日进行了①～⑪轴开挖条件验收，2013 年 10 月 28 日进行了⑪～㉖轴开挖条件验收，验收项目如下：

1）围护结构施工阶段，严格按照设计图纸及相关标准、规范施工。

2）施工过程中所有原材及成品均检验合格。

3）冠梁、混凝土支撑等质量合格（图 4-19）。

4）基坑降水效果良好，混凝土 7d 强度达到设计强度 80% 后也具备开挖条件。

图 4-19　冠梁、混凝土支撑施工

5）土方开挖及支撑架设方案均已报审通过，深基坑开挖方案按专家意见修改完善。

（二）面层土方开挖

面层土方，主要为人工填土，开挖深度约 3.1m，按照 1∶1.5 坡度进行放坡，放坡距离 4.74m。利用挖掘机在基坑中间倒土，基坑两侧挖机出土。第一层土方采取全面开挖，接着施工第一道支撑（图 4-20～图 4-22）。

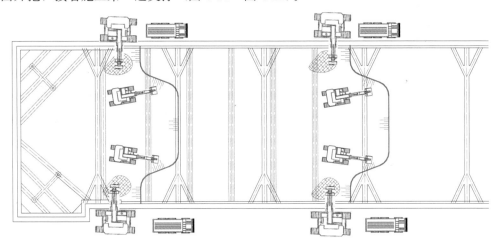

图 4-20　土方开挖平面示意图

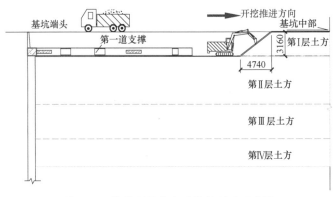

图 4-21　基坑面层土方开挖纵剖面示意图

图 4-22　面层土方开挖施工

（三）第一层土方开挖

第一层土方开挖深度 6.20m（开挖至第二道混凝土支撑底标高），开挖范围内主要为填土层、淤泥层、淤泥质土，基坑中间部位土方采用挖掘机在第一道支撑下方开挖并向基坑两侧倒土，两侧土方采用长臂挖掘机立于基坑两侧地面直接开挖，第二道支撑施工紧跟土方开挖工作面进行（图 4-23、图 4-24）。

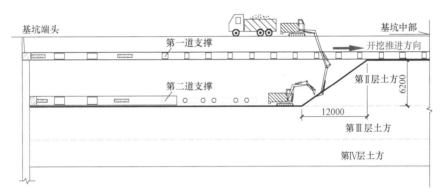

图 4-23　基坑第一层土方开挖纵剖面示意图

图 4-24　基坑第一层土方开挖照片

73

现场开挖过程中基本上无法放坡，并多次出现挖机陷入淤泥的情况，因此开挖效率较低（601m³/d），针对此情况，项目部采取了挖机下垫钢板的方法，有效解决了问题（图4-25、图4-26）。

图 4-25　挖机陷入淤泥　　　　　　　　　图 4-26　与垫钢板后施工的挖机

（四）第二、三层土方开挖

第二层土方两端开挖深度均为 4.5m（开挖至第三道混凝土支撑底标高），西端第二层土方主要为淤泥层；东端第二层土方主要为粉质黏土层，按照 1∶2.0 坡度进行放坡，放坡距离 9.0m。

基坑中间部位土方采用挖掘机在第二道支撑下方开挖并向基坑两侧倒土，两侧土方采用移动式出土平台辅助出土。第三道支撑施工紧跟土方开挖工作面进行（图4-27、图4-28）。

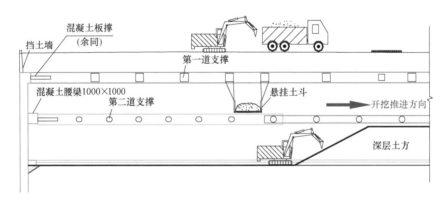

图 4-27　基坑第二层土方开挖纵剖面示意图

（五）深层土方开挖

主要为泥质粉砂岩强风化带和中风化带。由于岩层强度高，此处基坑开挖采用炮机松土，吊机出土（图4-29），功效较低（128m³/d）。

（六）施工进度情况

施工进度情况见表4-2。

出土平台

图 4-28　基坑第二层土方照片

图 4-29　吊机抓斗出土

东平站土方开挖进度情况　　　　　　　　　　　表 4-2

名称		方量（m³）	开挖时间	日均出土量（m³）
土方总量 136000m³	面层土方	21737	2013.10.3～2013.10.23（20d）	1086
	第一层土方	43874	2013.11.9～2014.1.21（73d）	601
	第二层土方	33362	2014.1.15～2014.3.2（46d）	725
	第三层土方	32398	2014.2.27～2014.3.25（26d）	1246
	第四层土方	4629	2014.3.15～2014.4.20	128
开挖总工期			193d	
平均日出土量			704m³	

（七）开挖设备及选型

开挖设备及选型见表 4-3。

开挖设备及选型　　　　　　　　　　　　　表 4-3

型号	主要参数
PC200	开挖面层、第一层、第二层土方，斗容量 1.2m³，开挖效率 4min/车（20m³）
长臂挖机	开挖深度 18m，斗容量 0.3m³，开挖第三层土方用，开挖效率 8min/车（20m³）
吊机＋土斗	开挖深度不限，斗容量 1.0m³，开挖地下三层结构部分土方，效率为 15min/车

七、结束语

本技术针对常规基坑开挖方法应对软土基坑所暴露的开挖效率低、施工风险大的问题，提出了一系列解决措施，包括：在基坑开挖前应用声波透射法检测连续墙接头，并进行有针对性的加固；在基坑开挖的过程中利用钢换撑技术局部调整支撑布置型式，实现在不违反"先撑后挖"原则的前提下扩大出土空间；通过应用可移动出土平台及吊机抓斗来开挖深层土方。通过该技术可有效提高软土基坑开挖效率，缩短了基坑施工关键工期，并降低基坑开挖过程中涌水、涌砂风险。

本技术推广兼具良好的地层适应性和较高的安全性能，为软土基坑开挖提供一个良好的思路，更能取得良好的社会和经济效益，也具有明显的指导意义，具有广阔的应用前景。

第四节　基底淤泥段抛石挤淤施工技术

一、工程概况

世纪莲站东西向沿裕和路敷设，长度 285m，基坑开挖深度为 17.3m，标准段宽度为 19.7m，地下二层单柱双跨结构。世纪莲站为明挖顺筑法施工，围护结构采用地下连续墙＋内支撑方案；二期区间长度为 810.692m，另外有广佛三期拆解预留段工程 183m 和六号线拆解预留段工程 43m。区间基坑开挖深度在 16.9～22.4m，开挖宽度在 11.5～24.9m，区间采用明挖顺筑法施工。

车站里程段 ZDK-3-220.412～274.849，线路方向长度 42m，淤泥层厚度为 0.56～1.77m；YDK-3-250.981～323.527，长度 42m，淤泥层厚度为 0.52～1.242m；YDK-3-332.877～387.213，长度 42m，淤泥层厚度为 0.00～0.62m。

区间里程段 ZDK-3-220.450～ZDK-3-178.450，长度 42m，淤泥层厚度为 0.56～1.03m；ZDK-3-108.75～ZDK-3-178.450，长度约 76m，淤泥层厚度为 0.97～2.65m。

世纪莲站抛石挤淤处理范围如图 4-30 所示，世澜区间抛石挤淤处理范围如图 4-31所示。

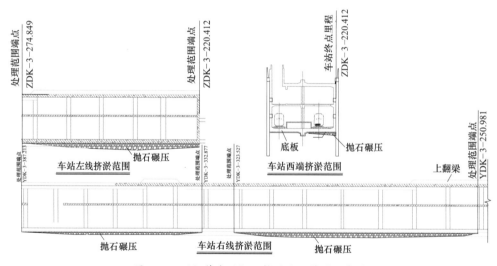

图 4-30　世纪莲车站抛石挤淤处理范围示意图

二、材料质量控制

抛石挤淤的主要原材料是片块石，原材料质量的好坏直接关系到抛石碾压的质

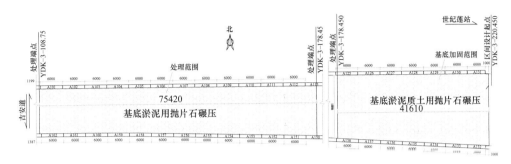

图 4-31 区间抛石挤淤处理范围示意图

量，片块石及碎石应选用生产规模大，场地宽阔，石质稳定，能够满足施工需要的石料厂。

原材料质量控制：片块石：石料的强度应符合设计要求，石质应均匀、不易风化、无裂纹、剥落，受腐蚀严重的石料不得使用。片石尺寸应在 10～40cm 且不大于抛填厚度的 1/2，小于 30cm 的粒径含量 20％。片石准备完成后报请监理工程师进行检查。

三、抛石挤淤施工技术

（一）工艺流程

抛石挤淤施工工艺流程如图 4-32 所示。

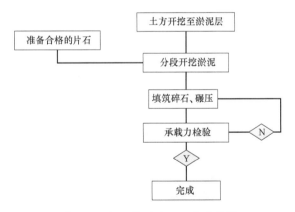

图 4-32 抛石挤淤施工工艺流程图

（二）材料控制

本工程采用外购的块石、片石都必须经过检验，抗压强度大于 30MPa。并由监理工程师现场抽样检查合格后才能用于工程。凡检验不合格的材料，不准运至工地使用。

（三）施工方法

当土方开挖至基底时，基坑底部处于淤泥或淤泥质土层中，对基底淤泥采用先开挖再抛石碾压的办法加固基底。抛石碾压以 20m 为一个施工区段，并将首段作为试验段。当基底淤泥开挖完毕后，采用长臂挖机将检验合格的片石运至基坑底部，利用小型挖机对片石进行抛填，先用小型挖机对抛填段进行碾压，后上重型压路机对抛填段进行碾压。压实至表面无明显轮迹，表面密实，无弹簧现象时再在表面抛洒碎石并碾压。施工完成后委托有资质的地基基础检测单位施做地基承载力试验。如抛石碾压试验段经施工后承载力能满足设计要求，则可继续开展后续抛石施工。若不能满足要求，则请设计单位、业主单位及监理单位共同讨论后续淤泥处理方案（图4-33）。

图 4-33　抛石挤淤处理照片

（四）沉降观测

压实度检测采用沉降观测，以重型振动压路机压实，压实层顶面稳定，无轮迹，可判别为密实状态。在检测段选择检测点，用白灰做出明显标记，先记录初始高程，然后压路机振动压实多遍后，再观察检测点的高程，如前后两次检测点高程差在3mm内，可判定沉降稳定，压实度满足要求。密实度检查还要结合承载力检测情况，根据试验段采集到的碾压次数作为经验参数。主要检查抛填宽度、厚度以及顶面高程应符合设计及施工技术规范要求。

（五）检测

图 4-34　平板荷载试验

根据《深基坑设计要求》，抛石碾压后的地基承载力应大于160kPa；地基承载力检测采用浅层平板荷载试验，每500m² 为一个检测组，每组检测点不少于6个观测点，并及时做好测量观测记录，及时整理、汇总观测结果，作为该段基底稳定的评价资料。根据试验段采集工艺参数指导施工，如出现淤泥挤不出、翻浆、密实度或地基承载力仍达不到设计要求，经监理、设计和业主确认后，应寻求更为妥善的地基处理方式（图4-34）。

四、质量保证技术措施

1）为确保抛填位置的准确无误，施工时先放出边线后，用石灰粉撒好每一个边的准确位置，保证抛填边线正确。

2）材料的采购：所有进场材料都必须经检验合格方准许进入施工现场。

3）材料的堆放：有专门的堆放场地，材料应分类堆放整齐，旁边应有标示牌标示清楚。

4）抛填质量控制：抛石碾压砌体必须严格按照施工技术规范进行施工，坚持上道工序经检验合格后方可进行下道工序施工的原则。

5）施工规划：施工规划的内容主要是制定施工方案。在编制施工方案时，安排施工顺序，选择施工方法，选用施工机具等必须以保证工程质量、加快施工进度和降低工程成本为目标。

第五章　主体结构施工技术

第一节　主体工程混凝土施工质量控制

一、现场概况

2013 年 7 月 22 日，2 仓站台层混凝土浇筑完成拆模后浇筑表观质量整体较平整，但墙面存在轻微翻砂现象，技术人员及时对其进行了修补。2013 年 7 月 29 日，10 仓站台层侧墙完成浇筑，模板拆除后，翻砂现象较 2 仓更为严重，针对该情况，立即请来资深技术人员及专家召开专题会议讨论，并制定相应改进措施（图 5-1）。

图 5-1　墙面翻砂

二、混凝土质量事故原因分析

（一）施工情况

新城东站主体结构侧墙设计厚度 0.7m，混凝土强度等级 C35P8，坍落度 150±30mm。模板采用 2m×2.2m 平面钢模，钢模厚度 8mm，支架采用三脚架支撑体系，底部用地锚螺栓固定。站台层侧墙混凝土浇筑高度 4.25m，站厅层浇筑高度 4.35m（图 5-2）。

截至 2013 年 8 月 22 日车站侧墙混凝土已施工完成 1~6 仓、9~10 仓站台层共 8 块，设计混凝土浇筑量 989m³，实际混凝土浇筑量 1004m³，单块最快浇筑速度 23.3m³/h，最慢浇筑速度 15m³/h，平均浇筑速度 18.8m³/h（表 5-1）。

图 5-2　模板支架体系

新城东站侧墙混凝土浇筑记录　　　　　　　　　　　　　表 5-1

序号	浇筑部位	混凝土强度等级	浇筑日期	浇筑时间	设计坍落度（mm）	现场坍落度（mm）	浇筑速度（m³/h）
1	2仓站台层侧墙	C35P8	2013/7/21	9：35～17：35	150±30	180	15.0
2	10仓站台层侧墙	C35P8	2013/7/29	17：00～23：45	150±30	175	17.9

由表 5-1 可以判断会发生以下几点情况：

1）坍落度均为上限用水量过大或者原材料骨料含水率在使用前未检测导致水灰比过大，混凝土发生离析现象。

2）浇筑时间过长对混凝土墙面外观质量影响较大。

3）浇筑时间均为晚上浇筑，在施工过程中存在不均匀振捣导致混凝土外观质量较差。

（二）翻砂原因分析

针对侧墙施工中出现的外观质量问题，技术专题会议上对主体结构混凝土施工进行了阶段性总结，分析墙面翻砂原因，其主要原因有：

1）水灰比过大：即拌合的混凝土水量大，导致混凝土表面泌水，降低混凝土表面强度。

2）砂石料的级配不合理、含泥量高：骨料级配不合理、过细的土砂也易导致地面起砂，影响水泥的早期水化及混凝土的凝结。

3）施工过程中的过分振捣：加剧混凝土表面的泌水，导致混凝土表面强度较低。

4）养护不当：未能及时养护或养护不充分，暴晒或大风导致混凝土表面大量失水，表面得不到充分水化，导致强度较低。

5）水泥水化热影响：大体积钢筋混凝土引起裂缝的主要原因是水泥水化热的大量积聚，使混凝土出现早期升温和后期降温，产生内部和表面的温差。

三、混凝土质量事故改进措施

在了解侧墙墙面翻砂原因后，专家和技术人员制定了相应的改进措施：

（一）试验室对商混厂家原材料进行抽检

1）在侧墙出现翻砂现象后，立即派遣试验室对商混厂家原材料进行抽检，对不符合规范要求的砂石料、级配不合理的砂石料及含泥量超过 5％的砂石料进行更换。

2）对每次进场的粗骨料必须进行冲洗并在不同部位进行取样检测，合格后方可使用（图 5-3）。

图 5-3　清洗过后方可进场

（二）安排试验人员驻厂监督控制

安排试验员至商混站驻厂，全程跟踪控制混凝土搅拌，对过程中存在的问题，及时发现并改正，对每车出厂的混凝土进行坍落度检测，禁止不合格的商混出厂。

（三）混凝土进场检测

在施工现场设置第二道质量防线，由现场技术人员及试验员对每车进场的混凝土进行二次检查，对坍落度不合格的商混进行退换，保证入泵浇筑的混凝土均符合规范要求（图 5-4、图 5-5）。

（四）浇筑过程控制

混凝土施工过程中，安排专门技术人员全程跟踪把控，侧墙混凝土浇筑前，先铺一层 5～10cm 厚的墙体混凝土同配合比的减石子砂浆。侧墙混凝土分层浇筑，分层振捣，分层厚度应不大于 50cm，使用 ϕ50 振动棒必须插入下层混凝土内 5cm，以消

图 5-4　合格混凝土同意浇筑

图 5-5　不合格混凝土退场处理

除两层混凝土的接缝。侧墙混凝土每层均必须振捣均匀，混凝土振捣应使用插入式振动器快插慢拔，插点要均匀排列，逐点移动，顺序进行，不得遗漏，振到该层混凝土表面泛浆、不冒泡、不下沉为止（注意配充电电筒观察），达到均匀振实。移动间距不大于振捣作用半径的 1.5 倍（一般为 30~40cm）。振捣上一层时应插入下层不小于50mm，以使两层接缝处混凝土均匀融合。振捣应采用二次振捣法。第一次振捣后，间隔 30min 再进行第二次振捣，对于上部 1m 范围内的混凝土，尤其应加强。混凝土振捣不得碰撞钢筋、模板和预埋件，以免模板变形或预埋件偏移、脱落。

（五）混凝土拆模养护

侧墙钢模拆除后，应及时对墙面进行养护。侧墙混凝土采用不透水、汽的保湿膜且定期洒水养护，用保湿膜把混凝土表面敞露的部分全部严密地覆盖起来，保证混凝土在不失水的情况下得到充足的养护，且养护时间不少于 14d。

四、处理效果评价

在制定的应对措施均实施后，2013 年 8 月 18 日完成的 1 仓站台层侧墙模板拆除后，侧墙墙面平整、光滑，不再存在翻砂现象（图 5-6）。

图 5-6　1 仓侧墙拆模后效果

五、结语

商品混凝土工程包括配料、搅拌、运输、浇捣、养护等过程。在整个工艺过程中，各工序紧密联系又相互影响，如果其中任一工序处理不当，都会影响商品混凝土工程的最终质量。因此，商品混凝土所使用各种原材料应符合现行标准要求，在施工中应正确合理搭配机械施工，在整个工程施工中必须强调高质量严要求，必须强调科学和技术进步。

第二节　明挖结构混凝土施工技术总结

一、工程概况

本小节主要以世纪莲站和世—澜区间为例对明挖结构中混凝土的施工技术进行总结。

1）世纪莲站车站长 285m，基坑开挖深度约 17.3m，标准段宽度 19.7m，为地下二层单柱双跨箱形框架结构，站台层净高 6.33m，站厅层净高 4.95m。

2）世—澜区间由三部分组成，总长度 1036m，结构断面形式较多，均为地下一层箱形框架结构，其中标准段宽度为 11.057m，结构净高为 5.13m。

3）车站和区间均采用明挖顺作法施工，主体结构设计参数详见表 5-2。

车站及区间主体结构设计参数　　　　　　　　　　　　表 5-2

位置	结构构件	尺寸(m)	混凝土强度等级
车站 (21000m³)	顶板(顶纵梁)	厚 0.8(1.2×1.8、1.4×1.8)(宽×长)	C35P8
	中板(中纵梁)	0.4(0.8×1.2)	C35
	底板(底纵梁)	0.9(1.2×2.2、1.4×2.2)	C35P8
	侧墙	0.7	C35P8
	柱	0.7×1.2(0.7×1.3、0.8×1.3)	C50
区间 (34000m³)	顶板	0.7/0.8/1.0	C35P8
	底板	0.7/0.9/1.1	C35P8/C35P10
	侧墙	0.7	C35P8
	中隔墙	0.3	C30

二、混凝土施工前的准备

为提升混凝土施工质量，达到内实外美的效果，施工前应从混凝土选定、模板体系、混凝土浇筑工艺等几个方面着手进行系统管理。

（一）混凝土的选定

地铁工程中混凝土多采用商品混凝土，选择商品混凝土供应方时除应考虑经济指标外，还需从拌合生产能力、运输能力、运送距离及路线等多个方面进行综合考虑。

商品混凝土的配合比相对固定，在选用时应把握以下几个关键点：配合比设计强度富余量、坍落度、和易性、最大骨料粒径、水泥用量及外加剂性能等。针对施工过程中商品混凝土常出现供应不及时、坍落度不稳定、和易性不好等问题，应加强专人进行现场管理，以确保混凝土的施工质量。

（二）模板策划

模板策划是混凝土结构施工中的关键一环，模板的强度、刚度和支架的稳定性对混凝土的质量影响很大，合理的模板策划既能保证混凝土施工的质量，亦能保证施工期间的安全和进度，降低工程成本。在进行模板策划时主要从以下几个方面进行考虑：

1）混凝土结构的形式，外观质量的要求标准。

2）遵循模板通用原则，经过技术和经济的比较，达到节约成本的目的。

3）施工安全及进度。

4）模板体系构造简单，装拆、改装方便，便于施工。

5）施工场地条件的限制。

（三）结构模板体系

广佛线二期工程对主体结构混凝土的外观质量有严格的要求，出现超过 20cm× 20cm 的蜂窝缺陷时整幅墙必须凿出。本工程的模板系统策划在施工前期准备阶段就开始进行，并经过多次的方案比选和讨论，最终确定如下：

1）选择高质量模板，保证混凝土外观质量。

主体结构侧墙、框架柱、底板腋角均采用钢模板，钢模板具有组合刚度大、块板制作精度高、拼缝严密、不易变形及模板整体性好等优点。

世纪莲车站侧墙采用单侧自行液压模板台车，区间标准段采用双侧整体式自行液压模板台车，面板厚度均采用 8mm。相较于已通过检算满足施工要求的 6mm 面板，8mm 面板虽然部分成本有所增加，但面板刚度更大，不易变形，使用过程中能够保证混凝土外观质量的同时增加了周转使用的次数。

底板腋角和框架柱选用组合定型钢模板，如图 5-7～图 5-10 所示。

图 5-7　车站单侧模板台车

图 5-8　区间整体式模板台车

图 5-9　底板倒角模板　　　　　　　　　　图 5-10　框架柱模板

2）综合考虑各部位结构尺寸，尽量实现模板通用，降低工程成本。

综合考虑钢支撑位置、曲率半径以及钢筋下料的影响，将单侧模板台车中面板高度定为 5.36m，从而实现车站－1 层、－2 层及区间非标准段的通用。

3）根据施工总体部署，细化周转次数，合理确定模板数量。

单侧侧墙台车使用 3 套，其中 2 套可进行周转；车站框架柱均为方柱，其中 24 根 0.7m×1.2m，6 根 0.7m×1.3m，1 根 0.8m×1.3m，现场－1 层及－2 层各考虑 2 套模板，其中 0.8m×1.3m 的柱，采用木模施工。

三、混凝土施工过程质量控制

（一）模板安装及加固

模板安装的重点是控制模板拼缝、平整度、垂直度和加固体系。

1）世纪莲站在前期进行侧墙混凝土施工时，混凝土浇筑至 2.5m 左右，台车即会出现上浮（最大 20mm）和上口外移（最大 0.8mm）的现象。经分析后采取了如下技术措施：

（1）将台车连接模板的可伸缩梁用槽钢焊接临时固定，空隙加木楔，防止模板向外滑移，如图 5-11 所示。

（2）在板上预埋 2 排 $\phi25$ 钢筋，侧墙模板加固时用 3 个 10t 的手拉捌链将台车与预埋钢筋拉住，以防止台车整体上浮，如图 5-12 所示。

（3）凿出模板上口外地连墙的主筋，用 $\phi28$ 钢筋将台车与地连墙主筋焊接，拉住台车挂梁，防止模板上口外移。

（4）在台车上预制 4 个混凝土块（每个重量约 4t），以确保台车的自稳。

通过上述措施，台车的上浮能有效得到控制，最大上浮 2mm，上口基本不发生外移。

2）模板在周转使用过程中，拆模后需将模板表面打磨干净，并尽快涂刷隔离剂，隔离剂涂刷要均匀，不可太厚，少沾多刷以免流坠（图 5-13、图 5-14）。

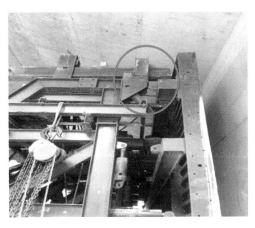

图 5-11　伸缩梁加固

图 5-12　手拉捯链预埋钢筋

图 5-13　侧墙台车打磨

图 5-14　模板刷隔离剂

3）侧墙关模前，先对小矮墙弹线打磨，使侧墙模板与矮墙混凝土有效搭接，模板底部用宽双面胶或海绵条密贴，避免接缝处漏浆。柱模施工时，先对板柱结合处用砂浆找平，防止漏浆产生蜂窝、烂根，如图 5-15、图 5-16 所示。浇筑过程中做好监测和模板加固体系的检查工作。

图 5-15　小矮墙带线打磨

图 5-16　柱关模前砂浆找平

（二）混凝土进场检验

混凝土运至现场后，应及时测试坍落度，并与出厂坍落度进行对比，观察混凝土的和易性，满足要求后方可进行浇筑。前期时常发现混凝土的到场检测坍落度较出厂坍落度大 20~50mm，经分析，原因是清洗罐车后罐内存水过多，出厂时拌合站减水剂添加不足或为弥补运输过程中坍落度产生的损失，有意加水（图 5-17、图 5-18）。

图 5-17　现场混凝土坍落度试验　　　　　　图 5-18　试件制作

（三）混凝土浇筑

1）分层浇筑，泵送混凝土最大摊铺厚度不大于 0.5m，侧墙浇筑时按 0.5m 一层，在侧墙钢筋和振动棒上均做好控制标记。

2）侧墙、框架柱的高度均超过 4m，侧墙卸料时每侧设置可移动串筒 3 套，确保混凝土不离析，且均匀布料。串筒设置如图 5-19、图 5-20 所示。

图 5-19　串筒设置　　　　　　　　　　图 5-20　串筒卸料

（四）混凝土振捣

1）采用插入式振动器（ϕ50），振捣过程中避免重复振捣，防止过振。

2）插入式振动器的移动间距控制在 40cm 以内，呈梅花形布设，遵循快插慢拔原则，振动至混凝土表面平坦、泛浆、不冒气泡、无显著下沉为止。振动器与侧模保持 10cm 距离，避免碰撞钢筋，振捣上层混凝土时，振动器要插入下层 10cm。振动棒棒管上标记如图 5-21 所示。

3）结构板在浇筑振捣完成后，应及时修整、压平收光裸露面，并及时覆盖土工布洒水养护。混凝土压光收面如图 5-22 所示。

图 5-21　棒管上做标记　　　　　　　图 5-22　混凝土压面收光

（五）混凝土养护

侧墙混凝土带模养护时间不少于 36h，拆模后及时封闭塑料薄膜，后覆盖土工布自动喷淋洒水养护至 14d，期间保持墙面湿润。主体结构侧墙养护形式如图 5-23～图 5-25 所示。

图 5-23　覆盖薄膜养护

四、小结

明挖隧道全自动侧墙台车的施工在本工程中得到了成功的应用，保证了隧道主体结构的施工质量，加快了工程进度，同时降低了项目成本，实现了明挖隧道侧墙的高效、高质、安全施工。该工艺技术简练，易于操作，实效性高，可以流水作业，也可

图 5-24　覆盖土工布养护　　　　　　　　图 5-25　自动喷淋养护

以跳仓施工，适用于各种结构单面支模施工。

第三节　大体积混凝土裂缝防治措施

　　大体积混凝土与普通钢筋混凝土相比，具有结构厚、体形大、钢筋密、混凝土数量多、工程条件复杂和施工技术要求高等特点。地铁车站施工中顶板、翻梁、底板等均为典型的大体积混凝土结构。

　　为满足地铁车站使用性与耐久性的要求，对车站结构的防水性应有较高要求。在工程中一般认为裂缝是造成渗漏的主要原因。由于大体积混凝土的截面尺寸较大，在混凝土硬化期间水泥水化过程中所释放的水化热所产生的温度变化和混凝土收缩，以及外界约束条件的共同作用，而产生的温度应力和收缩应力，是导致大体积混凝土结构出现裂缝的主要因素。

一、工程概况

　　广佛二期东平站总长 216.505m，为地下两层钢筋混凝土框架结构，主要构件尺寸为：顶板厚 800mm，中板厚 400mm，底板厚 900mm，边墙厚 700mm。混凝土强度等级主要为 C35P8 混凝土，按分仓施工，单次混凝土浇筑量可达 1300m^3，属于大体积混凝土。

二、大体积混凝土裂缝产生的原因

　　当混凝土结构物产生变形时，在结构的内部、结构与结构之间，都会受到相互影响、相互制约，这种现象称为约束。建筑工程中的大体积混凝土结构所承受的变形，主要是温差和收缩产生，其约束也主要是以外部约束为主。

三、大体积混凝土施工技术

　　裂缝的产生在施工过程中是不可避免的，在施工中应采取有效措施，避免有害裂缝的出现，以确保混凝土的内在质量。

（一）降低水泥水化热

1）混凝土的热量主要来自水泥水化热，因而宜选用低水化热的矿渣硅酸盐水泥配制混凝土。

2）充分利用混凝土的后期强度，减少每立方米混凝土中的水泥用量。

3）使用粗骨料，施工中根据现场条件尽量选用粒径较大、级配良好的粗骨料。

4）采用掺加粉煤灰和减水剂的"双掺"技术，改善混凝土的和易性，降低水灰比，以达到减少水泥用量、降低水化热的目的。

（二）降低混凝土入模温度

1）应选择较适宜的气温对大体积混凝土进行浇筑，尽量避开炎热天气。夏季在运输及浇筑过程中多采用遮阳保护、洒水降温等措施，以降低混凝土拌合物的入模温度。

2）掺加相应的缓凝型减水剂以降低混凝土的入模温度。

（三）加强施工中的温度控制

1）混凝土浇筑完后，应做好保温保湿养护工作，充分发挥混凝土的徐变特性，从而降低温度应力。

2）在工期允许的情况下，尽量采取长时间的养护，规定合理的拆模时间，延缓降温时间和速度，充分发挥混凝土的"应力松弛效应"。

3）合理安排施工工序，控制混凝土在浇筑过程中保持均匀上升，避免混凝土堆积产生过大高差。在结构施工完成后及时回填覆土，避免其侧面长期暴露（图 5-26）。

四、小结

广佛线二期东平站在结构施工中根据大体积混凝土的性质，采取了优化混凝土的配合比，并编制了大体积混凝土专项施工方案，严格按照方案组织施工的同时做好混凝土的养护工作，有效控制了混凝土的有害裂缝的产生，保证大体积混凝土浇筑的施工质量（图 5-27）。

图 5-26　及时回填覆土

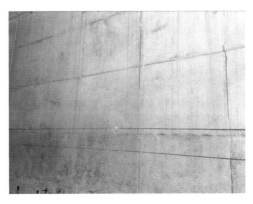

图 5-27　混凝土结构表观质量

第四节 静态切割技术在深基坑混凝土支撑拆除中的应用

一、工程概况

广佛线二期工程东平站位于裕和路和文华南路交叉路口,沿裕和路东西向敷设。该站点基坑标准段宽度约 32.7m,采用三道支撑,其中第一道撑为混凝土撑,主撑 800mm×800mm+辅撑 600mm×800mm,第二、三道采用双拼 ϕ600, t=16mm 钢支撑;基坑端头扩大段采用三道混凝土撑,第一道为 800mm×800mm,第二、三道为 800mm×1000mm;换乘节点处第一~三道撑同标准段,第四、五道采用混凝土撑,尺寸为 1000mm×1200mm。

二、不同混凝土结构破除方法的特点对比

常用的混凝土拆除方法有人工风镐拆除、机械拆除、爆破拆除、绳锯切割拆除等。不同混凝土拆除方法的特点见表 5-3。

常用混凝土结构破除方法特点 表 5-3

拆除方法	特 点
人工风镐拆除	安全度高,但受天气影响大,对施工现场用电负荷要求高,且工期太长
机械拆除	采用炮机拆除效率高,但震动大、噪声大,碎石纷飞
爆破拆除	爆炸压力瞬间释放,工期短,适合空旷场地的建筑物整体拆除,但在闹市区、建筑物密集区,震动幅度大,对现有结构、周围建筑物及地下设施带来极大影响,且产生飞石,危及街道行人安全
绳锯切割拆除	降低了劳动强度,操作安全可靠,具有过载保护功能,动力强劲,提高了切割能力和劳动生产率。具有噪声低、无粉尘、操作简便、切面平整等特点

地铁车站的建设多处于城市闹市区,周围或建筑物较为密集,在基坑施工过程中,混凝土支撑最终作为临时支撑结构拆除时必须确保不对临时支撑体系、已施工的永久结构工程及周边建筑、地下设施造成不利影响,因此对其拆除方法提出了更高的挑战。广佛线二期工程为了严格控制混凝土支撑体系拆除后基坑的变形,并综合考虑安全、质量、工期等因素,最终决定采用绳锯切割拆除技术。

三、工艺原理

绳锯切割拆除技术是通过液压马达高速驱动带有金刚石串珠的钢丝绳索(金刚石锯绳)绕着被切割物体运转,在一定张拉力的作用下,钢丝绳索(金刚石锯绳)高速磨削被切割物体,工作过程中产生的磨屑和释放的热量被冷却水带走,最终达到分离被切割物体的目的。

四、施工过程介绍

(一) 支架搭设

1. 混凝土腰梁支撑

混凝土腰梁支撑拆除时，采用支墩作为其临时支撑。支墩的主撑可利用现有的两端面平齐的盾构钢枕制作；斜撑可利用钢筋废料制作，长度不够时可焊接后使用；平面连接撑可采用钢板、废角钢或槽钢，支墩的形式如图 5-28 所示。

拆撑时，在支墩顶部采用方木及木楔与混凝土支撑顶紧，每段底部用两个支墩托住，该段吊出后，支墩移动到下一段支撑底部继续使用。按照如上方法分段依次拆除，最终顺利完成混凝土腰梁支撑的拆除工作。

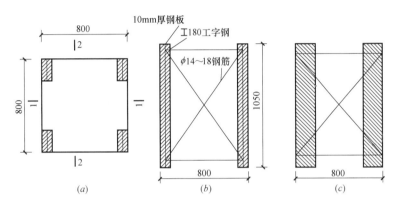

图 5-28　临时钢支墩示意图

(a) 平面图；(b) 1—1 剖面；(c) 2—2 剖面

2. 混凝土直撑支撑

混凝土直撑拆除时，将枕木呈井字形摆放用以托住直撑底面，在枕木顶部用木楔与支撑充分顶紧，每组枕木间距为 3m 左右（图 5-29）。为保证支撑在切割过程中保持平稳，相邻割缝中间不少于 2 组枕木且切割过程中应避免较大的扰动，使割断后的混凝土支撑仍能保持平衡，直至平稳吊出。

图 5-29　直撑下垫枕木

（二）切割

现场切割分块如图 5-30 所示。

（三）吊装

根据施工现场条件，采用 50t 履带吊与 130t 汽车吊进行垂直吊运，其中冠梁及靠边的混凝土支撑采用履带吊吊装，中间大块混凝土支撑采用汽车吊吊装（图 5-31）。

图 5-30　现场切割支撑

图 5-31　支撑块吊装

五、小结

广佛线二期工程东平站基坑混凝土支撑拆除采用静态切割技术，大大缩短了工期（切割单仓混凝土支撑的工期由 15d 缩短至 7d）同时也减少了相应的人力、物力和财力。

静态切割技术在本工程深基坑混凝土支撑拆除过程中的应用，得到如下几点启示：

1）钢筋混凝土支撑体系的安全性、稳定性高，在深基坑领域中得到了广泛应用，但其安装及拆除所占用的工期较长，且作为临时支撑结构只能一次性使用，拆除后会产生建筑垃圾，环保性能较低。因此，在基坑支护方案设计阶段，在满足基坑施工安全的前提条件下，建议尽量减少混凝土支撑的用量。

图 5-32　腰梁预埋 PVC 管

2）在对腰梁进行切割前，往往需要先用水钻在腰梁外围边缘钻 ϕ50 孔，用做穿绳锯链条（图 5-32），这项工作耗费了大量人力、物力，也增加了造价，所以建议在腰梁混凝土浇筑前先预埋 PVC 管，用以腰梁切割时穿绳锯链条，大大提高了施工速度，同时也节约了经济成本。

3）总体来说，静态切割法施工安全、简便、快捷，设备简单易操作，可有效提高混凝土结构拆除效率，并降低了因拆除对周围建筑物的影响，施工无粉尘，噪声小，更具有环保效果，该工艺可在地铁施工领域推广应用。

第五节　轨顶风道混凝土施工技术

一、施工简介

（一）施工概况

澜石站轨顶风道全部处于广佛线一期施工范围内，里程为 YDK0-631.850～YDK0-549.450，轨顶风道内部净宽 3400mm，最大净高 982mm，底板厚度存在 150～218mm 的坡度渐变；下吊墙设计厚度为 250mm。澜石站一期共划分为 6 个施工段，轨顶风道范围涉及全部施工段。第一段因盾构机吊出对−2 层净空提出要求，故采取后浇法施工，第二段至第六段轨顶风道全部采用先浇法施工。

（二）工法简介

1. 后浇轨顶风道

轨顶风道属于地铁车站的内部结构，设置于中板下部，属于下吊悬挑结构类型。由于处于行车线上方，故作为盾构机始发或者接收结构范围内的轨顶风道必须采用后浇法施工，以保证盾构机通过时的限界要求。澜石站作为盾构机吊出端，其盾构机吊出采用了非正常工况下的吊出作业，即在中板完成的情况下进行盾构机吊出。在第一段中板浇筑时，轨顶风道范围内按照 1500mm 的间距预留 ϕ250PVC 管，作为轨顶风道后浇的混凝土灌入孔。盾构机吊出完成后，进行脚手架搭设及模板安装，整个过程中，对标高进行严格的控制。后浇法的轨顶风道钢筋可以采用前期预留或者后期植筋两种工艺，一般情况下，前期预留的方法在施工的工期、经济性等方面更显优势。最后，进行风道的混凝土浇筑施工时，注意控制好轨顶风道混凝土坍落度及振捣措施，保证后浇混凝土的密实性。

2. 先浇轨顶风道

在盾构机吊出或始发范围以外的轨顶风道，通常情况下采用"先浇法"施工，即在浇筑中板之前，先进行轨顶风道的浇筑，浇筑完成后，再将脚手架继续加高至中板位置，并铺设模板，进行中板浇筑，进而极大地节约了工期及成本。与"后浇法"相比较，该工法具有：作业面空间宽裕，施工质量利于控制，占用时间相对较少，较为经济合理等明显优势，在目前的地铁车站施工中被广泛使用（图 5-33）。

二、先浇法施工轨顶风道

（一）先浇工法

不受地铁盾构机占用或通过的地铁车站，在施工主体结构中板前，提前施工轨顶

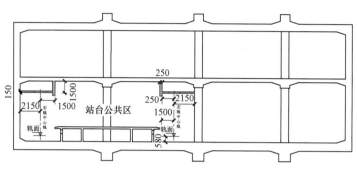

图 5-33　轨顶风道示意图

风道，可减少预留钢筋、植筋、浇筑孔等工序，施工空间大，混凝土易浇筑，施工质量能够得到充分保证，且不需二次进场和二次搭设模板支架。施工时在搭设中板模板支架时，普通段按照中板标高搭设，风道范围的立杆高度注意需适合于轨顶风道底板标高，普通段和轨顶风道段进行一体化连接，支架模板搭设好后，风道底模和吊墙外侧侧模与中板底模同时安装，然后绑扎风道和吊墙钢筋（主体侧墙及中板梁钢筋可同时进行）、浇筑风道底板和吊墙下部混凝土、等强养护、安装吊墙内侧模板并加固、搭设轨顶风道内侧至中板标高短支架、搭设风道范围内中板底模、绑扎中板钢筋、浇筑混凝土（中板和剩余吊墙混凝土同时浇筑）、养护等，先浇法施工轨顶风道示意图如图 5-34 所示。

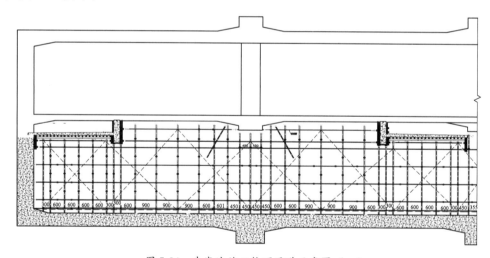

图 5-34　先浇法施工轨顶风道示意图（cm）

（二）轨顶风道先浇法工艺流程

先浇法轨顶风道施工工艺流程如图 5-35 所示。

（三）先浇法操作要点

1. 施工准备

先浇法不需单独搭设模板支架，可与主体结构中板支架共用，但在搭设中板支架前应通过测量放线确定轨顶风道范围，点位可提前放在底板表面，从而指导轨顶风道

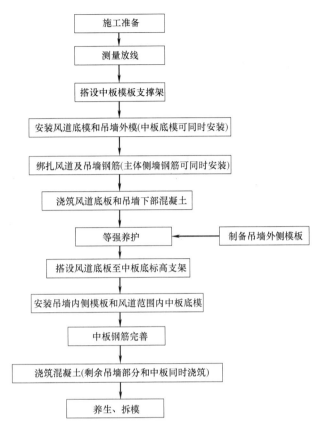

图 5-35 先浇法轨顶风道施工工艺流程图

短立杆的范围。

2. 搭设模板支架

支架搭设要求同后浇法,且应和主体结构中板模板支架同时搭设。在轨顶风道底板浇筑完毕后再搭设风道上部短钢管时,间距布置仍应和下部相同。

3. 模板安装

同后浇法,搭设轨顶风道底模和吊墙外模的同时,主体结构中板底模也可同时施工。

4. 钢筋绑扎

同后浇法(图 5-36)。

5. 混凝土入模

轨顶风道底板和下部吊墙位置混凝土提前浇筑,吊墙上部和中板同时浇筑,整个过程均可使用混凝土泵车直接施工,简单快捷,不需再预留入模孔洞(图 5-37)。

6. 模板体系的拆除

同后浇法,轨顶风道底模和吊墙外模与主体结构中板模板支架同时拆除。

三、后浇法施工轨顶风道

地铁车站主体结构施工完毕,在盾构机过站、始发和接收后,及时安排施工,如

图 5-36 先浇法钢筋绑扎

图 5-37 先浇法混凝土浇筑

采用后浇工法，风道板和吊墙的预留钢筋需预留准确，个别预留不准的位置应提前进行植筋处理，注意在浇筑主体中板混凝土时，应预留孔洞作为混凝土浇筑和捣固孔洞，一般埋设直径约 150mm 的 PVC 管，埋设间距 1.5～2m，后浇法施工轨顶风道示意图如图 5-38 所示。

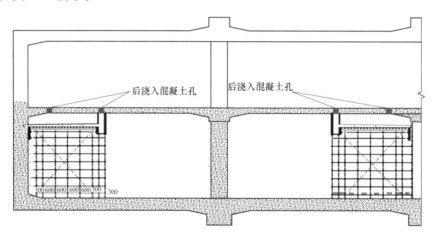

后浇入混凝土孔　　　后浇入混凝土孔

图 5-38 后浇法施工轨顶风道示意图

（一）轨顶风道后浇法工艺流程

后浇法轨顶风道施工工艺流程如图 5-39 所示。

（二）后浇法操作要点

1. 施工准备

1）支模架搭设前，工程技术负责人应按照施工方案要求向搭设和使用人员进行技术安全交底。

2）施工前确定支撑架的纵横方向位置线及扫地杆的水平高度。

3）对钢管、扣件等进行检查验收，严禁使用不合格产品。

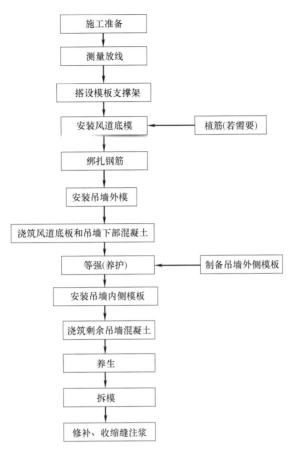

图 5-39　后浇法轨顶风道施工工艺流程图

2. 搭设模板支架

1）模板支架搭设应按立杆、横杆、斜杆的顺序逐层搭设。轨顶风道底面距底板高度一般为 5.11m，立杆采用底托、顶托、3.6m 钢管配 1.2m 长碗扣式钢管比较适宜，钢管规格为 $\phi 48 \times (3.2 \sim 3.5mm)$ 通用型杆件，横杆长度为 0.9m，支架纵横间距 0.9m×0.9m，步距 1.2m，下设扫地杆以策安全，剪刀撑采用扣件式钢管，规格除长度外与碗扣式支架相同，模板支架底层水平框架的纵向直线度应≤$L/200$；横杆间水平度应≤$L/400$。每步的纵、横向水平杆应双向拉通。支架全高的垂直度应小于 $L/500$；最大允许偏差应小于 100mm。

2）采用钢管扣件作加固件、斜撑应符合《建筑施工扣件式钢管脚手架安全技术规范》JGJ 130—2011 的有关规定。

3）支架搭设到顶时，应组织技术、安全、施工人员对整个架体结构进行全面的检查和验收，及时解决存在的结构缺陷。

4）立杆和扫地杆架设：根据支模架立杆的设计位置放线后，即可架设立杆。支模架底层的立杆接头错开。在架设立杆时，应及时设置扫地杆，并与立杆连成一整体，以保证架子整体的稳定。

5）支架上下楼梯架设：在每段轨顶风道施工时，架设一道楼梯，供施工人员上下使用。楼梯底部、顶部均要与满堂支架牢固连接。

6）搭设注意事项

确保立杆底座与底板紧密接触，不悬空；立杆的接头应错开；立杆的垂直度应严格加以控制，控制标准为 2m 高度偏差 1cm；支模架搭设过程中，严格控制支架的水平度和垂直度，并在无荷载情况下逐个地检查立杆底座有否松动或空浮情况；斜撑杆对于加强支模架的整体刚度和承载力的关系很大，不应随意拆去；支撑架的横撑因使支撑架侧向受力，必须对称设置。

3. 搭设要点

1）模板支撑架应根据施工荷载组配横杆及选择步距，根据支撑高度选择组配立杆、可调托撑及可调底座。

2）在模板支撑架四周拐角处设置专用斜杆或四面设置八字斜杆。剪刀撑采用扣件脚手架钢管，纵向每隔四排设置一道竖向剪刀撑，横向每隔两四跨设置一道竖向剪刀撑，每间隔一步设置一道水平剪刀撑。

3）剪刀撑构造要求

剪刀撑不应小于 4 跨，且不应小于 6m，剪刀撑斜杆与地面倾角宜在 45°～60°之间。倾角为 45°时，剪刀撑跨越立杆根数不得超过 7 根；倾角为 60°时，剪刀撑跨越立杆根数不得超过 5 根。剪刀撑应用旋转扣件固定在与之相交的立杆上，旋转扣件中心线与主节点的距离不宜大于 150mm。设置水平剪刀撑时，有剪刀撑斜杆的框格数量应大于框格总数的 1/3。

4. 模板安装

1）由于后浇法轨道风道浇筑时面积较小，施工空间狭小，异型模板较多，不适于使用大型钢模板，宜使用质量较好的竹胶板。

2）由于轨顶风道拆模后底板和吊墙外模外露，直接影响车站实体观感，因此应使用质量较好的新模板，模板缝在拆模后要做到板缝平整顺直，因此，模板安装前也应该弹出模板位置线，控制模板安装误差，模板安装应拼缝严密、平整、不漏浆、不错台、不胀模、不跑模、不变形。堵缝所用胶条、泡沫塑料不得突出模板表面，严防浇入混凝土。

3）组装吊墙模板时，用三角木靠尺和线坠调整模板垂直度。在模板阴角、阳角位置使用止浆条或用水泥砂浆封堵，避免拆模后吊墙棱角掉角和阴角烂根现象。

5. 钢筋绑扎

1）清理好底模，按照设计间距垫层弹线，按画好的间距，底板下层网片采用混凝土同强度等级的砂浆垫块，先铺设和焊受力主筋，后放分布筋，预埋件、预留洞等及时配合安装。

2）下层钢筋绑扎后，用钢筋马凳支撑上层网片，确保上层筋位置，钢筋焊接接头错开，焊接质量应满足规范要求。

3）钢筋网的绑扎，四周两行钢筋交叉点应每点扎牢，中间部分每隔一根相互呈梅花式扎牢，注意相邻绑扎点的铁线扣要成八字形绑扎（左右扣绑扎）。

4）绑扎完毕后，各种操作人员不准任意蹬踏钢筋。

5）吊墙钢筋绑扎后要校好垂直度，使其保证位置的正确、顺直。防止侧模安装困难和保护层出现偏差。

6. 混凝土入模

1）轨顶风道由于是后浇，此时中板和顶板一般都已浇筑完毕，依靠混凝土泵车已不现实，所以，在中板施工时必须注意预留好 $\phi150$ 的浇筑振捣孔，如果中板漏埋，可采用取芯机钻孔方式在浇筑前钻设浇筑振捣孔。混凝土通过小孔入模有两种方法。

2）地泵将混凝土输入中板上表面，通过中板预留孔浇筑入轨顶风道底板和吊墙，由于轨顶风道用混凝土量较小，地泵机施费费用较大，输送管中的混凝土必然要浪费等，此方法较为浪费。

3）混凝土输送罐车运至车站顶板，利用盾构井、出土孔等已有顶板未封孔洞或顶板后浇带用溜槽或溜管的方式将混凝土溜送至中板斗车内，然后逐个输送至轨顶风道上方预留入模孔，一边入模，一边振捣。此方法比较经济适用。

4）在保证强度的前提下，尽量采用小粒径粗骨料、大坍落度的混凝土进行浇筑。为保证混凝土的密实度，在风道侧墙模板预留振捣孔，待振捣到位后迅速封堵（图 5-40）。

图 5-40　轨顶风道外观质量

四、小结

地铁车站因车辆选型、线路调线的前期不确定性以及盾构始发或者接收的净空要求，通常采用后浇法施工。与后浇法相比，先浇法具有施工质量易控、避免脚手架的二次搭拆等优点，从质量控制、经济性等因素来讲建议采用先浇法的施工工艺。

第六节　地铁车站结构设计与施工技术

一、工程简介

澜石站为地下两层岛式车站，设存车线。澜石站主体结构顶板厚 800mm，中板厚 400mm，底板厚 900mm，侧墙厚 700mm；结构柱截面尺寸有四种，分别为：600mm×1000mm、800mm×800mm、1000mm×400mm、1000×800mm；内部结构主要针对车站站台板、风阀墙、内部楼梯的施工技术进行论述。

二、主体结构施工

每一施工段按以下的施工顺序分层施工。具体施工流程见表5-4。

主体结构施工流程　　　　　　　　　　　　　　　　　　表 5-4

序号	施工步骤	施工示意图	施工说明
1	垫层施工		基坑开挖一块,浇筑一块,平板振动器捣固,人工抹平。混凝土达到强度后施做底板及侧墙防水层
2	底板(底板梁)施工		混凝土纵向分幅,横向由两侧向中部浇筑。下翻梁位置,先浇筑梁体混凝土,达到底板底面时,和底板同时浇筑。侧墙浇至倒角上50cm处,插入式振动器捣固。底板设计厚度为900mm,浇筑过程中分为两层进行浇筑。板面进行压实、抹光处理。待底板混凝土强度达到设计强度后,拆除第三道支撑
3	轨顶风道、站台层侧墙及站台层结构柱		底板混凝土浇筑后,进行－2层侧墙、轨顶风道及－2层结构柱施工。注意轨顶风道的限界及标高控制,以及轨顶风道预埋件的安装及复核,防止后期出现屏蔽门无法安装的质量事故
4	中板(中板梁)施工		中板脚手架搭设、模板安装完成后,浇筑中板、中板梁及与相接侧墙位置的混凝土。中板模板采用木模板,侧墙内浇筑C35P8混凝土,立柱范围内浇筑C50混凝土。中板混凝土两侧应对称浇筑,中板厚400mm,一次性浇筑完成。待中板强度达到设计强度后,进行第二道支撑拆除
5	站厅层侧墙、结构柱		中板混凝土养护,同时施做侧墙防水层,接着进行－1层结构柱、侧墙混凝土浇筑。－1层侧墙混凝土浇筑前,应该预埋将侧墙锚入顶板的钢筋进行预埋

续表

序号	施工步骤	施工示意图	施工说明
6	顶板施工		一1层侧墙及结构柱养护的同时,进行顶板脚手架搭设及模板铺设,注意对顶板底模标高的复测。以上工作完成后,进行顶板混凝土浇筑。顶板上多预埋有吊钩等预埋件,应在混凝土浇筑前仔细核对图纸,逐个核对,防止遗漏
7	其他附属项目施工		顶板混凝土达到强度后拆除第一道钢支撑混凝土支撑,然后施做顶板防水层;同时,站内附属结构可以进行施工,如站台板、风阀墙、楼梯等。后浇的站内结构一般采用地泵进行混凝土浇筑,浇筑时应适当将粗骨料粒径调小,以及制定措施保证浇筑过程中混凝土的连续供应

（一）垫层施工工艺

垫层施工前先进行引排水工作,土方开挖至基底时,根据地层情况可在基底四周沿连续墙开始进行盲沟的铺设,盲沟要求比基底深 $300\sim500$mm,盲沟开挖完成,在沟内铺设盲管,然后回填碎石至垫层标高底。

1）垫层浇筑前及结构施工期间,将地下水位控制到垫层底以下 0.5m,并注意井管的保护。

2）灌注前认真检查、核对接地网线。

3）因底板直接在已做好的垫层上施工,为了给底板施工创造条件,在垫层施工时应注意以下几点:（1）机械开挖尽量一次完成预留 20cm 人工清底,避免二次开挖扰动原状地基,增加回填数量和施工难度。（2）垫层向底板施工分段外延伸 2.0m 以上。

4）根据预先埋设的标高控制桩控制垫层施工厚度满足设计要求,并及时收面、养生,确保垫层面无蜂窝、麻面、裂缝。

（二）底板施工工艺

1）车站底板、部分边墙紧随垫层、底板防水层之后施工。

2）车站底板、部分边墙钢筋及混凝土施工:钢筋在地面加工制作好后,吊入基坑内绑扎,焊接质量和搭接长度必须满足规范及设计要求;制作安装好的钢筋经监理工程师检查合格后安装堵头模板、各种预埋件、预留孔;并经检查、核对无误后浇筑底板混凝土。采用商品混凝土泵送入模,插入式振动棒振捣,分层、分段对称连续浇筑（图 5-41、图 5-42）。

（三）侧墙施工工艺

1. 找平层施工

先对围护结构渗漏进行认真堵漏或引排处理,同时施做侧墙防水层,满足要求后施工。

图 5-41 底板钢筋绑扎   图 5-42 底板混凝土浇筑

车站设计为全包防水，为保护防水板，在围护结构内表面做砂浆找平层。

2. 车站侧墙施工

车站侧墙采用钢模板。模板与支架系统进行受力检算，确保支撑系统强度、刚度、稳定性满足施工要求。

在施工接缝处设立快易收口网而形成粗糙表面，无须凿毛，为下次混凝土灌注提供非常理想的结合面。收口网设立要牢固，避免因超重物挤压损坏。

泵送混凝土入模，分层分段对称浇筑至设计标高。振捣采用插入式振动棒为主，附着式振动器为辅，保证侧墙混凝土振捣密实。

钢筋在地面加工，在基坑内绑扎，钢筋安装完之后安装模板（图 5-43、图 5-44）。

图 5-43 侧墙钢筋绑扎   图 5-44 侧墙外观质量

（四）结构柱施工工艺

1）在结构底板或楼板施工完后进行结构立柱施工。

2）立柱模板采用钢模板拼装，吊车配合人工进行立模。

3）钢筋在地面加工，在基坑内绑扎，钢筋安装完成后安装模板。

4）泵送混凝土入模。采用插入式振动棒为主，保证混凝土密实（图 5-45、图 5-46）。

图 5-45　结构柱模板安装

图 5-46　结构柱外观质量

（五）中板及顶板（梁）施工工艺

1）中板及顶板、梁模板与支架系统

板梁模采用在方木上铺胶合板，利用满堂红钢管支架支撑，模板与支架系统进行受力验算，确保支撑系统强度、刚度、稳定性满足施工要求。为了保证结构净空高度，在板、梁立模的时候将立模标高提高 2cm 作为板预留沉降量，并沿纵向和横向设置预留上拱度，规范规定起拱高度宜为跨度的 1/1000～3/1000，具体起拱值根据不同跨度和现场情况可稍作调整。模型按设计预留上拱度，支架在顶板达到设计和规范强度后拆除，避免板体产生下垂、开裂，施工中对支撑系统所用的钢管、木材、脚手架质量经常进行检查，有质量隐患的及时修补或淘汰。

2）钢筋在地面加工，在基坑内绑扎，钢筋安装完之后安装模板。

3）采用泵送混凝土，分层分段对称浇筑。顶（中）板混凝土终凝之前做好压实、提浆、抹面工作（图 5-47、图 5-48）。

图 5-47　中板钢筋绑扎

图 5-48　中板混凝土浇筑

三、内部结构施工

(一) 钢筋施工技术

1. 站台板钢筋施工技术

站台板结构一般由站台板下部的 200mm 厚支撑墙与上部的 200mm 厚板结构组成。支撑墙上预留有 890mm×410mm 的轨底排热风孔、800mm×1200mm 的检修门孔及其他电力、给水排水管道；站台板设有屏蔽门柱安装预留口及端门凹槽、扶梯坑道等。

1) 支撑墙钢筋

(1) 支撑墙钢筋绑扎前，应进行支撑墙结构边线放样，并用钢尺进行净距复测；特殊位置如支撑墙的边线与轨道中心线的间距，电、扶梯坑道内净空尺寸，预留轨底排热风孔的位置等应在测量员放线完成后，由主管工程师、质检工程师再次进行复核，多道工序保证支撑墙位置的准确性。

(2) 预留孔处钢筋补强措施：轨底排热风孔处采用内、外 4φ8 钢筋进行补强。

(3) 竖向主筋应在车站底板施工时进行预留，但在实际施工中，因内部结构图纸的交付一般都滞后于主体结构图纸，故在车站底板施工时，无法进行站台板支撑墙钢筋预埋施工，需要在车站主体结构施工完成后，进行植筋（图 5-49）。

2) 站台板钢筋

站台板厚度设计为 200mm，边缘位置设置 50mm×260mm 下沉凹槽。

(1) 站台板钢筋绑扎在支撑墙模板安装、站台板底部脚手架搭设工序之后，绑扎前应该将站台板底模清理干净。应注意，站台板部分属于悬挑结构，故该部位的钢筋连接应进行重点盯控（图 5-50）。

图 5-49　支撑墙钢筋绑扎　　　　　图 5-50　站台板钢筋绑扎

(2) 站台板设计厚度较小，按照设计图纸要求，钢筋网片间距为 150mm，应在钢筋制安过程中采取有效的马镫筋措施，防止因钢筋网片发生较大变形而导致主筋保护层厚度不均匀，进而引发站台板开裂等质量灾害，板面钢筋在绑扎完成后，应尽量减少踩踏。

（3）站台板暗梁主筋为 $\phi22$ 螺纹钢，锚入车站结构柱内部。在车站结构柱施工时，应在对应位置预埋 $\phi22$ 直螺纹连接套筒；对于未预埋连接套筒的，应进行植筋，植筋的施工工序及注意事项与支撑墙植筋工序相同，此处不再赘述。

（4）板面预留孔周围设有上、下两层 $\phi12$ 螺纹钢对预留洞口处进行补强措施。

2. 内部楼梯钢筋施工技术

楼梯可以视为由梯柱与楼梯板构成，钢筋施工分为两个阶段。第一个阶段为楼梯柱钢筋安装，第二个阶段为楼梯底模铺设完成后的板面钢筋安装。楼梯柱的钢筋应在车站底板或中板施工时进行预埋或植筋；楼梯板面与墙体相接的位置，应视为悬挑结构，其植筋计算系数应该按照规范执行；并在植筋前，将植筋范围内的墙体混凝土凿毛处理。

1）楼梯柱位置应进行放线并复核后再进行后续工序施工，楼梯柱锚入平台板的长度应符合图纸要求。

2）楼梯柱截面尺寸为 300mm×300mm，竖向主筋为 8ϕ14 螺纹钢，箍筋为 ϕ8 圆钢，间距 150mm。

3）楼梯柱主筋应尽量减少接头数量，接头形式应采用单面搭接焊接头。

4）楼梯踏步钢筋绑扎前，应确保楼梯斜坡的坡底与坡顶标高无误，限界准确。

5）施工中，需要将楼梯斜坡的钢筋绑扎完成后，才安装台阶的模板，由于施工人员的踩踏，导致斜坡钢筋网片间距过小，后期引发楼梯表面混凝土开裂等质量灾害。所以，在施工中，应当做好斜坡板钢筋的马凳筋措施，保证钢筋网片的设计间距。

6）平台板一般都与墙存在交界，相应的主筋或分布筋应当按照受拉构件的植筋要求进行植筋施工及验收。

3. 风阀墙钢筋施工技术

风阀墙在车站站厅层与站台层均存在，因为墙厚很小（一般设计为 200mm），高度很大（一般都超过 4950mm），故钢筋网的制安质量至关重要，应在钢筋制安过程中采取有效的措施来保证钢筋网片间距及垂直度。

1）风阀墙钢筋在绑扎完成后，为了保证钢筋网片的净空及垂直度，应该在绑扎好的钢筋网网片内加焊定位钢筋，定位钢筋一般采用 ϕ12 螺纹钢，间距为 600mm×600mm 呈梅花形布设。在模板安装过程中，如果发现局部钢筋网片净距不符合要求，应该进行钢筋网片调整或加密布设定位垫块。

2）风阀墙上通常都设计有通风预留孔，风孔周围用 3 根 ϕ16 的螺纹钢进行补强，垂直于风孔边的钢筋应当加工成 U 字形进行封闭，施工过程中，需要植筋的，按照相关的植筋规范要求执行。

（二）支架模板施工技术

1. 站台板支架、模板施工

1）支撑墙模板

（1）站台板支撑墙高度为 1330mm，模板安装前，应仔细核对图纸，检查各个预埋件是否存在漏埋、位置错误等质量问题。

（2）在确认预埋件安装完成后，加焊定位钢筋或布设定位垫块，定位钢筋或垫块的安装要进行现场实际量测，保证后期混凝土保护层正确。

（3）支撑墙为非自防水构件，所以模板采用1220mm×2440mm、18mm厚竹胶合板，采用 ϕ12 对拉螺杆按照 600mm×800mm 间距布设加固（螺杆的选用依据墙厚选用，墙厚 t<600mm 时，采用 ϕ12 对拉螺杆，布设间距 600mm×800mm；墙厚 800mm≥t≥600mm 时，采用 ϕ14 对拉螺杆，布设间距 600mm×600mm；墙厚 t>800mm 时，布设间距为 600mm×400mm）。

2）站台板支架

（1）站台板支架在支撑墙模板安装完成后施工，脚手架采用 ϕ48 碗扣式满堂红钢管支架，横向间距为 900mm，纵向间距为 900mm，步距为 1200mm。

（2）立杆底座支撑在结构板上。立杆尽量采用单根钢管。立杆上端采用可调托撑，主楞正对立杆轴心安放于托撑上。

（3）可调托撑除起到调节站台板标高和调整荷载分布的作用外，施工完成后还可便于模板和支架的拆卸。

（4）顶托应全部安装完成后，应将拉线进行微调，并在站台板底模铺设完成与标高复测后，再次进行顶托微调，确保站台板底标高准确。

3）站台板底模

（1）站台板底模采用 1220mm×2440mm、18mm 厚竹胶合板，主楞采用 ϕ48 钢管，间距 900mm，次楞 50mm×100mm 方木，间距为 150mm。

（2）底模铺设完成后，由测量组对标高进行复测，应当考虑适当地预留模板沉降量（即底模在浇筑前，由于各种施工荷载作用而发生下沉），通常预留 5mm 预留沉降量。

（3）底模标高确认无误后，进行板面的预埋件安装，对于预埋钢板等，应当注意预埋的位置及标高是否准确。预埋管用十字丝定位法定位及固定，上述工作全部完成后，进入下一道工序（图 5-51、图 5-52）。

图 5-51　站台板底模铺设完成（1）

图 5-52　站台板底模铺设完成（2）

2. 内部楼梯支架、模板施工

1）楼梯底部脚手架

（1）楼梯支架采用φ48碗扣式满堂红钢管支架搭设，横向间距为900mm，纵向间距为900mm。

（2）顶托的调整仍然采用拉通线法进行，完成后对斜坡顶及斜坡底标高进行复核。

（3）为了防止楼梯底部脚手架发生侧向的位移，应在侧向增加约束措施。

2）楼梯模板

（1）楼梯底模与台阶模板均采用18mm厚竹胶合板加工而成。

（2）台阶端模因窄而长，容易因混凝土侧向压力而发生变形，导致浇筑的楼梯台阶外观质量差，所以，应在斜坡方向，用通长方木进行固定，间距不宜超过300mm，如图5-53所示。

（3）楼梯底模的宽度应超出楼梯设计宽度300mm/边，并在台阶侧模安装完成后，用方木对侧模进行加固，间距不超过500mm。

3. 风阀墙模板施工技术

风阀墙模板采用1220mm×2440mm、18mm厚竹胶合板，采用φ12对拉螺杆按照600mm×800mm间距布设加固，施工中重点注意钢筋保护层的控制与模板安装的垂直度即可，其余工序此处不再赘述。

（三）混凝土施工技术

1. 站台板混凝土施工

站台板一般在车站结构施工完成后浇筑，故需要用地泵进行混凝土泵送。地泵的安装以就近原则为准，尽量减少地泵管道的长度。混凝土浇筑过程中，应保证其连续性，防止堵管（图5-54）。

图5-53　楼梯模板安装完成　　　　　图5-54　站台板混凝土养护

1）地泵主机需设置在地面上，采用直径为φ135的泵送管道从顶板现有预留孔洞布设到浇筑界面。考虑到站台板施工质量、施工经济性等因素，应将地泵管道的布设方案进行验算与比较，即按照混凝土泵送规范中的计算公式对地泵管布设系统的等效长度进行计算，并与泵机的最大泵送距离进行比较。

2）地泵管道安装完成后，应进行密闭性试验，实际施工中，一个简单易行的方法就是用地泵泵送自来水，各接头处如果未发生渗漏水，则证明管道系统的密闭性良好，如果存在渗水，则应对该处的密闭性进行检查处理。

3）站台板混凝土设计强度为C30，应当适当调整粗骨料粒径等配合比参数，保证混凝土可泵性。

4）混凝土的供应应该连续，但不能积压在施工现场，防止等待过程中，混凝土坍落度损失而引起堵管等现象，影响站台板浇筑质量。

5）浇筑顺序为：先浇筑支撑墙至站台板底，再浇筑站台板板面。站台板板厚设计为200mm，可不进行分层而一次性浇筑至设计板面标高。

6）浇筑完成后，应及时进行覆盖、洒水养护。混凝土强度未达到设计强度的80%以上时，严禁在站台板板面上堆载。

2. 内部楼梯混凝土施工

1）楼梯混凝土浇筑的难度在于斜坡面，混凝土坍落度过大，混凝土无法在斜面模板上堆积成型，坍落度过小，不能保证振捣质量。通过实际施工中对混凝土坍落度的调整，楼梯浇筑的混凝土坍落度应控制在120～140mm。

2）楼梯浇筑应自下而上，即从楼梯的最底部开始浇筑，逐个台阶进行振捣、收面。

3）因楼梯浇筑时间较长，混凝土坍落度容易损失，应在现场备有减水剂，及时对混凝土坍落度进行调整。

4）浇筑完成后，应及时进行覆盖、洒水养护，养护应自上而下进行（图5-55）。

3. 风阀墙混凝土施工

1）风阀墙在车站站厅层与站台层均存在，因为墙厚很小（一般设计为200mm），高度很大（站厅层为4950mm，站台层为6330mm），常规配合比混凝土（粗骨料粒径为5～25mm连续级配）很难保证实体结构浇筑质量，属于施工难度较大的构件之一，故此处应与设计沟通，进行混凝土配合比变更，粗骨料粒径采用5～10mm连续级配，即细石混凝土。

2）风阀墙应分层进行浇筑，分层厚度应控制在300mm以内，才能保证振捣密实。

3）风阀墙混凝土浇筑时的坍落度

图5-55　楼梯外观质量

宜为 160～180mm，同时应该采用直径 50mm 以下的振动棒进行振捣。

4）为了保证风孔处的混凝土浇筑质量，风孔处的浇筑工作应当按照以下顺序进行：

（1）在预留孔模板处预留 200mm×200mm 振捣孔，横向间距宜为 500mm。

（2）首先将混凝土浇筑至风孔下边，并将预留振捣孔进行封闭。

（3）然后浇筑风孔两侧，混凝土液面至风孔的上边齐平。

（4）最后进行整个墙体的浇筑，直至浇筑工作全部完成。

5）因为风孔的存在，通常风阀墙不采用后浇法施工，因为很难保证墙体顶部位置混凝土的密实性，且后浇法施工极不方便。

6）如果不得不进行后浇法施工时，在风阀墙顶部预留混凝土溜槽的同时，还应在风阀墙底部或中部设置排汽孔，并随着混凝土液面的上升进行封闭。拆模后，对顶部不密实的位置采用提高强度等级的微膨胀混凝土填充。

四、混凝土浇筑工艺

（一）混凝土浇筑控制重点

1）成立混凝土作业班，专门从事混凝土灌注工作，班内按卸料、入模、振捣及收面分工定人定岗，建立岗位责任制。混凝土班组建原则：选择有丰富混凝土施工经验的技术工人；对组建后的班组人员不定期进行混凝土浇筑技术质量培训，考核合格者上岗。

2）混凝土灌注实行技术盯班制。

3）合理确定结构分段，降低混凝土收缩量，结构施工缝设在受剪力或弯矩最小处。

4）模板选择刚度大、表面平整光滑、无变形翘曲的好模板，立模前进行受力检算，保证选用合适模板支架，且支架稳定，无松动、跑模、超标准的变形下沉等现象。

5）灌前将模板内清理干净，隔离剂要均匀刷涂，不漏刷。板缝内贴止水胶带保证平整严密。

6）不在气温高、天气炎热的情况下浇筑混凝土，温度高时，灌前在模板上洒水。

7）混凝土灌注前对模板、钢筋、预埋件、预留孔洞、止水带进行检查，验收合格后，方可开灌。

8）每次灌注前，均要备好一台机状良好的发电机以应付突然断电现象，并备足足够面积的彩条布，防止新浇混凝土雨淋或暴晒。

9）商品混凝土到达工地后，现场核对坍落度，每班不少于 2 次，允许 2cm 误差，超过者立即通知搅拌站调整，严禁任意加水。从搅拌车卸出的混凝土不得发生离析现象，否则重新搅拌合格后方可卸料。卸料前搅拌罐先快速转动 10～15s。

10）采用输送泵现场送料，输送过程中，受料斗需保持足够混凝土量；严格控制入模温度，混凝土入模温度宜低于 50℃。

11）采取措施保证混凝土自由倾落高度＜2m，最前端置水平溜槽，防止混凝土产生离析。

12）混凝土采用振动器振捣，振捣时间 30s 并达到三个条件（混凝土表层开始泛浆；不再冒泡；混凝土表面不再下沉），方可结束振捣。

13）混凝土灌注连续进行，间歇时间不超过规范规定。

14）混凝土灌注过程中，设专人随时检查模板、支架、钢筋、预埋件和预留孔洞情况，发现问题及时处理。

15）混凝土初凝时，进行混凝土面的提浆、压实、抹光工作，初凝后终凝之前进行二次压光，以提高混凝土强度，减少收缩量。浇筑后及时覆盖湿麻袋养生，养生期不少于 14d，养护施工定人员、定设备、定时间、定措施，确保养护施工在执行过程中不走样。

16）混凝土灌注过程中，按要求留足抗压、抗渗试件，试件在灌注地点制作。

（二）大体积、大面积混凝土施工控制

1. 施工要点

加强振捣，加强养护。选用刚度大、稳定性好的模板及扣件，浇筑后检查表面沉陷裂缝。加入膨胀剂，防止混凝土收缩裂缝。夏季浇筑混凝土控制入模温度，防止太阳直晒升温，避开高温时段，模板浇筑前洒水降温，减小混凝土浇筑厚度，降低浇筑速度。

2. 混凝土施工的其他保证措施

混凝土养护是确保混凝土质量的一个重要环节，为确保混凝土不产生裂缝，设专人进行养护，特别要加强保湿养护，对于底板、中板、顶板采用蓄水养护，侧墙采用喷淋养生 14d 以上，面板还要附加覆盖等。底板、顶（中）板混凝土达不到设计强度前不得堆放设备、材料等。针对广东高温天气较多，在夏季混凝土尽量安排在夜间施工，并采取降温等措施，控制入模温度和拆摸混凝土强度，把握好混凝土振捣工艺，以减少混凝土的收缩裂缝。

3. 施工缝处混凝土振捣

竖直向止水带两边混凝土加强振捣，保证缝边混凝土自身密实。同时将止水带和混凝土表面的气泡排出。水平向止水带下充满混凝土并充分振捣后，剪断固定止水带的钢丝，放平止水带并压出少量混凝土浆，然后浇灌止水带上部混凝土，振捣上部混凝土时要防止止水带变形，止水带安好采取措施予以保护，防止电焊烧伤等。

（三）混凝土浇筑工艺

1. 板梁混凝土灌注

1）混凝土浇筑前进行清仓处理。将仓内各种杂物、纸屑、钢丝、土石块清理干净，积水抽干，混凝土浇筑前对板模进行润湿处理，防止混凝土与模板相接基面出现气孔。

2）采用商品混凝土泵送入模，插入式振动棒及平板振动器振捣，分层、分段对称连续浇筑。在结构分段内底板混凝土顺车站坡度方向由高向低连续浇筑。

3）纵向由一端向另一端浇筑，横向由中间向两侧浇筑，分层、分条带浇筑，每层的浇筑层厚度在 40cm 以内，混凝土浇筑带每条宽度 2m 左右，每条混凝土接槎时

间不超过 40min。梁板的浇筑顺序为先梁后板，在沉降缝端模止水带处分两层浇筑，先浇筑止水带以下部分混凝土，填满捣实后，将止水带理顺找平，防止其出现窝气空鼓现象，然后再浇止水带以上部分。

4）加强板梁相交部位的混凝土入模及振捣控制。梁部位可从其侧面插入振捣，对钢筋密集的节点使用 $\phi3.5cm$ 的细振动棒振捣，在梁与板结合部位采取二次振捣措施，防止由于截面变化和混凝土收缩引起裂缝。使用振动棒做到快插慢拔，每处振捣时间不少于 30s，振捣点呈梅花状布置，每点的振捣范围为 50cm，特别注意两条浇筑带接槎部位不遗漏。

5）混凝土表面的压光处理。顶板表面成活后先用木抹子抹平，赶走多余水分，待混凝土初凝后，再用铁抹子抹平压光。人工抹面成活时在顶板混凝土上铺木板，人踩在木板上工作，其他人员不在混凝土面上走动，以防止踩出脚印。

6）板梁采用麻布等覆盖蓄水保温法养护，养护时间不少于 14d。

2. 墙、结构柱混凝土灌注

1）混凝土浇筑前，做好清仓处理。要求同板梁混凝土的施工要求。

2）墙混凝土采用分层对称连续浇筑。中柱采用一次分层连续浇筑。混凝土采用输送泵下料，由于基坑深度较大，为防止泵送混凝土入模时冲击力过大及造成混凝土离析，入模点处设短弯管头，让混凝土从管头水平流出。

3）混凝土浇筑方向纵向由新旧的混凝土接触面处向挡头板方向浇筑，竖向分层浇筑，层高为 50cm 左右，两侧对称浇捣，控制好两侧混凝土面的高差，避免侧墙模板因偏压变形而影响混凝土外观质量。

4）混凝土的浇筑采用插入式振动器振捣，混凝土自由下落的高度差大于 3m 时，设置串筒防止混凝土离析。墙水平施工缝以上 50cm 范围要注意振动棒插入深度及混凝土下落速度，防止使止水条发生弯曲移位。

5）控制混凝土入模温度，夏季选择一天中气温较低时间浇筑，气温较高时采用模板洒水的方法降温（图 5-56）。

图 5-56 实体外观质量

五、小结

对于车站主体结构混凝土施工是一项复杂的技术，影响其施工质量的因素也有很多，在施工过程中必须对每一道工序严格把控，只有这样才可能做的内实外美。

而对于内部结构，如站台板、楼梯施工，大多数采取的是后浇法施工，即先施工完主体结构后才开始施工，但对于风阀墙、人防结构及部分设备用房建议与主体结构同期施工，因为同期施工可最大程度地确保混凝土浇筑质量及降低成本。

第六章 主体结构防水工程施工技术

一、防水施工标准及原则

(一) 防水标准

车站主体结构、出入口通道及机电设备集中布置位置的防水等级为一级，结构不允许渗水，表面无湿渍。车站的风道、风井防水等级为二级，结构不允许漏水，结构表面可有少量湿渍，但总湿渍面积不应大于防水面积的 2/1000，任意 $100m^2$ 防水面积上湿渍不超过 3 处，单个湿渍的最大面积不大于 $0.2m^2$。

(二) 防水原则

以防为主、刚柔相济、多道防线、因地制宜、防堵结合、综合治理。以结构自防水为主，附加外防水为辅，对变形缝、施工缝等特殊部位进行多道防水处理；并针对该标段特点，采取以结构自防水为根本，接缝防水、车站与区间隧道等防水为重点，辅之以附加防水层加强防水，关键处理好施工缝、变形缝、穿墙管、预埋件、预留孔洞、各型接头、接口等薄弱环节的防水，确保车站整体防水性能。

二、防水构造体系及工艺流程

(一) 防水构造

车站主体结构采用高性能防水混凝土，防水混凝土抗渗等级顶板、底板、侧墙为 P8/P10；结构顶板采用单组分聚氨酯防水涂料、纸胎油毡隔离层及 C20 细石混凝土防水保护层；结构底板采用 C20 细石混凝土保护层、预铺反粘自黏性防水卷材及 C20 混凝土垫层；侧墙采用 4mm 厚高分子预铺自黏性防水卷材；变形缝部位采用中置式橡胶止水带、缝间充填聚氨酯密封胶和聚苯乙烯泡沫板，并在结构内设置接水槽；施工缝内中埋式镀锌钢板止水带止水；穿墙管的防水采用主要直接埋入混凝土内的固定方式防水法，埋入前，主管加止水环。

(二) 防水体系

防水体系组成见表 6-1。

防水体系组成 表 6-1

防水 体系	结构自防水	混凝土抗渗等级	工程埋深 10～20m，抗渗等级≥P8
		裂缝控制	按技术要求执行
		耐腐蚀性要求	有腐蚀性地段，应根据介质的性质按相关要求标准执行

续表

防水体系	接缝防水	施工缝、变形缝、穿墙管、后浇带及各种接头的接缝不得渗漏水
	附加防水层	能抵抗 35m 水压
	辅助防水层	有排水要求的部位需接通排水系统,不得造成积水

1. 结构自防水

1) 混凝土采用双掺技术,加入二级粉煤灰及高效减水剂和引气剂。

2) 防水混凝土应选用低水化热水泥,强度等级≥42.5MPa,水泥用量≥280kg/m³,水胶比≤0.45。

3) 氯离子含量不超过胶凝材料总量的 0.1%,每立方米混凝土中各类材料的总碱含量（Na_2O 当量)≤3kg。

4) 防水混凝土的骨料应满足以下要求:粒径和级配良好,吸水率低,孔隙率小。针片状颗粒不宜超过 5%。

5) 防水混凝土坍落度应控制在 120～160mm,坍落度每小时损失值不应大于 20mm,坍落度总损失值不应大于 40mm。

6) 围护结构要形成第一道止水帷幕,最大限度止水,达到无明水方可进行防水施工。

7) 迎水面钢筋保护层厚度不小于 50mm。为了减少混凝土收缩裂缝,纵向每侧构造筋率不应小于 0.2%。

2. 施工缝防水

1) 车站环向施工缝间距宜在 1/4～1/3 跨（有柱）范围,区间环向施工缝间距宜在 12～20m。

2) 施工缝应避开地下水和裂隙水较多的区段,并宜与变形缝相结合。

3) 水平施工缝不宜留在剪力与弯矩最大处或板与侧墙的交接处,应留在高出边墙与腋角相交点 300mm 的墙体,墙体有预留孔洞时,施工缝距孔洞边缘不应小于 300mm。

4) 施工缝在初凝后,应用钢丝刷将其表面浮浆和杂物清除。水平施工缝浇捣前,先铺净浆,再铺 30～50mm 厚的 1:1 水泥砂浆,垂直或者环向施工缝浇捣前,先涂刷混凝土界面剂,并及时浇筑混凝土。

5) 施工缝中部应设置 3mm 厚镀锌钢板止水带,在防水重点部位如明挖结构与两端区间、检修通道接口区域,施工缝内缘预埋可重复注浆管。

6) 可重复注浆管设置在车站结构顶板和站厅层侧墙的施工缝及不同结构的接口部位,同时施工缝（除顶板外）的外侧加设背贴式止水带。

7) 施工缝中部的钢板止水带为防止电化腐蚀,需采用钢筋将止水带与结构主体主筋焊接连接,连接点纵向间距不超过 5m。

3. 变形缝、后浇带防水

1) 车站在结构型式或地质条件变化较大的部位如车站与通道、风道的接口处设置变形缝。变形缝宽度为 20mm。

2）车站有效站台及公共区范围内不设置后浇带与变形缝，后浇带与变形缝的间距不宜超过 150m。

3）变形缝处除辅助外防水层，另设置三道各自成环的止水措施。

4）侧墙、底板变形缝外侧设置外贴式止水带。

5）变形缝中部设置带注浆管的止水带（中心带气孔型），形成一道封闭的防水线。

6）变形缝内侧设置 1.2mm 厚不锈钢接水槽，将少量渗水有组织地引入车站排水沟并排入车站废水泵房，缝内侧嵌填密实。

（三）工艺流程

1. 施工总体工艺流程

施工总体工艺流程如图 6-1 所示。

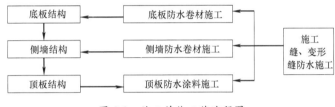

图 6-1　施工总体工艺流程图

2. 自粘式防水卷材施工工艺流程

基层找平处理→阴阳角倒角→铺设加强层→防水卷材铺设→固定压边→验收。

3. 单组分聚氨酯涂料施工工艺流程

基层找平压光→阴阳角倒角→施工顶板压顶梁处加强层→多层涂刷防水涂料→验收→铺装隔离层→保护层。

三、防水施工

（一）围护结构防水施工

围护结构是基坑防水第一道防线和附加防水层的基层，围护结构防水质量的好坏，直接影响着后续基坑开挖及车站结构的防水质量，做好它对于确保防水施工顺利进行和工程质量具有重大作用，因此要根据不同类型围护结构及工程具体条件切实做好。理论上如果围护结构滴水不漏，那么主体结构就无渗水的源头。所以应采用相应一切合理有效的措施尽量把水堵在围护结构的外面。为了保证围护结构的防水质量，在以下环节加强监控：

1）控制好围护结构的精度、垂直度控制、桩位置控制，避免开裂、错位。

2）地下连续墙接头处以及桩间的回填质量控制接头处是围护结构防水的薄弱点。

3）保证围护结构本体质量抓好墙体混凝土的密实度，防止出现夹泥、冷缝等不良现象。

4）控制基坑开挖过程中围护结构变形，主要防止基坑变形导致二次渗漏。

（二）结构自防水施工

车站主体结构采用高性能防水混凝土，防水混凝土抗渗等级顶板、底板、侧墙为P8/P10，当结构处于有侵蚀地段时，抗侵蚀系数不小于0.8，并采用有效的措施提高混凝土的抗裂性，减少混凝土的收缩。结构混凝土的迎水面不得出现大于0.2mm的裂缝。背水面及内部构件的裂缝宽度不大于0.3mm。

图 6-2　抗渗混凝土浇筑图

（三）底板及侧墙施工方法

1. 基面处理

铺设冷自粘防水层前必须对基面进行处理，底板垫层采用自找平处理，侧墙不平整部位采用找平处理，必要时采用砂浆找平，所有阴阳角均采用1：1.25水泥砂浆倒角，转角做成50mm×50mm水泥砂浆倒角，阴角应做成半径50mm的圆弧。

2. 加强层处理

在处理完底板和侧墙的阴阳角部位铺设加强层卷材，加强层卷材详细铺装如图6-3所示。

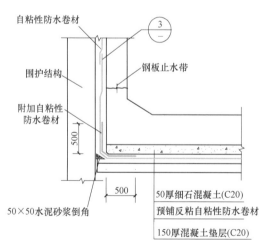

图 6-3　底板与侧墙倒角处防水处理图（mm）

3. 防水卷材铺设

冷自粘防水卷材铺设在底板和侧墙阴阳角部位和加强层铺设完成后进行，施工顺序为先底板，后侧墙，底板从西端向东端以此铺设，侧墙自下向上铺设。靠近底板及围护结构一侧为非粘结面（PE面），与结构表面密贴面为有隔离面（粘结面）。

4. 固定压边

侧墙冷自粘防水卷材铺设完成后，为防止防水层下滑脱落，在防水层端部采用机械固定，进行临时压边处理。

5. 验收

在一段防水卷材施工完成后，及时通知监理工程师现场进行隐蔽工程验收，验收合格后方可进行下道工序，验收不合格时，对不合格部位进行修补整改处理，达到要求后方可报验进行下道工序。

6. 底板防水保护层

在验收合格后，在上方施做50mm厚细石混凝土为保护层，如图6-4、图6-5所示。

图 6-4　底板防水施工图　　　　　　　　图 6-5　侧墙防水施工图

（四）顶板防水施工方法

1. 基面处理

施工顶板防水前必须对基面进行处理，确保基面无积水、蜂窝、气孔、鼓包等情况，对坑洼部位可采用1:2.5砂浆进行找平压光，涂刷一道冷底子油或隔潮剂。

2. 加强层施工

顶板上压顶梁及倒角部位，将侧墙防水卷材反压在顶板上约1m，在收口部位采用M8@200的射钉固定，并采用50mm×3mm通长铝压条收口。再在做好收口部位的上侧增加1.7m长的自粘式改性沥青防水卷材附加防水层，并采用两道密封胶封口，如图6-6所示。

3. 防水涂料施工

在完成压顶梁及倒角部位后，采用单组分聚氨酯涂料分层进行涂刷，涂料厚度2.5mm，涂刷3～4次用量3.8kg/m²。涂料分幅间的搭接不小于200mm，在阴阳角

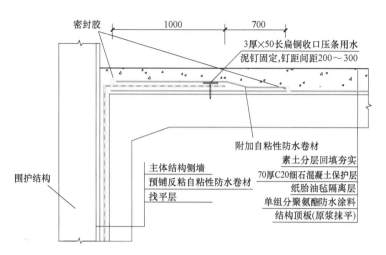

图 6-6 顶板倒角处防水处理（mm）

部位需增设一层 2mm 厚的同质防水涂料层。

4. 验收

在一段防水涂料施工完成后，及时通知监理工程师现场进行验收，验收合格后方可进行下道工序，验收不合格时，对不合格部位进行修补整改处理，达到要求后方可报验进行下道工序。

5. 隔离层施工

在有种植要求部位采用 1.5mm 厚 PVC 抗根系穿刺层，在无种植要求部位采用 350 号隔离油毡。

6. 保护层施工

在铺设完隔离层后，在上方施工 70mm 厚细石混凝土为保护层，如图 6-7 所示。

图 6-7 顶板防水施工图

（五）各型接缝处的防水施工

1. 施工缝防水

结构施工缝应避开地下水和裂隙水较多的区段，环向施工缝间距宜在结构的 3/5～3/4 跨范围设置，水平施工缝不宜留在剪力与弯矩最大处或板与侧墙的交接处，应留在高出板面 300mm 的墙体，墙体有预留孔洞时，施工缝距孔洞边缘不应小于 300mm。

主体结构的水平施工缝采用镀锌钢板止水带＋注浆管进行加强防水处理；垂直施工缝均在中部设置镀锌钢板止水带，并在顶板外侧加设一道聚硫密封胶加强防水。施工缝处均涂刷优质 CCCW（水泥基渗透结晶型防水涂料），用量为 1.5kg/m²。

1）钢板止水带施工

施工缝采用镀锌钢板止水带，钢板厚 3mm，宽 300mm。施工缝模板采用快易收口网，以形成接触性很好的粗糙毛面，必要时在施工缝处涂刷界面剂。在浇筑下一段混凝土前，应将施工缝表面凿毛，镀锌钢板止水带贴合面四边采用满焊相连。镀锌钢板止水带燕尾朝向为：顶、底板朝上，侧墙水平施工缝朝背水侧，侧墙竖向施工缝朝迎水侧。钢板止水带的接头均采用焊接接头，止水带的安装定位必须准确，均处于施工缝的中间位置，同时采取有效措施，保证在施工振捣混凝土时不得损坏止水带。

2）注浆管施工

在水平施工缝处加设注浆管进行加强防水，注浆管均采用可全断面出浆注浆管。注浆管后安装在先期浇筑的混凝土接缝处，并靠近结构内侧，注浆管可用管子夹固定，PVC 注浆管的末端应带有保护套，并露出混凝土的内边缘最小 15cm。注浆管间距 2～4m。浇筑下一阶段混凝土时，在施工缝处应采用弱振，并注意振动棒不得碰到注浆管，避免损害材料的密封性。

3）在施工缝外侧，施工缝左右 60mm 宽度范围，防水层与板间应设置塑料纸隔离层，并在施工缝 600mm 宽度范围增设一道防水加强层，加强层应与所选用的防水层一致。

4）遇水膨胀止水条施工

结构顶板吊装孔接缝处采用两道缓膨型遇水膨胀止水条进行防水（图 6-8）。

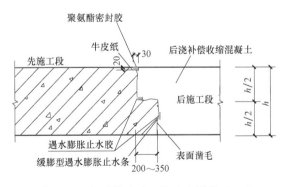

图 6-8　顶板盾构孔施工缝防水详图（mm）

一期混凝土浇筑时，在施工缝处预埋木条成槽尺寸宽 40mm，深 5mm。安放前对一期混凝土表面认真处理，清除杂物，止水条两侧混凝土认真凿毛，并用水泥砂浆找平，止水条底部抹氯丁胶粘结，边抹边粘，每间隔 200mm 间距用水泥钉固定。在止水条外涂缓膨胀剂，控制止水条安放时间，以保证在其发生膨胀之前（5h 左右）

灌注混凝土，防止暴露时间过长因潮湿或不可避免地沾水提前膨胀扭曲。混凝土浇筑前对止水条全面检查，确保未发生变形后立即浇筑混凝土，否则重新安放。安装接缝模板时，夹 2mm 厚橡胶条，防止混凝土灌注过程中的漏浆。混凝土浇筑之前，沿施工缝均匀抹一层 3cm 厚强度等级水泥砂浆，保证接合部位质量。混凝土振捣过程中必须严格按工艺操作，快插慢拔，布点均匀，防止漏振，捣动棒端头距施工缝应在30～50cm，防止过近破坏止水条，过远漏振使浆液不能到达接缝处，产生外露。

2. 变形缝防水

变形缝防水是由于结构不同刚度、不均匀受力及考虑到混凝土结构胀缩而设置的变形缝，它是防水处理也是结构自防水中的关键环节，变形缝部位采用中埋式注浆止水带及背贴式止水带加强防水，同时在结构内侧的变形缝采用聚氨酯密封胶进行嵌缝密封。

1）止水带部位的混凝土要浇筑密实并充分振捣，保证止水带部位混凝土的密实性是变形缝防水的关键，将切实做好，止水带的安装及止水带在底板转角处的做法如图 6-9～图 6-12 所示。

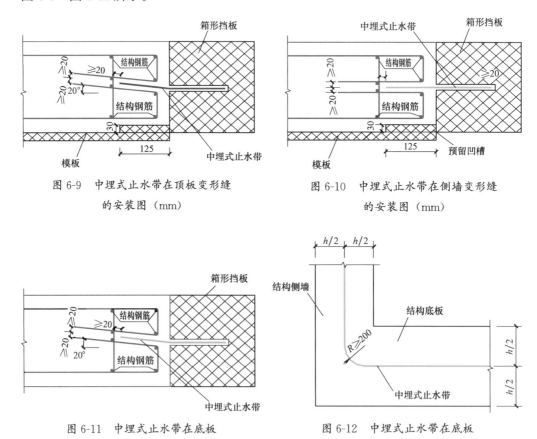

图 6-9　中埋式止水带在顶板变形缝　　　　图 6-10　中埋式止水带在侧墙变形缝
　　　　的安装图（mm）　　　　　　　　　　　　　的安装图（mm）

图 6-11　中埋式止水带在底板　　　　　　图 6-12　中埋式止水带在底板
　　　变形缝的安装图（mm）　　　　　　　　转角的做法图（mm）

2）在进行缝内双组分聚硫橡胶嵌缝前，要求对缝内进行清理，使缝内混凝土表面保持干净、干燥、无起皮、油污、掉砂等现象，并检查缝两边构件有无蜂窝、麻面、裂口等缺陷，同时清除槽内浮渣、尘土、积水，必要时用树脂砂浆修补。变形缝处除设置止水带以及密封胶等止水构件外，在顶板以及侧墙设置接水槽，将少量渗水引入侧沟排除。橡胶止水带采用细钢丝固定于结构钢筋上，固定点间距不得大于30cm，固定部位应牢固可靠，以免浇筑和振捣混凝土时止水带移位而影响防水效果。底板与顶板的止水带采用盆式安装方法，以利于振捣混凝土时产生的气体顺利排出，振捣时严禁振动棒接触橡胶止水带。

3）橡胶止水带采用粘结搭接，搭接长度为10cm，搭接部位要牢固可靠，以免在浇筑混凝土时断开；橡胶止水带在转角部位的转弯半径不得小于20cm。橡胶止水带的接头部位不得留置在转角部位，在浇筑变形缝一侧的混凝土时，为防止另一侧橡胶止水带受到破坏，模板的挡头板应做成箱形。

4）顶板部位的橡胶止水带采用盒式安装方法，同时止水带部位的混凝土应振捣密实，以保证变形缝部位的防水效果；边墙和侧墙部位预留30mm×200mm的凹槽，结构施工完毕后在凹槽内安装不锈钢接水槽。

5）变形缝处顶板外侧、密贴式围护结构的侧墙外侧和底板下侧各加设背贴式止水带，背贴式止水带施工及安装方法同施工缝背贴式止水带。

四、世纪莲站侧墙防水卷材背后渗水处理

（一）现场施工情况概况

世纪莲站底板目前已全部完成混凝土浇筑，-2层侧墙单侧已完成210m，剩余75m未施工，侧墙厚度700mm，侧墙防水采用1.5mm厚EVA高分子防水卷材。

其中YDK-3-240～YDK-3-292里程段，底板浇筑完成后，底板下的地下水沿着侧墙上升至背后的防水卷材，卷材背后积水，因防水卷材上部采用射钉固定，为保证已铺挂好的卷材不会被涨落及后续钢筋绑扎施工，在有明显积水的部位将防水卷材割出一个小洞排水，防水卷材背后排水处理如图6-13所示。

图6-13　侧墙防水卷材背后排水处理

为保证此处浇筑完混凝土后不会出现渗漏水情况，项目部经过认真讨论研究，采取如下施工技术处理。

（二）防渗水处理主要材料

1）钢管：直径 32mm，壁厚 3mm，长度 70～80mm。

2）止水钢板：150mm×150mm×5mm，150mm×150mm×5mm（带燕尾）。

3）密封胶。

（三）具体施工技术方案

1）在割洞部位埋设 ϕ32、壁厚 3mm 的钢管，长度 70～80mm 左右的注浆管，坡度为 2%，并在靠近地连墙端钢管上焊接 150mm×150mm 的止水钢，靠上部留有燕尾，如图 6-14 所示。

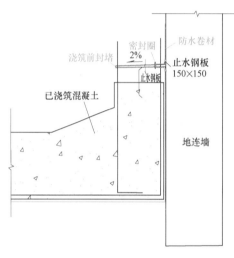

图 6-14　细部详图

2）在钢管的中部，避开原有侧墙水平施工缝处的止水钢板，焊接 150mm×150mm 的止水环（四周满焊）。

3）防水卷材修补时，将卷材沿钢管包裹严密，接口处采用密封胶封口处理。

4）侧墙台车关模前先将钢管口临时封堵，待混凝土浇筑完毕并达到一定强度后，通过预留的注浆管注双液浆封堵处理。

5）注浆完成后，在埋管位置凿除长、宽分别为 5cm 的表面混凝土，将长出的钢管割除，再用同强度等级的水泥砂浆修补。

五、施工注意事项

1）防水卷材背后的积水，均在小矮墙上方 0.15～0.3cm 范围内，预埋管顺着侧墙水平施工缝镀锌止水带钢板上沿布置，根据防水卷材背后积水情况布置预埋管数量，并于止水带焊接进行加固，钢管均在浇筑混凝土之前埋设。

2）钢管坡度控制在 2%，管口需用塑料布进行堵塞并与台车模板紧贴。

3）止水钢板采用镀锌钢板，且应与主管满焊密实，并做防腐处理，并在施工前将套管表面清理干净。

4）侧墙浇筑混凝土时，提前埋设混凝土窜管，避开埋有钢管的地方直接进行放料。

六、质量验收标准及注意事项

（一）预铺式防水卷材施工质量验收标准及注意事项

1）进场材料需在监理旁站下抽检，符合材料技术指标。

2）基面应牢固，基面应整净、平整，转角处及阴角采用水泥砂浆倒角和圆弧。

3）厚度满足≥1.5mm，其余特性符合设计及规范要求。

4）搭接长度满足 100mm，每段结构预留搭接长度不低于 50cm。

5）铺设前要求基面平整无积水、鼓包等现象，必须采用砂浆进行修平。

6）铺设完成后无漏粘、跑边现象，因特殊原因损坏或者渗漏点必须进行修补。

（二）单组分聚氨酯施工质量验收标准及注意事项

1）涂膜防水层及其变形缝等细部做法，必须符合设计和施工规范的规定。

2）涂膜防水层的基层应牢固，表面洁净、平整阴阳角处呈圆弧形或钝角，单组分聚氨酯应涂刷均匀、无漏涂。

3）单组分聚氨酯涂膜防水层应涂刷均匀，且不允许露底情况，厚度为 2.5mm，涂刷 2～4 遍，保护层和防水层粘结牢固、紧密，不得有损伤。

4）作业人员必须佩戴防护口罩和手套进行施工，盛装聚氨酯的铁桶须集中处理，不得随意丢弃，以免污染周边环境。

（三）其他防水质量验收标准

1）纵、环向施工缝浇筑混凝土前将其表面浮浆和杂物清除，铺水泥砂浆或涂刷水泥基结晶界面处理剂并及时浇筑混凝土。

2）中埋式钢边橡胶止水带宽度和材质的物理性能均应符合设计要求，且无裂缝和气泡；接头应热接，不得叠接，接缝平整、牢固，不得有裂口和脱胶现象。

3）中埋式钢边橡胶止水带中心线应和变形缝中心线重合，不得穿孔或用铁钉固定。

4）混凝土浇筑前应校正止水带位置，表面清理中埋式钢边橡胶止水带，损坏应修补。

第三篇

盾构施工技术篇

第七章 盾构选型

第一节 新城东—东平区间盾构适应性分析

一、工程概况

(一)总体概况

新城东—东平区间：右线起讫里程 YDK-6-130.098～YDK-4-918.505，长链0.325m，全长 1211.918m；左线起讫里程为 ZDK-6-130.100～ZDK-4-918.505，短链6.395m，全长 1205.2m。

区间自新城东站起，线间距由 14m 变化为 32.4m、18.6m、18.2m，沿裕和路敷设至文化南路，到达东平站，区间缩略图如图 7-1 所示。区间线路纵断面为"V"形坡设计。区间隧道拱顶的覆土埋深约为 9.1～21m，线路埋深约为 13.6～25.5m。左线线路坡度为 26.7‰、21.708‰，右线线路坡度为 26.7‰、21.443‰。区间线路参数见表 7-1。

图 7-1 新东区间缩略图

区间线路参数   表 7-1

线路		长度(m)	最小曲率半径(m)	最大坡度(‰)	最小坡度(‰)
新东区间	左线	1205.200	360	26.7	2
	右线	1211.918	370	26.7	2

裕和路规划道路宽 50m，已实现规划，目前道路车辆较少，沿道路铺设有路灯、

雨水、污水等管线。沿区间隧道纵向上方有一条综合管沟，截面为 3.9m×3.55m
（外包尺寸），需穿保利地产 1 号、3 号、5 号、7 号地块，东平交通枢纽，区间下穿
新城河河涌，其中保利 1 号地块基坑锚索与区间隧道相冲突，需在盾构施工前拔除
锚索。

（二）工程地质与水文地质

1. 工程地质

广佛线二期工程新城东站～东平站区间处于珠江三角洲腹地，属珠江三角洲海陆
交互相沉积平原地貌。地势总体较为低缓，起伏较小，线路地面标高一般为 3.5～
5.0m。位于里程 YDK-5-900.00 处穿越河涌，河涌上桥面与裕和路高度基本一致，
河涌底高程约-0.5m。

本区间地层从上到下为：<1>素填土、<2-1A>淤泥、<2-1B>淤泥质土、
<2-2>粉细砂、<2-4>粉质黏土、<6>全风化岩、<7>强风化岩、<8>中风化
岩、<9>微风化岩。区间隧道穿越的地层为：<2-1A>淤泥、<2-1B>淤泥质土、
<2-2>粉细砂、<2-4>粉质黏土、<6>全风化岩、<7>强风化岩（表 7-2）。

工程地质状况一览表 表 7-2

时代成因	层号		地层名称	颜色	状态	特征描述
	层	亚层				
Q_4^{ml}	1		人工填土	浅灰、灰黄色	松散～稍密（压实）	层厚 1.0～13.5m，平均 4.9m，主要由砂土及黏性土等组成，局部区域经人工地基处理，标贯锤击数平均 11.1 击
Q_4^{mc}	2	1A	淤泥	深灰、灰黑色	流塑	层厚 1.2～24.5m，主要成分为黏粒、粉粒及有机质，局部夹团状粉砂，有腥臭味，标贯锤击数平均 2.6 击
	2	1B	淤泥质土	深灰色	流塑	层厚 1.0～21.9m，主要成分为黏粒、粉粒及有机质，含少量粉细砂，有腥臭味，标贯锤击数平均 3.1 击
	2	2	（淤泥质）粉细砂	浅灰、深灰色	饱和、松散～中密	场内广泛分布，层厚 1.0～16.3m，主要成分以石英为主，粒径不均匀，含黏粒，标贯锤击数平均 11.3 击
	2	3	中粗砂	浅灰、深灰色	饱和、稍密～中密	场内局部分布，层厚 0.9～11.0m，主要成分以石英中粗砂为主，粒径不均，标贯锤击数平均 16.2 击
	2	4	粉质黏土	灰黄、浅灰色	可塑	场内较广泛分布，层厚 1.0～8.8m，主要由黏粒组成，局部含较多粉砂，韧性及干强度中等，标贯锤击数平均值 10.9 击
Q_e^{l}	5N	2	粉质黏土	褐红、棕红色	硬塑	层厚 2.9～4.2m，为泥质粉砂岩风化残积土，遇水易软化，标贯锤击数平均值 27.5 击
E_2^{by}	6		泥质粉砂岩全风化带	深灰、黑灰、灰褐色	岩芯呈坚硬土状，遇水易软化	层厚 0.8～11.0m，平均 2.5m，岩石矿物风化剧烈，原岩结构基本破坏

续表

时代成因	层号		地层名称	颜色	状态	特征描述
	层	亚层				
	7		泥质粉砂岩强风化带	深灰、灰黑、灰褐色	岩芯呈半岩半土状,局部呈碎块、块状	层厚 0.50～16.0m,平均 5.28m,原岩组织结构大部分破坏,矿物成分显著变化,岩芯呈半岩半土状及碎块状,岩块可用手掰碎。岩体极破碎,属于极软岩,标贯锤击数平均值为 59.5 击
$E_2{}^{by}$	8		泥质粉砂岩中风化带	深灰、浅灰、灰褐色	岩芯呈块状及碎块状,少量呈短柱状	层厚 0.7～8.6m,平均 3.81m,粉砂结构,层状构造,泥钙质、铁质胶结,裂隙发育,锤击声哑,易击碎。岩体破碎,属于软岩,岩石天然单轴抗压强度 10MPa
	9		泥质粉砂岩微风化带	灰色、棕红色	裂隙发育、可击碎	粉砂质结构、泥质结构,层状构造,岩体较完整。泥质粉砂岩和泥岩岩石天然单轴抗压强度值平均 13.3MPa;砂岩岩石天然单轴抗压强度值平均 36.8MPa

2. 水文地质

地下水主要有两种基本类型,分别为松散层孔隙水和基岩裂隙水。松散层孔隙水主要赋存于海陆交互相砂层<2-2>、<2-3>中。从整个场区看,场地内砂层属于潜水,但局部地段被淤泥及粉质黏土层覆盖,地下水具微承压性。<2-2>、<2-3>砂层粉、黏粒含量较高,富水性弱～中等,透水性弱～中等。基岩裂隙水主要含水层为基岩层的强风化带和中风化带中,岩性主要有泥质粉砂岩、泥岩及砂岩等。强风化岩裂隙为泥质充填,地下水赋存条件相对较差,一般具弱透水性,富水性弱;基岩裂隙水主要与岩石裂隙发育程度有关,地下水赋存条件差异性大,一般具弱～中等透水性,富水性弱～中等;强～中风化基岩上覆全风化岩、残积土等相对隔水层,裂隙水具微承压性(表 7-3)。

地层物理参数表 表 7-3

岩土分层	岩土名称	天然密度 ρ (g/cm³)	天然含水量 w (%)	剪切试验		渗透系数 K (m/d)	单轴抗压强度标准值		
				直接快剪			天然 f_c (MPa)	饱和 f_r (MPa)	烘干 f_d (MPa)
				黏聚力 c (kPa)	内摩擦角 ϕ (°)				
<1>	人工填土	—	—	15.0	12.0	0.5	—	—	—
<2-1A>	淤泥	1.66	57	8	5.0	0.01	—	—	—
<2-1B>	淤泥质土	1.76	46	11.8	5.2	0.01	—	—	—
<2-2>	粉细砂	1.90	—	0	27.5	4.5	—	—	—
<2-3>	中粗砂	1.95	—	0	28.5	5.0	—	—	—
<2-4>	粉质黏土	1.96	26.5	16.1	10.4	0.02	—	—	—
<5N-2>	残积粉质黏土	1.98	25.5	28	18	0.05	—	—	—

岩土分层	岩土名称	天然密度 ρ (g/cm³)	天然含水量 w (%)	剪切试验 直接快剪 黏聚力 c (kPa)	剪切试验 直接快剪 内摩擦角 ϕ (°)	渗透系数 K (m/d)	单轴抗压强度标准值 天然 f_c (MPa)	单轴抗压强度标准值 饱和 f_r (MPa)	单轴抗压强度标准值 烘干 f_d (MPa)
<6>	全风化泥质粉砂岩	1.96	24	35	20	0.01	—	—	—
<7>	强风化泥质粉砂岩	2.10	—	45	28	0.5	1.5	—	—
<8>	中风化泥质粉砂岩	2.55	—	400	32	0.5	10.0	6.0	12
<9>	微风化泥质粉砂岩	2.62	—	600	35	0.02	22	15	30

（三）盾构穿越地层分布情况

本区间隧道穿越地层主要为软土＜2-1A＞、＜2-1B＞及砂层＜2-2＞、＜2-3＞，局部地段穿越粉质黏土层＜2-4＞，工程地质条件差。仅在里程 ZDK-5-693.775～ZDK-5-634.213、ZDK-5-600.000～ZDK-5-386.835、YDK-5-072.258～YDK-5-375.927 处穿越以＜7＞层为主、＜8＞层次之的基岩风化层，工程地质条件稍好。

二、盾构区间施工重点及难点

（一）地面建筑物密集

新城东站～东平站盾构区间沿线附近重要地物自西向东有：YDK-5-933～YDK-5-877 裕和路中桥、东悦花园（东平 7 号地块）、东景花园（东平 5 号地块）、东瑞花园（东平 3 号地块）、保利商务中心（东平 1 号地块）、佛山市东平广场。其中保利商务中心（东平 1 号地块）有锚索侵入右线隧道，盾构掘进前需要对锚索进行拔除。盾构掘进时要充分考虑对沿线周围环境的保护，要求控制地面沉降范围在＋10mm，－30mm。

（二）隧道穿越基岩风化岩

盾构隧道于 YDK-5-572.258～YDK-5-375.927 段，穿越土质情况为上面为软土，下面为强风化岩，岩体强度差别较大，盾构在刀盘设计、刀具配置、超前钻探设置等方面的设计必须对此具有针对性。

（三）隧道下穿河涌

盾构隧道于 YDK-5-900 区间段处，下穿佛山市中心组团新城区启动区排涝工程东西大涌东段和新城河河涌，施工应考虑在河底掘进易出现涌水等突发情况。此为盾构选型重点考虑因素之一。

（四）隧道穿越全断面软土地层

本区间在 YDK-6-130.098～YDK-5-572.258 与 YDK-5-375.927～YDK-4-918.505 地段，隧道结构底板下方为软土。隧道结构底板以下的软土在地铁车辆动荷载的作用下可能会发生震陷，或由于软土抗剪强度低而使得工后沉降大，进而使得隧道结构产生下沉现象。

(五) 施工质量要求

盾构机掘进时，按要求地表变形量不大于+10mm，-30mm；管线的变位要求为：管线地面沉降+5mm，-10mm，线路偏移不得超过8mm，每天发展不得超过2mm；输水管道变位：沉降或水平位移不得超过20mm，每天发展不得超过5mm；盾构通过建筑物时建（构）筑物的保护标准为：保证不沉降、不变形移位。

三、盾构机的选型

(一) 盾构机的选用原则

1. 整机设计的工程针对性和地质适应性强

针对盾构在掘进施工中复杂多变的地层、周边环境和线路特点等情况，盾构机在设计时应该完成相应的特殊设计，使盾构机具有安全、顺利通过特殊地段的能力。

2. 整机设计功能完备，质量可靠

盾构设计充分考虑了在隧道施工中可能发生的各种情况，具备了盾构施工中开挖、出碴、支护、注浆、导向、控制等过程所需的全部功能，包括开挖系统、主驱动系统、推进系统、管片安装系统、出碴系统、注浆系统、油脂系统、液压系统、电气控制系统、激光导向系统及通风、供水、供电系统等。

盾构的一个特点之一就是在施工过程中某些关键部件不易维修，所以对盾构关键部件的设计是要求百分之百可靠，如主轴承、刀盘及盾壳等。由于盾构在施工时荷载变化范围很大，并且往往难以得到准确的荷载值，所以盾构在结构设计时选取了较大的安全系数，各部件的强度、刚度均留有较大余量，以满足盾构施工特殊的荷载要求。

因此本工程中盾构各部件及液压、电气元器件均采用国际上的知名品牌产品，充分保证盾构机的各部件质量可靠。其中主轴承采用世界最大的回转支承轴制造公司德国贺氏公司的产品，液压元器件主要采用德国力士乐公司、哈威公司的产品。电气元器件主要采用西门子公司的产品。

3. 良好的可操作性

盾构机的操作设计充分考虑到减轻操作者的劳动强度，提高操作者的劳动效率。司机在主控室内可以控制盾构掘进的绝大部分操作，如启动泵站、推进、调向、刀盘操作、土仓压力控制、油脂系统的注入、螺旋输送机的控制等，盾构的主要状态参数如各种油压油温、气压力、盾构机的姿态等也直接反馈到主控室内。

管片安装机的操作采用无线遥控的方式，不但使操作者能轻松、高效地操作，使注意力更多地集中在控制管片安装的质量控制上，同时也避免了操作者使用线控时在盾构机上爬上爬下可能带来的危险。

注浆过程的操作和参数控制也全部在一个操作面板上完成，其过程由PLC自动控制。

盾构机可操作性的另一个方面还表现在所有的刀具都可以在刀盘背后更换，避免了人员进入刀盘前面更换刀具而可能发生的危险。

此外盾构机的人舱压力控制、土仓压力控制、盾尾油脂密封及主轴承密封油脂系统等采用全自动化控制，也可大量减少操作者的劳动强度。

4. 技术先进

盾构机上大量采用液压、控制、导向等领域的新技术。其控制系统的底端全部由PC可编程控制器直接控制，上端由上位机进行总体控制。盾构机还可以通过网络系统由洞外技术部门或盾构厂家进行远程监控、调试及控制。盾构机的数据采集系统可以记录盾构操作的全过程的所有参数。

液压系统的主驱动系统、推进系统、螺旋输送机系统及管片安装系统大量采用比例控制、恒压控制、功率限止等先进的液压控制技术。

盾构采用先进的SLS-T激光导向系统来控制隧道的掘进方向，这在隧道的方向控制上也是比较前沿的高端技术。

5. 环境保护

盾构设计需充分考虑施工及消耗材料对环境的保护。盾构的土压平衡模式可以有效地稳定开挖面地层，并通过同步注浆可以很好地控制地表下沉，避免地层过多失水，从而能保证地面环境、地面建筑物不受隧道施工的影响。

（二）盾构机选用

综合前面的盾构选用原则，本工程选用了两台海瑞克公司的典型复合型盾构机。两台为广州地区自有的德国海瑞克土压平衡盾构机S-371、372（直径6280mm），两台盾构机的配置、结构皆一致。

所选盾构机不但能适应软土隧道施工，而且在硬岩地层同样具有很好的适应性，特别是海瑞克公司针对本工程存在的特殊难点进行了功能上的扩充设计，能够很好地解决本标段遇到的所有难题。盾构机能够根据不同的地质情况分别采用土压平衡式、半土压平衡式及敞开式掘进，甚至可以通过安装保压泵碴系统和双螺旋系统，采用保压平衡的掘进模式来进行掘进，能够适用于本标段的地层。

盾构机的刀具采用滚刀、刮刀和切刀组合的方式，能完全适应本标段的地质情况。

盾体采用铰接式结构，刀盘上配备有超挖刀，能够适应的最小线路曲线半径达250m，满足本工程要求。

先进的SLS-T导向系统能够完全满足盾构掘进方向的精确要求。

注浆系统、注脂系统、泡沫系统、螺旋输送机、保压泵碴系统、铰接密封及可靠的盾尾密封等辅助设施使盾构机能够应对在掘进过程中可能发生的各种工况，包括在盾构通过砂层带、溶洞地段可能发生的涌水等情况。

盾构机配备人员舱、医疗舱及八种有毒、易爆气体检测装置为在极其恶劣的地质情况下需要保压检查、更换刀具时提供了保障和可能性。

盾构机前体隔板上安装有表观密度计和土压计，能够监控开挖舱内碴土的大概位置与压力，更好地进行开挖模式的转换及控制，在软弱地层中可以有效地防止开挖舱内碴土高度过低。

四、盾构的适应性分析

（一）对隧道软硬不均地段的适应性

盾构在基岩风化岩地段掘进时，遇到的主要问题是刀盘受力不均、刀具易损坏、盾构本身的姿态及掘进方向的控制比较困难以及地面沉降难控制。为此盾构在设计时作了如下的考虑：

1）采用面板式刀盘，配备滚刀和刮刀的刀盘配置方案，能够较好地满足本标段软硬不均地段的掘进需要。

2）盾尾和盾构的主体连接为铰接式，这样的结构由于减小了盾构的长径比而使盾构本体易于调向。

3）推进油缸按圆周方向分为四组，每组油缸的推进速度可以通过液压比例控制单独无级调节，每组油缸的行程可以通过行程传感器直接反馈在操作室内。这样操作者可以根据激光导向系统提供的盾构姿态及线路方向及时准确地调整盾构的姿态和掘进方向。

4）刀盘前面和土仓内设置的泡沫和膨润土注入口，在掘进时可以注入适量的泡沫、水或膨润土，以降低刀盘的扭矩、改善碴土流动性和保水性。

5）土仓内按不同高度和位置设置有 5 个土压力传感器，可以准确地监测土仓压力，从而保持土压平衡掘进，避免因土压失衡造成地表过大变形。

（二）对软土及砂层的适应性

1）盾构具有完善的土压平衡掘进的功能，当地层不稳定时可以在此模式下进行掘进；

盾构在土仓压力隔板的不同高度位置安装了 5 个土压传感器，可以对土仓内不同高度的土压随时进行监控；螺旋输送机的出土速度可以无级调速。盾构在土压平衡模式下掘进时有严格的土仓压力管理规定，通过控制系统可以对土仓压力、掘进速度、螺旋输送机出碴速度、泡沫等添加材料的注入量等参数进行全自动或手动控制。

盾构在土压平衡模式下掘进时可以有效地控制地表沉降。

盾构机在开挖舱壁上安装表观密度计及低限报警装置，以监测开挖舱表观密度，防止盾构出土过量。

2）盾构机的碴土改良系统既可以注入泡沫，也可注入膨润土或泥浆。添加材料既可以通过中隔板注入土仓内，也可通过布置在刀盘面上的泡沫孔直接注入开挖面。通过调整这些添加材料的注入，可以达到很好的碴土改良的效果。

3）螺旋输送机的转速为 0～22rpm，在此转速范围内可以无级调速，从而可以实现在土压平衡模式下盾构出碴量的控制。S371/372 特殊设计的两级螺旋输送机系统能形成比单级螺旋输送机更长的土塞，从而更好地避免喷涌的发生，根据施工需要还可以向螺旋输送机内注入高分子聚合物或膨润土来堵水和防止喷涌发生。该两级螺旋输送机系统在我公司承担施工的广州市轨道交通六号线盾构2标的实际使用中充分发挥了其特点，成功的掘进完成了300余m全断面富水砂层。

4）当盾构机突然停电时，螺旋输送机的后门可以通过应急装置自动关闭，以防止在软弱地段施工时可能发生的危险。在正常施工过程中操作人员也可以分别控制两级螺旋输送机的两道闸门的启闭和开度。

(三) 对泥质粉砂岩地层的适应性

泥质粉砂岩地层含有较多的黏土颗粒，并且具有遇水崩解的特性，盾构机在这种地层中掘进施工为控制地表沉降需要采取土压平衡模式掘进，如果碴土改良不好将会产生刀盘结泥饼现象，从而造成推进困难、地表沉降难以控制等问题。本工程盾构机针对该地层具备以下特点：

1）盾构机土仓内装有土压力传感器，可以准确地监测土仓内的土压力变化，避免土压过高。

2）盾构机螺旋输送机的转速为0～22rpm，在此转速范围内可以无级调速，能够迅速排出土仓内碴土。

3）盾构机刀盘前面和土仓内安装有泡沫、膨润土、高分子聚合物等碴土改良剂注入管道，可以根据地层和碴土实际情况注入相应的碴土改良剂，达到改善碴土流动性和保水性的目的，从而避免结泥饼现象。

(四) 对地面建筑物的适应性

盾构通过建筑物时施工的关键是能够保持土压平衡、控制出土量和盾构机的姿态，减少对地层的扰动，并及时填充盾尾管片与岩层间的空隙达到控制地表沉降、保护地表建筑物的目的。

盾构机可以采用完全的土压平衡模式进行掘进。盾构机还采用了特殊的两级螺旋输送机系统，能够有效地防止喷涌发生。并且当土舱压力较大、地层水较多时，可以通过依次轮流启闭其一、二级螺旋输送机闸门达到保压掘进的目的。另外还设置有保压泵碴系统接口。

可以通过先进的SLS-T激光导向系统来精确监控盾构机的姿态，并通过分组油缸的不同推力组合来适时调整盾构机的状态，保证盾构不会对地层产生较大的扰动。

盾构机具有的同步注浆系统可以通过4根注浆管在盾构机推进的同时向盾尾注入水泥砂浆，也是保证地面建筑物安全的重要措施之一。在施工中应保证同步注浆系统的注浆量和注浆压力来防止地层下沉。

(五) 对施工人员健康安全及环境的适应性

S-371/ S-372盾构机与其他机型相比更加考虑了设备对施工人员的适应性，在此方面主要有：一是配置空调通风系统保证施工环境的舒适性，提高生产效率并预防职业病的发生；二是将人行走道板移至隧道壁一侧，预防由于矿车事故造成的人员伤害，确保施工人员的安全。

盾构的土压平衡模式可以有效地稳定开挖面地层，并通过同步注浆可以很好地控制地表下沉，避免地层过多失水，从而能够保证地面环境、地面建筑物不受隧道施工的影响。

盾构设计充分考虑了施工及消耗材料对环境的保护。盾构使用的主轴承密封油脂、盾尾密封油脂均具有生物可降解性和无毒性，泡沫剂在使用后的一天内即可自行分解消失，属于绿色环保材料。

五、选型结论

综上所述，海瑞克公司生产的土压平衡盾构机 S-371、S-372 工作性能完全满足新城东站～东平站区间掘进的条件，具有较强的适应性，并且鉴于海瑞克公司强大的设计、制造、装配和测试能力，以及其在类似工程取得的良好应用效果，本标段最终采用该两台盾构机进行施工。施工结果表明，该两台盾构机总体上适应本标段的地质状况和施工环境要求，能够安全、优质、高速、低耗、环保地完成施工任务。

第二节 东平—世纪莲区间盾构适应性分析

一、东平—世纪莲区间隧道施工概况

1）隧道长度：1196.886m（左线）、1196.589m（右线）。

2）隧道覆土厚度：11～17.5m。

3）盾构机选型：采用两台外直径为 6.25m 海瑞克土压平衡盾构机进行掘进施工。

4）特殊区段：盾构穿越地层主要为全风化、强风化、中风化、微风化泥质粉砂岩层，同时含一定量的淤泥、中粗砂、粉质黏土、残积粉质黏土层，多为上软下硬地层，施工中易引起地表沉降及盾构机姿态的偏离；隧道线路与综合管沟等建（构）筑物距离较近，期间还下穿过街通道、观景天桥等设施，在掘进施工中均需注意保护，部分地段需提前处理，否则影响隧道施工。

5）周边环境保护：加强区间内受影响的地面城市道路、地下管线及建（构）筑物的保护，控制地表沉降，加强施工监测，确保沉降值在−30～10mm 范围内；尽量减小对始发场地周围环境的污染，包括杂物、噪声等的污染，并处理好周边关系。

二、盾构机维保情况

（一）关键部位的油样检测

1. 主轴承齿轮油

主轴承齿轮油全部使用新油，经壳牌润滑油诊所化验，盾构机送检油样的黏度、水分以及油样中各种金属元素的含量没有异常现象。说明主轴承传动齿轮副没有发生异常磨损，也表明主轴承润滑系统的各处密封仍处于可靠工作状态。

检验报告的结论是油品理化指标基本正常；系统磨损情况基本正常；系统润滑基本正常，该油可使用。

2. 油箱液压油

盾构机液压油液全部更新，化验结果表明，油品理化指标基本正常；系统磨损情况基本正常；系统润滑基本正常，该油可使用。

3. 刀盘驱动马达齿轮油

盾构机油液也全部更新，化验结果表明，油品理化指标基本正常；系统磨损情况基本正常；系统润滑基本正常，该油可使用。

(二) 液压系统部件和管路

1. 液压泵

经现场检查和查阅记录，设备结构完好，未发现有泄漏现象，各系统液压泵输出压力均能达到原设计压力。

2. 液压阀

液压系统各液压阀工作基本正常，控制元器件性能正常。未发现有泄漏现象，各系统液压阀能达到原设计功能。

3. 液压推进油缸

在维修过程中已经做耐压试验，检查结果显示油缸密封的完好，进一步确保推进油缸的性能。

4. 液压油管

经过之前工程的掘进施工，盾构机部分油管出现破损、老化现象，虽然中间更换了部分油管，但并不彻底，如部分刀盘油马达、刀盘伸缩油缸油管存在破损，有些已可见钢丝网断裂。由于盾构机部分液压系统压力相对较高，为保证施工安全，此次将有问题油管全部更换。另外，由于工作环境因素决定了有些油管是暴露在施工区的，如管片输送器后端的油管，经常出现油管被撞断导致影响施工的情况，因此我司准备了部分油管备件。

(三) 刀盘驱动系统

1. 主轴承

土仓中观察到主轴承密封全圆周上各处密封油脂溢出均正常。在中心回转体处可以观察到主轴承的内密封处均有润滑油脂挤出。润滑脂供给系统压力正常，能保持在0.75MPa左右。

S-470 主轴承运行约 1192h，S-471 主轴承运行约 1143h，远未达到设计的 10000h 寿命，运行期间未出现任何问题，可继续使用。

2. 刀盘驱动油马达、减速箱

根据掘进过程中运转记录，油马达运转平稳，无异常声音，根据油马达油样检查结果，初步判断油马达完全能满足下个工程使用，在维修期间仍需对全部油马达进行检查，进一步掌握油马达的实际情况，确定完全能满足下个工程使用。

记录中工作温度符合设计要求，说明内部元件状况配合较好，无异常磨损。

减速箱水冷系统，冷却水供应充足，水质洁净，无结垢。

3. 刀盘

经过之前工程项目的使用，S-470盾构机的刀盘有一定的磨损，故每次拆机后都会对刀盘进行全面的修复。在掘进成都22标东—东区间右线中风化泥岩、砂岩过程中中心刀相继解体散架造成部分中心刀箱有微量的变形，为了刀盘能够更好地适用于本项目工程的掘进，已对刀盘中心部分进行必要的改进与完善，同时还对刀盘各部位特别是刀盘牛腿连接处进行详细的探伤，在本项目使用前确保刀盘的整体性能及对该地质环境的适应性（图7-2、图7-3）。

图7-2 S-470刀盘

图7-3 S-471刀盘

（四）盾体

1. 前体

根据测厚仪检测，前体的磨损量很小。盾体整体钢结构牢固，未见异常变形（图7-4、图7-5）。

图7-4 S-470前体

图7-5 S-471前体

2. 中体

中体整体钢结构牢固，未见异常变形（图7-6、图7-7）。

图 7-6　S-470 中体　　　　　　　　　　　　图 7-7　S-471 中体

3. 盾尾

在盾构机维修保养过程中已重点检查盾尾密封的磨损情况和盾尾的变形量，检查结果为：盾尾整体钢结构牢固，未见异常变形。盾尾密封、盾尾刷将在始发前一个月全部更新，并进行盾尾铰接密封检测，确保盾尾密封质量（图 7-8、图 7-9）。

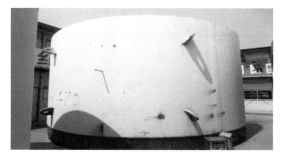

图 7-8　S-470 盾尾　　　　　　　　　　　　图 7-9　S-471 盾尾

（五）盾体铰接密封

由于长期承受压力作用和侵蚀，发现铰接密封条已经污染老化，在安装盾构机过程中更换新配件。

（六）管片吊运系统

管片吊运系统外观完好，链条无明显磨损，电动捯链与行走机构工作正常，性能良好。

（七）管片安装器

1. 回转环

大齿圈和驱动小齿轮未见明显磨损，从啮合情况观察，未见异常冲击，啮合状态良好。大齿圈的固定轮结构未见异常变形，固定轮转动灵活。

2. 各液压举升和调节油缸

根据设备使用记录，各油缸动作灵活，伸缩正常；现场检查其结构和形状保持完好，无碰损和泄漏现象。

3. 抓紧装置

能灵活操控管片的定位及抓紧。

（八）人闸及其附件

人闸整体性能良好，使用方便。压力控制系统灵敏，可精确控制人闸内的压力。

1. 气压稳定系统

盾构机两套人闸压力控制系统（SAMSON 控制系统）完好，能精确控制气泡仓。

2. 密封系统

压力试验及压气作业中均未发现泄漏现象，密封系统良好。

3. 舱体

结构和形状无损伤。

4. 附件

人闸附件气体流量计、压力表等完好，在一定程度上确保了压气作业的安全性。

（九）注浆系统

S-471/S-470 盾构机注浆泵、砂浆罐的清理修复过程中，重点清理了注浆系统注浆泵泵头、砂浆罐内壁浆块、搅拌轴叶片上附着的水泥浆等。对搅拌电机、减速箱及搅拌轴两端轴承分别进行了维护保养，特别是更换了两端轴承和密封以确保下一标段的使用寿命。此外，更换了全部注浆软管、部分泵头（施维因 SWING）和液压阀组以及注浆活塞头。清理维修之后的注浆系统焕然一新，状况良好，能够满足隧道掘进过程中的同步注浆和二次补浆及其他功能需求。

（十）冷却水循环系统

系统性能完好，未发现泄漏现象，管路流量及压力均能满足使用要求。维修期间对热交换器清洗除垢，冷却水循环系统符合设计要求。

（十一）油脂泵系统

主轴承密封油脂泵和盾构密封油脂泵的密封正常，泵体动作正常，气动三联件工作正常，在维护过程中清理了泵体周边溢出的油脂，整体来说，油脂系统满足设计要求。

（十二）压缩空气供给系统

压缩空气供给系统的两台空压机均可以使用，维修过程中全面检查空压机的各部分功能元件，空气压缩系统输出能满足掘进气泡仓与特殊压气换刀作业的使用。

（十三）电气系统

所有电机经检测，绝缘均正常。变压器工作正常，配电柜内部整洁，接线标识牌清晰可见。在维护过程中已经对所有接线端子盒整理和清洁，并做好防水处理。

（十四）钢结构

拖车与连接桥结构牢固，未发生明显变形，车轮无明显磨损，钢结构能满足广佛二标东—世区间的使用。

三、关键参数验算

盾构机适应性分析中需验算的关键参数有：推力、扭矩、刀盘驱动功率、盾构机推进功率、盾构机总装机功率、螺旋机出土能力、盾尾间隙、管片安装机扭矩、同步注浆能力。

四、适应性分析

（一）基本功能适应性

通过对东世区间地质的详细分析，并结合本盾构机参与施工的其他工程进行详细的比较，我司认为广佛线二期施工二标即将使用的盾构机在功能和结构上满足要求。

1. 整体性

1）刀盘结构的刚性好，变形量小，既能适应掘进时大扭矩的工况，又能适应在对付岩石地层和受力不均匀复合地层的大推力工况，同时保证有足够的开口率，开口率为28%，能适应黏土地层的出土要求。

2）盾构机有足够的破岩能力，盾构主体的结构牢固，推进系统推力强大。

3）双刃滚刀的破岩能力达到60MPa。

4）设计有专门的设备和管路供添加剂的注入，从而达到改善碴土性质的功能。

5）刀具选择及布局要求合理，安装方式简便牢固。

6）具备人员和材料进出用的人闸，以适应软弱围岩中的换刀要求。

7）导向系统要求精度高，导向准确。

8）盾构本体的密封系统在压力状态下的防水功能良好。

2. 刀盘驱动系统

海瑞克盾构的刀盘驱动系统由机械传动机构和液压驱动系统两部分组成。机械传动机构由减速器、小齿轮、大齿圈、主轴承和刀盘连接法兰座等组成，最后通过高强度螺栓与刀盘连接。主轴承采用大直径三排滚柱组合轴承，可承受足够的径向力和双向轴向推力，由于其在施工过程中无法实现更换，所以被视为盾构机上最为关键的部件。本机所用的盾构机的主轴承由国际著名厂家 Hoesch Rothe Erde 设计制造，设计寿命为10000h，其易损零件——内外密封的设计寿命为6000h。

在已完成掘进的工程中，S-470轴承已工作2230h，S-471轴承已工作2134h；主轴承的使用时间仅为原主轴承设计寿命的22.3%和21.34%。

而本工程隧道的长度仅1196.886m（左线）、1196.589m（右线），约798环左右，即使完成本工程机器的总使用时间也在5000h以内，远未达到主轴承的设计寿命（10000h）和密封6000h，所以说，本工程中刀盘驱动系统最薄弱的环节在现有状况下是可以保证的。

主轴承的密封装置包括内密封和外密封。外密封有三道唇形密封，以防止砂土通过密封元件进入主轴承内，实现对主轴承的可靠保护。两台盾构经维修后，从现场检测和观察可以看到密封油脂 HBW 从第一道密封靠砂土的一侧挤出，在中心回转体处可以观察到主轴承的内密封处均有润滑油脂挤出。从设备检测记录看，密封的保护和集中润滑系统是正常的。

从主轴承齿轮油的检测报告可以看出，主轴承滚子和齿轮的油润滑系统是正常的，系统磨损也基本正常。

3. 盾体

盾体由前体、中体和后体三大部分组成，具有足够的刚度和强度，用以支撑盾构机外部的围岩，并保护在盾构机内工作的人员和设备的安全。经现场观察和测厚仪检测，盾体的磨损量很少。盾体整体钢结构牢固，未见异常变形，仅需进行表面处理。

盾尾的尾部焊制的3排密封尾刷和一排倒刺状弹簧钢板，现场发现尾刷磨损严重，弹簧钢板也有许多破损，需要重新更换全部尾刷和部分弹簧钢板。以便有效地防止地下水和回填材料进入隧道内，保持注浆压力的稳定，防止地面沉降。

4. 推进系统

根据维修后检测记录，推进系统油缸未存在明显漏油现象，在维修过程中已经做耐压试验，检查结果显示油缸密封的完好，进一步确保推进油缸的性能。

5. 注浆系统

为保证注浆系统的正常使用，本次维修过程已经对注浆系统（包括注浆泵、注浆管路、压力传感器、系统流量显示等）进行了全面检修，能确保注浆系统的正常运作。

6. 压缩空气供给系统

压缩空气供给系统两台空压机均可以使用，维修过程中全面检查空压机的各部分功能元件，空气压缩系统输出能满足掘进气泡仓与特殊压气换刀作业的使用。

（二）改造功能适应性

在我司经过之前项目的掘进使用，盾构机部分系统、部位存在一定的问题，通过全面系统的维护保养，使其尽量恢复到出厂时的状态，既为之后的继续掘进施工，更为延长盾构机的使用寿命。但是由于不同的标段有不同的地质情况，而不同的地质情况则对盾构机的部分功能有不同的要求；因此在明确盾构机下个项目的地质情况后，需根据该地质情况特点，同时结合盾构机本身的设计特点和现状提出针对性的改进和完善工作，使其在下个项目掘进施工中能够更好地适应新的地质情况，而更加顺利安全的掘进施工。

1. 增设高分子聚合物发生系统

为更好地满足广佛二期二标项目的盾构掘进工作，拟针对S-470盾构机的现状增设一套高分子聚合物发生系统。

在S-470盾构机1号台车上增设1台IST的高分子聚合物气动泵，同时将管路沿已有铺设的管路依次穿过连接桥、拼装机、中盾到达前盾土仓壁前，在土仓壁上螺旋机进料口两旁安装雾状喷头，最后在雾状喷头和延伸管路对接前各安装上1个二位二通气动换向阀作为该系统的发生控制部分。其原理如图7-10所示。

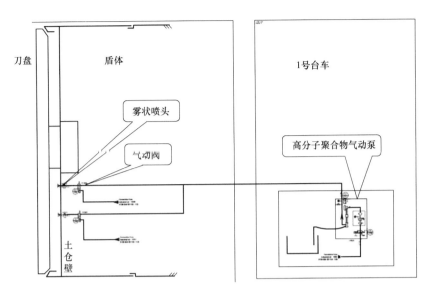

图 7-10 高分子聚合物气动泵工作原理

2. 增设保压渣泵系统

增设高分子聚合物发生系统对防止掘进过程的喷涌有一定的作用，但是若在河床下砂层掘进过程中发生顶部击穿涌水则可能造成严重的后果，因此为确保施工安全，将施工风险降至最低，还需通过增设保压渣泵加强 S-470/S-471 盾构机在全断面砂层地质情况中掘进施工的安全。

引用三菱盾构机关于保压渣泵的设计理念，此次 S-470/S-471 盾构机维修改造中进行相应功能改造。

3. 中心刀箱改造

S-470 盾构机在成都 22 标东～东区间右线中风化砂岩和中风化泥岩掘进施工期间，曾连续两次出现重心刀具解体散架的情况，其中一方面是由于原先设计的刀盘中心为 6 把中心刀具配置，刀盘中心部分开口率小，形成泥饼而在中心部分遇到过大的反力导致解体散架的。

为确保盾构机在广佛二期二标项目能顺利掘进施工，故此次盾构机维修改造中需进行 S-470/S-471 盾构机刀盘中心部分刀箱结构的改造，即由原先的只可安装 6 把中心刀具（中心羊角刀或中心贝壳刀）的刀箱形式改为可安装 6 把双刃滚刀或 6 把贝壳刀的刀箱，以满足盾构机在遇到硬岩时中心刀具可由软土刀具更换为硬岩刀具，更好地保护刀具及刀盘。

4. 超挖刀功能改造

为了使盾构机在广佛二期二标项目能顺利掘进施工，为确保盾构机在掘进施工中正确地沿着设计曲线前进而不出现"上行"超限，对超挖刀功能需进行必要的升级完善。

S-470/S-471 盾构机刀盘上的超挖刀原先的功能特点为：一次性伸出且伸出的行程固定（取决于安装的超挖刀轴卡槽厚度），超挖刀一旦伸出则进行整圈的超挖，无法有选择性地对开挖面进行超挖。借鉴 S-570/S-571 盾构机超挖刀系统的设计，通过超挖刀系统的功能改造升级，使超挖刀能在设定的角度范围内自动的伸出与收回，使盾构机在上软下硬地层中既满足了对下部硬岩的超挖，又可有效避免对顶部砂层、淤泥层的超挖。

此外，为了确保本区间盾构掘进时刀盘的开挖直径，最外圈采用18"滚刀，并且将最外圈的保径刀用耐磨焊加厚1cm。

五、总结

根据设备的使用记录与现场检查、检测结果以及适应性分析结果，盾构机的主要部件和后配套系统基本正常，没有出现损坏，作为关键部件的主轴承及其密封均在有效寿命之内，该2台盾构机经过正常的维修保养及改造后，能够完成本标段隧道工程的掘进任务。

第三节　澜石—魁奇路区间盾构适应性分析

一、工程简介

（一）工程概况

澜石—魁奇路区间为盾构区间，左线长583.677m，右线长584.538m，盾构从魁奇路站盾构井分体始发，在澜石站吊出。区间隧道拱顶的覆土埋深约为9.78～15.2m，线路轨面埋深14.6～20.0m，区间左线几段纵坡的坡度分别为2‰、21‰、3.713‰和2‰，相应的右线纵坡分别为2‰、21‰、3.736‰和2‰。盾构管片外径6.0m，内径5.4m，厚度300mm，宽度1.5m，环间采用错缝拼装，混凝土强度等级为C50，抗渗等级P12。本区间选用两台海瑞克生产的复合式土压平衡盾构机施工。

（二）水文地质概况

区间主要穿越的地层为强风化（泥质）粉砂岩层＜7＞、中等风化（泥质）粉砂岩层＜8＞及微风化（泥质）粉砂岩层＜9＞，局部穿越粉质黏土层＜2-4＞、＜5-2＞及基岩风化层＜6＞。

本区间地下水主要有两类：松散层孔隙水和基岩裂隙水。填土中可能存在上层滞水，地下水位埋深约2.10～2.60m。

（三）周边建（构）筑物

区间隧道在里程YDK0＋250处下穿黎冲人行天桥，天桥桩径0.8m，桩长约17.3m，隧道与桩基水平净距最近约3.1m，如图7-11所示。在里程YDK0＋400～YDK0＋024.017范围侧穿屈龙角涌，隧道与屈龙角涌挡墙内壁水平净距最近约3.4m，与河涌底竖向距离约5.7m，如图7-12所示。在里程YDK0＋420下穿黎冲村委办公楼，该办公楼为6层建筑，采用人工挖孔桩，桩径1.4m，桩长8～13m，与隧道水平净距2.2m，如图7-13所示。在里程YDK0＋512处侧穿17层高的利豪名郡，该建筑设有一层地下室，地下室采用直径 22mm、长度 12m 的锚杆进行锚索支护，锚杆与隧道净距 3.4m，如图 7-14 所示。

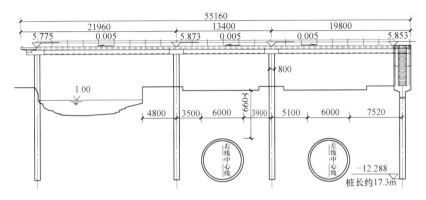

图 7-11　黎冲人行天桥与区间隧道关系示意图（mm）

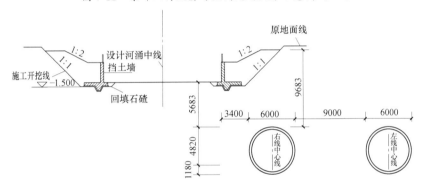

图 7-12　屈龙角涌与区间隧道关系示意图（mm）

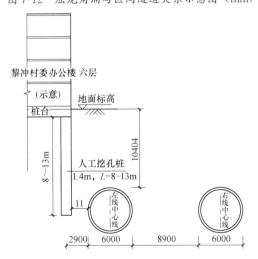

图 7-13　黎冲村委办公楼与区间隧道关系示意图（mm）

二、施工重点、难点

1）建（构）筑物沉降控制。区间需要下穿黎冲人行天桥、屈龙角涌河道、黎冲

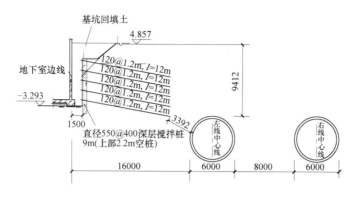

图 7-14　利豪名郡与区间隧道关系示意图

村委办公楼、侧穿利豪名郡等建（构）筑物，控制建筑物的沉降是施工的难点。

2）根据本区间的工程地质条件，在进行盾构机选型时，对刀具类型、刀盘开口率、渣土改良、密封性能、涌泥涌砂防治、防泥饼等均有一定的要求。

三、盾构机适应性分析

（一）刀盘布局及刀具型式

刀盘的设计布局及刀具的选用对盾构机的开挖效率起着十分重要的作用。根据本区间的地质情况，决定采用齿刀、滚刀和刮刀混合配置的组合方案，既能有效开挖各种淤泥、砂土、黏土，又能适应各种全、强、中、微风化岩等。刀盘的形状采用防堵塞设计，刀具型式和安装位置便于切割和清除渣土。

1. 刀具型式

1）刮刀：用于开挖各种砂土、黏土等较松散的土体及全风化岩层等其他未固结的土体，刮刀上装有碳化钨刀刃，目的是为了更好地防止掘进过程中产生的磨损。

2）齿刀：用于对各种砂砾层、黏土层及全风化层进行预松散，使密实程度降低，然后由刮刀将其刮掉，齿刀较刮刀超前 35mm。

3）滚刀：永不破碎各种强、中、微风化岩。滚刀安装在刀盘的刀座上，而刀座焊接在特殊支架上。滚刀设计最大破岩能力为 170MPa，较刮刀超前 35mm。

2. 刀盘布局

根据刀盘上三个性质不同的区域，即中心区、正面区和边缘区所需的特性，我们对刀盘布局进行了以下的考虑。

1）中心区

该区是刀盘布局的关键，既要考虑到对黏土、较破碎岩层的开挖和出土的适应性，又要兼顾到整个区间围岩的强度。因此该区采用可互换的方案，即刀座上既可安装预先焊接在特殊支架上的齿刀，又可以安装滚刀；另外刀座为背装式设计，方便在刀盘后面对刀具进行更换。

当盾构机在黏土和较破碎岩层中掘进时，4 把双刃齿刀对开挖面进行松土切削，开挖效率很高。但齿刀对硬岩的开挖效率却很低，所以当盾构机在硬岩石区掘进时，将齿刀更换为17″双刃滚刀，利用滚刀对开挖面进行挤压破碎。根据岩石的剪切破坏机理，4把双刃滚刀的间距设为100mm。另外，在不同的地层掘进时，所更换刀具的数量根据实际情况予以确定。

2）正面区

该区采用刮刀与单刃齿刀组合的布局方式，共设64把刮刀和20把单刃齿刀，刮刀在刀盘的四个方向分两列布置，其宽度使得每把刀的切割滚迹有所重叠，可使开挖土体清除干净，并令开挖面平整。

在黏土和较破碎岩层中掘进时，齿刀先对开挖面进行预松散，然后由刮刀进行切削，切削下来的渣土直接进入泥土仓。而在硬岩石区掘进时，将上述20把单刃齿刀更换为单刃滚刀，安装较刮刀超前35mm。滚刀在推力作用下贯入岩石，同时在开挖面上呈同心圆滚动，岩石被挤压破碎。在小半径范围内破碎延伸到周围的岩石，最终在推力作用下，切槽两边的岩石成片状破碎。开挖面被挤压破碎后，由刮刀进行切削。

3）边缘区

该区设置了12把单刃滚刀、16把边缘刮刀。单刃滚刀用于对围岩进行破碎，边缘刮刀用来校准洞径的尺寸。

在开挖时，刀盘边缘的线速度较高，刀具磨损较快，因此配置的边缘刮刀和单刃滚刀数量较多。该区域的滚刀一般不因地质情况的变化而予以更换。

综合上述，本盾构机刀盘在软土区、硬岩区进行掘进时，刀具布置数量如下：

软土区：刮刀64把，双刃齿刀4把，单刃齿刀20把，单刃滚刀12把，边缘刮刀16把。

硬岩区：刮刀64把，双刃滚刀4把，单刃滚刀32把，边缘刮刀16把（图7-15）。

（二）刀盘的结构设计

1）开口形式：刀盘采用球面板型结构，其开口率在硬岩区为28%、在软土区为30%。这样既能有效承受土体压力、保持开挖面的稳定，又能高效地开挖围岩，使渣土顺利进入泥土舱，从而保证施工安全。

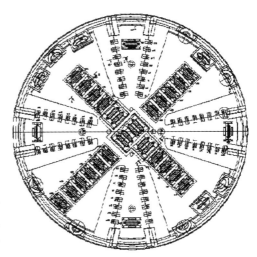

图7-15　刀盘布局图

2）渣土改良注射口：在刀盘面板上设有8个注射口，用于注入泡沫或膨润土来改善渣土的流动性，减少摩擦力，降低掘进推力和扭矩，提高盾构机的使用寿命。

3）中间支撑方式：在给刀盘提供较大的扭矩的同时，可采用直径较小的主轴承，从而留出较大的空间给人闸和螺旋输送机，保证了人员和物料的可通过性和效率。

4）刀座设计：背装式刀座，刀具的安装和更换方便可靠。

(三) 改善渣土设计

本盾构机配备有泡沫和膨润土添加系统,通过刀盘面板上 8 个注射口、土仓隔板上 4 个注射口及螺旋输送机筒壁上 3 个注射口分别向开挖面、土仓、螺旋输送机内部多方位地注入泡沫或膨润土,并且在刀盘背面和土仓隔板上各安装了 4 根搅拌臂,用于改善渣土的流动性,防止泥饼形成。

(四) 耐磨性设计

刀盘体采用耐磨性、焊接性、冲击韧性极好的 16MnR 钢材制作,刀盘外缘设有三圈可更换的耐磨条,面板外缘和正面采用高硬度耐磨焊丝拉网堆焊的 5mm 厚保护层,提高刀盘体的耐磨性。所有齿刀和刮刀镶装了高强度合金钢刀头,可满足在本区间隧道掘进中对刀盘耐磨性的要求。

另外,土仓仓壁和螺旋输送机筒壁均采用耐磨材料制造;螺旋输送机的入口处、叶片、轴及盾体切口环外缘等易磨损部位也堆焊有耐磨层,提高这些部位的耐磨性。

(五) 防水性能设计

本盾构机采用轴式螺旋输送机,在卸土口处配备双开门装置和保压泵渣装置,可满足本工程在不良地质条件下掘进时发生涌水、涌泥时保压掘进的要求。另外,螺旋输送机具有断电自动关闭功能,避免了在突然断电的情况下隧道内涌水的可能。

(六) 掘进安全性设计

区间隧道掘进的安全性主要通过地面隆陷值和隧道轴线精确性两方面控制。

1) 为满足地面最大隆陷值控制在$-30\sim+10$mm 范围内的要求,在盾构机设计中作以下考虑:

(1) 土仓中安装有 5 个土压力传感器,可准确地实时监测开挖面上各方位的水土压力,为操作人员合理地选择掘进参数提供参考,确保盾构机在土压平衡模式下安全掘进。

(2) 4 个注浆管路末端安装有浆液压力传感器,可实时监测各注浆部位的浆液压力变化情况,并以可视化数字形式反馈到控制面板上。操作人员根据注浆压力的变化情况,通过自动或手动控制注浆量,及时用浆液填充管片与隧道之间的环向间隙。

2) 在土压平衡模式下掘进时,使用保压泵渣装置和螺旋输送机双开门装置实现出土量控制,可有效地防止地下水土流失造成的地面沉降。

3) 通过土仓密闭设计及辅助保压系统,实现刀具更换时掌子面的稳定。

4) 为将隧道掘进轴线偏差控制在±50mm 以内,在盾构机设计中作以下考虑:

(1) 盾构机采用先进的姿态测量和姿态显示系统,可直观地显示出盾构机的姿态,并自动计算出实际值与理想值之间的偏差。

(2) 推进油缸分成上、下、左、右 4 组,各组油缸的压力和行程通过传感器监测并反馈至控制室,监测结果作为操作人员调整油缸伸出速度和伸出量的参考依据。

5) 为保证工作人员在更换道具时的安全,在盾构机上设置了人闸。

6) 为防止掘进过程中发生塌方,在盾构机上设置了有效的开挖面稳定辅助支撑系统。另外,在盾构机控制软件中配备了出土超过上限时的报警系统、开挖掌子面支撑压力报警系统、泥仓渣土表观密度报警系统等，以保证开挖面的稳定。

四、小结

通过上述的盾构机适应性分析，确定了本区间的盾构机类型和基本参数。实际施工表明，本区间盾构机在掘进时安全可靠，无事故发生，成型隧道质量良好，较好地完成了盾构施工任务。

第四节 盾构机主要参数汇总

广佛线二期工程各个盾构区间所使用的盾构机主要参数见表7-4。

各标段使用盾构机主要参数表 表 7-4

主要部件名称	细部部件名称	参数					
		施工 1 标		施工 2 标		施工 4 标	
		海瑞克 S371	海瑞克 S371	海瑞克 S470	海瑞克 S471	海瑞克 S438	海瑞克 S469
综述	开挖直径(mm)	6280	6280	6280	6280	6280	6280
	前护盾直径(mm)	6250	6250	6250	6250	6250	6250
	主机长度(m)	约8.3	约8.3	8285	8285	8.32	8.32
	整机长度(m)	约80	约80	75000	75000	73	73
	盾构及后配套总重(t)	500	500	550	550	500	500
	最小转弯半径(m)	250	250	250	250	250	250
	盾壳厚度(mm)	60	60	60	60	40	40
刀盘	刀盘形式	面板式	面板式	中间支撑式	中间支撑式	条幅+面板	条幅+面板
	开口率(%)	31	31	28	28	30	30
	滚刀(把)	9	9	20	20	36	36
	切削刀(把)	64	64	96	96	64	64
	仿形刀和扩挖刀(把)	8/1	8/1	20	20	8	8
	刀盘泡沫注入点(个)	4	4	8	8	4	4
	重量(t)	约65	约65	58	58	55	55
刀盘驱动	驱动模式	液压	液压	液压	液压	液压	液压
	转速(r/min)	0~4.5	0~4.5	6.1	6.1	0~6	0~6
	额定转矩(kN·m)	4500	4500	4500	4500	4500	4500
	脱困扭矩(kN·m)	5300	5300	5300	5300	5300	5300
	主驱动功率(kW)	945	945	945	945	945	945
	主轴承直径(mm)	2600	2600	2600	2600	2600	2600
	主轴承寿命(h)	10000	10000	10000	10000	10000	10000
	主轴承密封形式	3排唇密封系统	3排唇密封系统	橡胶	橡胶	唇型密封	唇型密封
	主轴承密封润滑形式	—	—	油脂	油脂	集中式脂润滑	集中式脂润滑

续表

主要部件名称	细部部件名称	参数					
		施工 1 标		施工 2 标		施工 4 标	
		海瑞克 S371	海瑞克 S371	海瑞克 S470	海瑞克 S471	海瑞克 S438	海瑞克 S469
推进系统	最大推力(kN)	34210	34210	34210	34210	34210	34210
	油缸数量(个)	10×1+10×2	10×1+10×2	30	30	30	30
	油缸行程(mm)	2000	2000	2000	2000	2000	2000
	最大推进速度(mm/min)	80	80	80	80	80	80
	推进缸分区数量(个)	4	4	4	4	4	4
铰接油缸	铰接类型	被动	被动	被动	被动	被动	被动
	工作压力(bar)	—	—	300	300	350	350
	行程(mm)	150	150	150	150	150	150
	数量(个)	14	14	14	14	4	4
人仓	仓室数量(个)	2	2	1	1	2	2
	容量	3+2 人	3+2 人	4.9m³	4.9m³	4.8m³	4.8m³
	工作压力(bar)	4	4	3	3	4	4
盾尾油脂系统	泵站形式	—	—	气压	气压	台车式气动油脂泵	台车式气动油脂泵
	管路数量	—	—	2	2	8	8
	盾壳管路布置形式	—	—	四周布置	四周布置	内置式	内置式
注浆系统	注浆泵数量(台)	8 根(其中 4 根备用)	8 根(其中 4 根备用)	2	2	2	2
	储浆罐容量(m³)	6	6	6	6	8	8
泡沫系统	管路数量	1	1	8	8	4	4
	注入口分布	4(刀盘),4(土舱),2×3(螺旋输送机)	4(刀盘),4(土舱),2×3(螺旋输送机)	梅花形	梅花形	刀盘 8 路,土仓 4 路	刀盘 8 路,土仓 4 路
管片安装机	额定抓举能力(kN)	120	120	50	50	120	120
	型式	中心回转式	中心回转式	机械式	机械式	机械式	机械式
	驱动方式	液压	液压	液压	液压	电驱	电驱
	自由度	6	6	6	6	6	6
	移动行程(mm)	2000	2000	1200	1200	2000	2000
	旋转角度(°)	+/−200	+/−200	200	200	200	200
	控制方式	无线控制和有线控制(应急时使用)	无线控制和有线控制(应急时使用)	遥控	遥控	遥控	遥控
螺旋	型式	有轴	有轴	单螺旋	单螺旋	中心轴式	中心轴式

主要部件名称	细部部件名称	参数					
		施工1标		施工2标		施工4标	
		海瑞克S371	海瑞克S371	海瑞克S470	海瑞克S471	海瑞克S438	海瑞克S469
输送机	筒体内径(mm)	700	700	900	900	820	820
	驱动功率(kW)	200(第一级)	200(第一级)	250	250	200	200
		110(第二级)	110(第二级)	—	—	—	—
	最大扭矩(kN·m)	—	—	225	225	224	224
	转速(r/min)	0～21.86	0～21.86	22	22	0～22	0～22
	最大出土能力(m³/h)	285	285	497	497	400	400
	螺旋机闸门	—	—	液压驱动	液压驱动	单闸门	单闸门
皮带输送机	驱动型式	电动	电动	电动	电动	电动	电动
	皮带宽度(mm)	800	800	800	800	800	800
	皮带机长度(m)	—	—	45	45	62	62
	驱动电机功率(kW)	30	30	30	30	30	30
	皮带运行速度(m/s)	—	—	2.5	2.5	2.5	2.5
	最大输送能力(m³/h)	450	450	400	400	450	450
后部设备	冷却系统	—	—	有	有	1	1
	注浆设备	—	—	有	有	2×KSP5泵	2×KSP5泵
	发泡系统	—	—	有	有	1	1
	控制室	—	—	有	有	1	1
	高压电缆卷筒	—	—	有	有	1	1
	水管卷盘	—	—	有	有	2	2
	二次通风设备	—	—	有	有	1	1
	管片送进系统	—	—	有	有	1	1
	数据采集系统	—	—	有	有	1	1
	自动导向系统	—	—	有	有	1	1
	后部拖车	—	—	有	有	5	5
供电	初级电压(kV)	10	10	10	10	10	10
	次级电压(V)	400	400	400	400	400	400
	变压器容量(kVA)	2000	2000	2000	2000	2000	2000
	控制电路(V)	—	—	24/230	24/230	24/230	24/230
	照明电路(V)	—	—	220	220	230	230
	阀工作电压(V)	—	—	230	230	24	24
	频率(Hz)	—	—	50	50	55Hz	55Hz
	PLC系统	—	—	有	有	IP55	IP55

续表

主要部件名称	细部部件名称	参数					
		施工1标		施工2标		施工4标	
		海瑞克 S371	海瑞克 S371	海瑞克 S470	海瑞克 S471	海瑞克 S438	海瑞克 S469
功率配置	刀盘驱动(kW)	—	—	315	315	315×3	315×3
	盾构推进(kW)	—	—	132	132	75	75
	管片安装器(kW)	—	—	45	45	45	45
	油过滤器(kW)	—	—	45	45	20	20
	吊运设备(kW)	—	—	250	250	14	14
	螺旋机驱动(kW)	—	—	30	30	200	200
	注浆系统(kW)	—	—	30	30	37	37
	皮带输送机(kW)	—	—	5.5	5.5	30	30
	润滑系统(kW)	—	—	11	11	0.37	0.37
	油冷却器(kW)	—	—	1778	1778	15	15
	总装机功率(kW)	—	—	6280	6280	1590	1590
保压泵磁系统	次级电压(V)	—	—	—	—	—	—
	液压岩石破碎机	—	—	—	—	—	—
	泥浆排放泵	—	—	—	—	—	—
	供给泵	—	—	—	—	—	—
盾构机泥水输送系统	送泥管道直径(mm)	—	—	—	—	—	—
	隧道内送泥管直径(mm)	—	—	—	—	—	—
	排泥管道直径(mm)	—	—	—	—	—	—
	隧道内排泥管直径(mm)	—	—	—	—	—	—
	泥水压力自动控制系统	—	—	—	—	—	—
	泥水输送管理系统	—	—	—	—	—	—
	泥水输送检测系统	—	—	—	—	—	—
	液压岩石破碎机	—	—	—	—	—	—
	泥浆排放泵	—	—	—	—	—	—
	供给泵	—	—	—	—	—	—

第八章　盾构始发施工技术

第一节　富水软弱地层盾构始发端头加固技术

东平—世纪莲区间隧道采用盾构法施工。根据同类工程案例，盾构始发是盾构施工中风险最大的环节之一，尤其在盾构进洞施工过程中，极易发生工程事故，其原因大部分是围岩（主要为软土地层）不稳定所致。因此，盾构始发技术已成为盾构法隧道成败的关键因素之一。而采用合理的端头土体加固技术直接关系到盾构机能否安全始发，是保证盾构顺利施工的重要环节。所以为了确保盾构安全始发和接收，在施工现场对端头加固的施工质量需进行严格把控。

一、工程地质、水文地质概况

（一）始发端头地质概况

东平—世纪莲区间隧道洞身穿越地层主要为＜2-2＞粉细砂、＜2-4＞粉质黏土层、＜6＞全风泥岩、＜7＞强化泥岩，隧道上覆地层为＜2-2＞粉细砂和＜1＞回填土层，区间始发端头地质情况如图8-1所示。

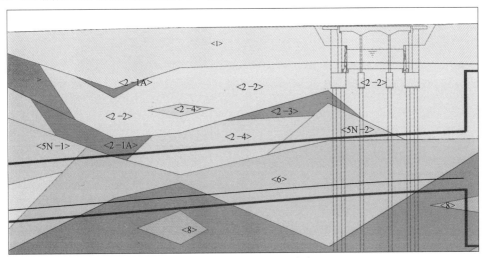

图 8-1　盾构始发端头地质情况

（二）水文地质概况

1. 地下水类型、赋存与补给条件

地下水主要有两种基本类型，分别为松散层孔隙水和基岩裂隙水。填土中可能存

在上层滞水，但对本工程影响较小。其中松散层孔隙水主要赋存于海陆交互相砂层<2-2>、<2-3>中；基岩裂隙水的主要含水层在基岩层的强风化带和中风化带中，岩性主要有泥质粉砂岩等。地下水赋存条件相对较差，一般具有弱透水性，富水性弱。

2. 地下水位

砂层地下水稳定水位埋深 2.10～2.77m，基岩地下水稳定水位埋深 2.37～2.93m。

3. 土层渗透系数取值见表 8-1。

各岩土层渗透系数建议范围值表　　　　　　表 8-1

层号	岩土名称	时代成因	抽水试验 k(m/d)	室内试验（竖向） k(m/d)	建议值 k(m/d)	透水性
<2-1A>	淤泥	Q4mc	/	/	<0.001	微透水
<2-2>	粉细砂	Q4mc	7.165～15.095	0.01	7.50	中透水
<2-3>	中粗砂	Q4mc	7.089～8.611	0.03	8.50	中透水
<5N-2>	粉质黏土	Qel	/	/	0.05	弱透水
<6>	碎屑岩类全风化带	E2by	/	/	0.10	弱透水
<7>	碎屑岩类强风化带	E2by	0.001～0.130	/	0.90	弱透水

由表 8-1 以及上述工程地质、水文地质情况可知，盾构始发段隧道洞身上部及上覆地层为<2-2>富含水粉细砂，并且该层中的地下水与距离洞门环约 17m 的河涌水连通，施工风险较大，因此做好盾构始发端头加固工作尤为重要。

二、盾构始发端头加固质量控制

（一）施工图审查阶段

根据前期地质勘查，结合其他隧道盾构施工中端头加固所采用的方法，本工程端头加固形式为地下连续墙（800mm 厚）＋搅拌桩（ϕ850@600）＋三重旋喷桩（ϕ800@600）。搅拌桩与旋喷桩加固大样如图 8-2 所示。

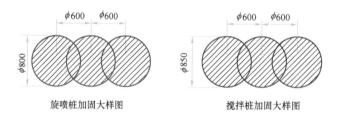

φ600　φ600　　　　　φ600　φ600

φ800　　　　　　　φ850

旋喷桩加固大样图　　　　　搅拌桩加固大样图

图 8-2　旋喷桩与搅拌桩加固大样图（mm）

为了形成更好的止水效果，将外包素连续墙的墙顶标高由原来的地下 3m 调整到了地面，如图 8-3 所示。

（二）施工阶段

加固体影响施工安全的质量问题主要体现在以下 3 个方面：

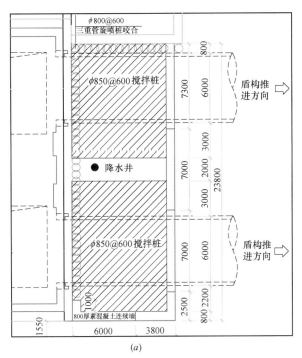

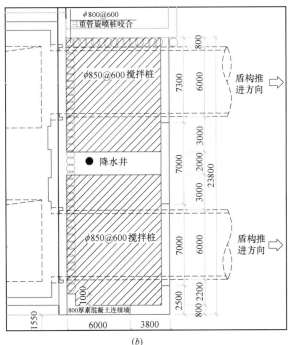

图 8-3　世纪莲站始发端头加固平面图与剖面图（mm）

（a）端头加固平面图；（b）端头加固剖面图

1）加固体本身强度不够，难以满足抗滑移或剪切的要求。

2）加固体不连续，导致局部出现渗漏。

3）加固节点处理不好，尤其是围护结构与加固体之间的间隙处理、不同工法之间的界面处理。

针对这些问题，现场施工时采取了以下措施：

1）严控水泥质量，并在现场安装流量计，严格按设计控制水泥用量，杜绝偷工减料的情况，如图8-4所示。

图8-4　应用流量计控制水泥用量

2）精确控制桩位，确保桩之间的咬合范围足够；对每根桩进行编号，提前确定施工顺序及施工时间，确保在水泥初凝前完成相邻桩的施工；在加固体内设置降水井，在洞门凿除前降水，同时检测加固体止水效果。

3）于加固体与连续墙接缝处设置一排相互咬合的旋喷桩，确保止水效果。

（三）加固体使用前的质量检验阶段

1. 加固体实体检测措施

端头加固施工过程中加强对素混凝土连续墙、搅拌桩以及旋喷桩的施工质量控制，确保端头加固质量，施工完成后从采用钻芯法对加固体的质量进行检测，如图8-5所示。

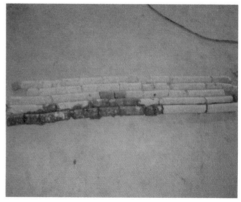

图8-5　端头加固抽芯及其芯样

2. 止水效果检测措施

1）盾构始发前（端头加固完成后）在端头加固体内，于左右线中间位置设置一口降水井，然后通过抽水试验观测加固体内的地下水情况。将降水井中的水抽出，1d 后若经检测水位变化不大，则证明端头加固体内的地下水与加固体外的地下水未连通。

2）洞门破除前，于洞门位置处打设水平探孔，用以进一步检验加固体的整体止水效果。每个洞门打设水平探孔不少于 9 个，打孔深度为 1500mm。水平探孔布置形式如图 8-6 所示。根据实际探孔情况，加固体止水效果较好，如图 8-7 所示。

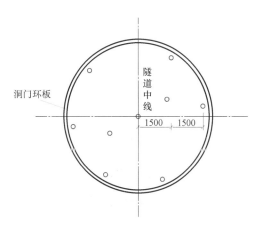

图 8-6　水平探孔布置图（mm）

图 8-7　实际探孔情况

三、总结

富水软弱地层盾构始发风险较大，为了施工安全，端头加固质量是重中之重，而其中最重要的是"水的控制"，加固体检测及补强工作万不可马虎。因此，要控制端头加固的质量，从施工图审查阶段到施工阶段再到检测阶段，每个阶段都要严格按照要求进行，这样可以将始发施工风险降低到可控范围内。

第二节　盾构穿越既有河涌小桥施工技术

世纪莲站～东平站区间隧道需穿越既有河涌与小桥。既有河涌与小桥位于 YDK-3-552～YDK-3-522 范围，小桥桩径 1.2m，桩长 18m，左线与右线分别从世纪莲站始发掘进约 12m 达到河涌范围，掘进约 17m 达到小桥桩基位置。为了保证既有小桥的结构安全与盾构隧道的施工可行，需制定合理的施工方案来指导施工。具体方案为：先将既有桥梁和存在位置冲突的桩基进行了拆除，然后在隧道线路范围外补充施做桩基础，重建小桥，最后进行盾构穿越施工。

一、工程概况

图 8-8　既有小桥破除前的现场情况

既有小桥破除前的现场情况如图8-8所示。小桥长 25m，宽 26m，单向 4 车道，小桥为 3 跨 4 柱结构，中间跨长 10m，两侧跨长 7.5m。基础采用桩基形式，灌注桩直径为 1200mm，共四个承台，中间两个承台各分布 1 排桩，每排 4 根桩，两侧承台各分布 2 排桩，每排 5 根，有效桩长 30m，承台厚为 1.5m，中间两个宽为 2.2m，两侧承台宽为 5m，长均为 26.75m。破除的上部结构采用板式桥墩，桥面为箱梁桥面。

盾构掘进与既有小桥桩基础位置关系如图 8-9 所示。破除范围为承台及以上桥结构、受盾构影响的 18 根桩基，桩基破除深度为承台底标高以下 18m。

二、小桥拆除与重建

小桥破除施工总流程如图 8-10 所示。

（一）施工准备

准备工作包括联系场地绿化改迁、探明及迁改地下管线。

（二）围堰施工

本工程围堰为土围堰，采用黏土，北侧位于小桥 100m 处，南侧位于小桥 90m 处。

（三）排水

破除小桥前两天安排专人，采用 2 台 4kW 口径 100mm 潜水泵对围堰区域内水向堰坝体外河道进行抽排。

（四）桥面、桥墩、承台破除

采用破碎机直接破除，桥面废渣直接落入河床，作为后续垫土用渣，桥面破除时产生的废钢筋采用乙炔割除，人工外运至废料堆场。

（五）原桩破除

采用冲孔法破除原桩，将原桩内的钢筋、混凝土冲碎挤入两侧地层中，部分钢筋碎渣用磁铁吸出，冲孔完成后回填细砂。

小桥重建施工总流程如图 8-11 所示，重建后的小桥现状如图 8-12 所示，盾构掘进与重建小桥桩基础位置关系如图 8-13 所示。

三、盾构穿越施工

（一）盾构下穿小桥（河涌）地质情况

区间盾构下穿小桥里程段隧道覆土厚度约 6m，左线隧道断面穿越地层为粉质黏

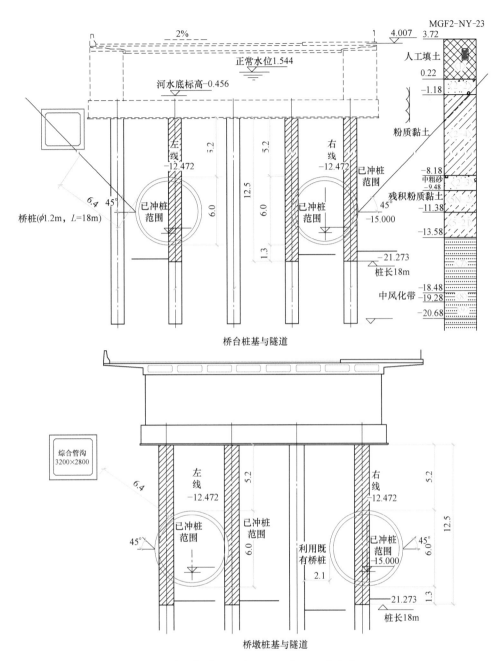

图 8-9　盾构掘进与既有小桥桩基础位置关系（cm）

土层、强风化层，上覆地层主要为砂层。右线隧道断面穿越地层强风化层，上覆地层主要为粉质黏土层和砂层，左右线盾构掘进穿越小桥范围地质情况如图 8-14 所示。

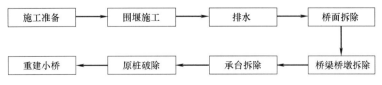

图 8-10　小桥破除施工总流程图

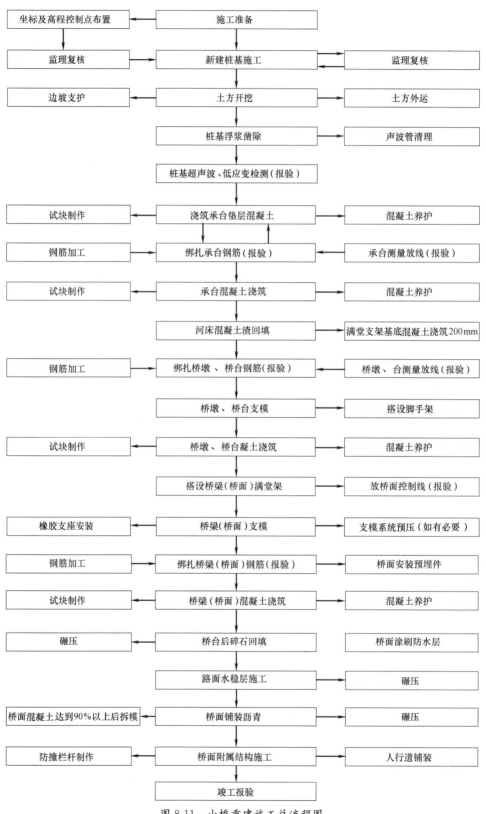

图 8-11　小桥重建施工总流程图

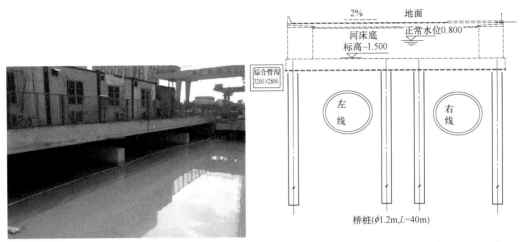

图 8-12　复建后的小桥

（阳东升 摄）

图 8-13　盾构掘进与重建小桥桩基础位置关系

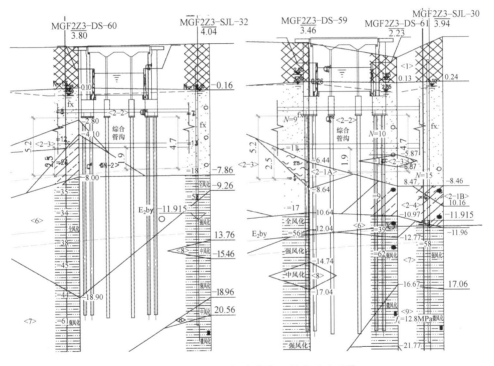

图 8-14　左右线盾构掘进穿越小桥范围地质情况

（二）穿越掘进施工保障措施

1）在盾构始发前组织召开技术讨论及专项方案审查会，并将讨论结果及专项施工方案对施工人员进行详细的技术交底，让每个人都清楚隧道与河涌及重建小桥桩位的空间关系。严格督促按照技术交底施工，从领导至操作手思想上引起高度重视。

2）对操作手及管理人员进行交底，具体至通过每个桩时盾构机的掘进参数，见表 8-2。

桩基位置掘进参数　　　　　　　　　　　　　　表 8-2

桩号	开始切桩		结束切桩		理论土压力值(bar)
	环号(环)	千斤顶行程(mm)	环号(环)	千斤顶行程(mm)	1 号压力传感器
1	8	1094	9	794	0.75
2	8	1094	9	794	0.75
3	10	889	11	589	0.76
4	10	889	11	589	0.76
5	14	1375	15	1075	0.76
6	21	876	22	576	0.77
7	25	1371	26	1071	0.78
8	25	1371	26	1071	0.78
9	27	1175	28	875	0.78
10	27	1065	28	875	0.78

（三）穿越掘进施工情况

2014 年 4 月 19 日，开始下穿过河，河底覆土厚度大约 6～8m，刀盘前土层主要为强风化层，通过单排桩过程中刀盘扭矩油压最高升至 180bar，随后刀盘立即跳停，对此监理部建议操作手放慢掘进速度，通过双排桥桩时刀盘扭矩油压较为稳定，土仓压力 1 号、3 号、5 号压力传感器为：0.5～0.7bar、0.8～1.7bar、1.2～2.2bar，渣土偶尔有喷涌，经处理后转为正常，渣土分析为强风化层无较大偏差，切桩掘进速度每小时仅为 5mm，出土量偏大。

穿越河涌期间地表未出现过大沉降，左线 Z135 累计沉降量为 8.3mm，安全通过。

2014 年 4 月 21 日，刀盘位置为 YDK-3-523（第 11 环），盾构掘进到原有桥桩基位置，刀盘遇冲桩后遗留下的混凝土块和钢筋，原有桩钢筋与混凝土块如图 8-15、图 8-16 所示。在掘进通过原有桩位时刀盘扭矩最高达 3200kN·m，掘进速度控制在 15～30mm/mim。期间发生两次因原有桩钢筋卡住螺旋机导致停机处理的情况，采用直接拔出或烧焊的方式取出钢筋。至 2014 年 4 月 26 日，刀盘位置为 YDK-3-546（第

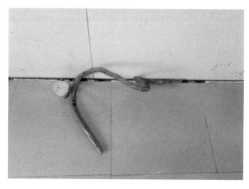

图 8-15　原有桩的钢筋

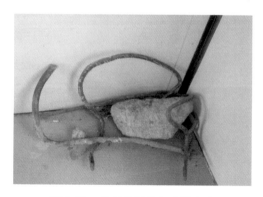

图 8-16　原有桩钢筋和混凝土块

25 环），左线盾构顺利通过小桥。

四、总结

世纪莲站—东平站区间左线盾构于 2014 年 4 月 16 日始发，2014 年 4 月 19～26 日顺利通过河涌小桥，期间由于控制有效、监测及时、响应迅速，保证了始发阶段盾构掘进施工与小桥结构的安全，整个施工过程处于可控状态。通过本次穿越既有河涌小桥施工，总结出以下几点：

1）施工前应进行风险预测及评价，针对重大风险源制定风险应对措施，及时编制专项施工方案、专项监测方案及应急预案，并切实执行。

2）对危险性较大的分部工程，应重视技术方案的编制质量，组织专家评审，运用专家的理论和经验指导施工。

3）切实落实技术交底工作，确保每个施工人员对各项施工参数及要求清晰掌握。

4）土压平衡盾构机不仅指土仓内压力平衡，还指出土量与注浆量之间的平衡、土仓压力与推进行程（推力）之间的平衡等。

5）强调加密监测，监测数据与施工参数数据有效结合，利用监测结果指导施工不断优化施工参数，将沉降控制在最小范围内。

6）建立有效的联络机制，保证盾构机操作室与地面指挥保持全天候通信畅通。

第三节　盾构分体始发技术

一、盾构始发井概况

澜石—魁奇路区间为盾构区间，右线设计起讫里程 YDK－542.000～YDK＋024.835，长链 2.535m，全长 569.37m；左线设计起讫里程 ZDK－542.000～ZDK＋026.612，短链 0.331m，全长 568.281m。盾构机从魁奇路始发井出发，沿着汾江南路掘进至澜石站并吊出。盾构始发井设计尺寸如下：始发井外包尺寸为 25.5m×15.1m，深度约 20m；盾构孔尺寸为 11.5m（长）×7.8m（宽），中间设置三道环框梁，截面尺寸为 1m×1.5m。始发井北侧单跨箱形结构净尺寸为 12.8m（长）×5.7m（宽）×5.4m（高），南侧为圆形隧道，内净空直径 6.5m，长度 16.124m。圆形隧道回填混凝土厚度为 0.55m，中间井回填混凝土厚度为 1.03m（图 8-17）。

二、盾构始发的难点

该始发井要实现盾构始发存在以下的难点：1）因中间井及圆形隧道已回填素混凝土，需要对其先行破除。2）矿山法圆形隧道的局部尺寸无法满足盾构机始发断面尺寸要求，需要对其进行局部凿除。3）始发井长度不满足正常始发的尺寸要求，需要采取分体始发。

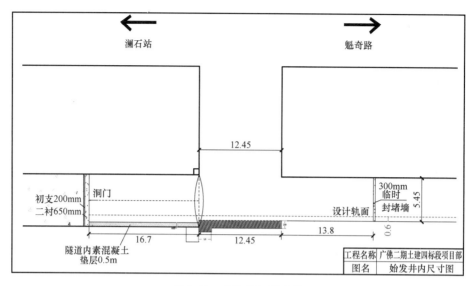

图 8-17　盾构井纵剖面图

为满足盾构始发要求及广佛线一期工程既有运营线路的安全要求，采取以下措施对盾构始发井进行改造：

（1）在里程 ZDK0＋069.972 处设置临时钢筋混凝土封堵墙，以保证既有运营线路的安全。

（2）部分底板已在广佛线一期施工时采用素混凝土回填，净空不能满足盾构机始发要求，需在盾构机下井组装前将回填的素混凝土进行凿除；始发井南段为圆形隧道，盾构机无法平移至洞门，需提前浇筑弧形混凝土导台以满足盾构平移要求。

（3）测量后发现圆形隧道断面尺寸不满足盾构始发要求，且实测隧道中心线与设计中心线偏差较大，所以在暗挖隧道空推段需偏移设计隧道中心线；另外始发井长度不能满足正常始发的尺寸要求，需要进行分体始发。

三、分体始发流程

（一）分体始发三阶段

1. 第一阶段（0～12m）

先将盾体下井组装，组装完成后利用液压千斤顶推至圆形隧道内。然后在底板回填素混凝土，铺设轨道，并将连接桥架、螺旋输送机、1 号台车下井组装。组装完成后盾构机开始向洞门方向推进，拼装 8 环管片后（长度 12m），刀盘进入洞门掌子面，此阶段不需要出土。

2. 第二阶段（12～18m）

盾构推进 18m 后，盾构机进入隧道5.78m，已拼装管片共 12 环。此阶段可利用在 1 号台车上改造的出土口出土，向设置在管片车上的小渣斗排出渣土，并由电瓶车牵引。完成 12 环拼装后，将出土口进行改造并设在 1 号台车中后部。

3. 第三阶段（18～76m）

此阶段采用两种不同的出土方式：18～21m 掘进时，仍采用小渣斗出土；21～76m 掘进时，改用大渣斗进行出土。掘进至 76m 后，将地面的 2～5 号台车吊入隧道组装，形成正常掘进姿态。

（二）分体始发所增加的设备

盾构机分体始发与普通始发有所区别，因此采用的仪器设备也有所增加，见表 8-3。

分体始发增加设备统计表 表 8-3

设备名称	规格	长度（m）	数量（根）	设备用途
驱动油管	与原设备相同	90	29	驱动刀盘、螺旋输送机
控制电缆	与原设备相同	90	34	控制盾构机各种设备
小渣斗	2m×1.3m×2m	2	2	前 21m 出渣土
水管	与原设备相同	90	2	隧道内用水及设备冷却
气管	与原设备相同	90	1	驱动气动阀及泡沫

（三）列车编组

列车编组见表 8-4。

列车编组 表 8-4

掘进长度（m）	轨道布置	列车编组	备注
0～12	临时轨道	/	不需要出土
12～18	一条轨道	小渣斗＋牵引机车	小渣斗出土
18～21	一条轨道	小渣斗＋浆车＋牵引机车	小渣斗出土
21～76	一条轨道	小渣斗＋浆车＋牵引机车＋管片车	大渣斗出土

（四）分体始发的后续掘进要点

1）渣土清运吊运及管片等材料下井吊装均通过出土口进行。

2）盾构机掘进至 76m 后，将 2～5 号台车吊入隧道内组装，配套拖车并进行永久连接，重新连接水、电、油等管道，使盾构机形成正常掘进状态。

3）盾构机掘进至 105m 后，铺设岔道，拆除反力架。

四、盾构始发的详细准备

（一）始发姿态控制

盾构始发采用直线线型，但由于圆形隧道断面尺寸不满足原设计的线路中线始发要求，因此拟定右线从偏离隧道设计中心线 79mm 处进行始发，左线从偏离设计中心线 50mm 处进行始发。始发过程中，采用如下的参数和措施进行控制：

1）盾构机在隧道内始发时的姿态参数为：水平方向前视点－45mm，后视点－56mm，水平姿态沿设计隧道中心线的割线方向进行掘进；从掌子面开始掘进 9m 后，实际隧道中心线偏离设计中心线 93mm，满足水平限界 100mm 的要求；垂直方向为前视点 10mm、后视点 0mm，高程姿态始终保持抬头掘进。

2）由于盾构机在通过定位点二时需向设计中心线靠拢，因此盾构前进时可能会存在着向远离设计中心线方向偏离的情况。为防止该情况出现，在暗挖隧道东侧距掌子面 8.5m 范围二衬结构中心部位铺设厚 10mm、宽 100mm 钢板，钢板与二衬结构间采用植筋割孔塞焊，以限制盾构机向远离设计中心线方向偏移（图 8-18、图8-19）。

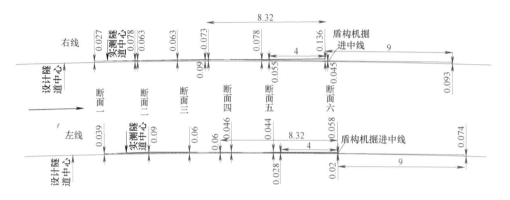

图 8-18　实际隧道中心与设计隧道中心偏移图（m）

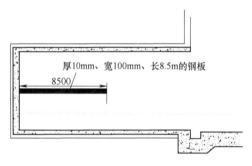

图 8-19　限位钢板示意图

（二）弧形导台施工

由于隧道净空的限制，必须设置弧形导台才能使盾构机空推通过暗挖隧道并进行管片拼装。考虑到隧道水平限界的要求为 100mm，因此盾构机姿态纠正应在铺设了弧形导台的暗挖隧道内进行。弧形导台的施工流程为：先根据测量定位线安装钢板，在钢板上开孔植入 $\phi20$ 钢筋并塞焊使钢板可固定在二衬结构上，钢筋锚入二衬结构的长度为 20cm。如钢板与二衬结构之间存在空隙，则采用 C40 细石混凝土进行回填（图 8-20、图 8-21）。

（三）洞门密封安装

先在始发井与圆形隧道接口处砌筑一道 240mm 厚砖墙，然后进行洞门注浆密封，注浆压力控制在 1～2bar 之间，待浆液初凝后及时进行二次注浆（图 8-22）。

五、空推段管片控制

（一）管片壁后注浆

管片与二衬结构之间存在空隙，需填充密实。由于盾构机前方为矿山法修建的隧道，洞口无橡胶帘布等洞口密封装置，均为敞开段，同步注浆时容易造成浆液大量渗漏，无法保证管片与二衬结构之间的填充密实性。对此，在隧道洞口 0 环管片外侧砌

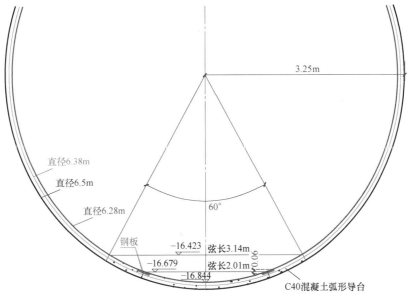

图 8-20　弧形导台施工示意图

筑砖墙结构来封闭洞口，另外在前盾切口环位置填充海绵、抹布、砂袋等填充物，使管片与二衬结构之间的空隙形成一个密闭的空间，保证同步注浆的效果。盾体长度 8.3m，矿山法隧道长度 16.5m，根据经验在隧道内 8m 和 15m 两处位置进行密封填充即可满足注浆要求。具体注浆步骤如下：

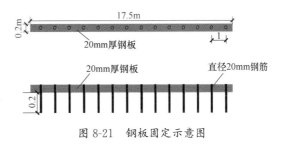

图 8-21　钢板固定示意图

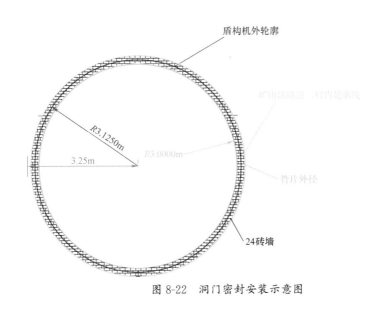

图 8-22　洞门密封安装示意图

1）管片脱出盾尾后，通过底部管片吊装孔作为注浆孔注入砂浆-水玻璃双液浆，以防管片下沉产生错台。随着盾构掘进，支撑提供反力安装管片后，从管片吊装孔同步注入双液浆至1m高，将管片固定（图8-23）。

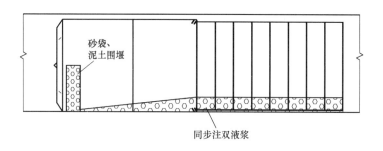

图 8-23　注浆示意图

2）当第7环管片拼装完成后，盾构机前进7.5m，第5环管片脱出盾尾。将第1环管片中1点位、11点位的吊装孔打开，利用盾构机同步注浆系统注入砂浆，并及时进行二次注浆注入水玻璃，注浆压力为0.1～0.2MPa，使管片与衬砌之间填充密实，以提高支护效果（图8-24）。

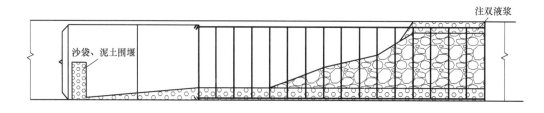

图 8-24　双液浆注浆示意图

3）当第10环管片脱离盾尾后，打开第6、7环管片1点位和11点位的吊装孔，注入砂浆-水玻璃双液浆，确保管片与初支之间的顶部孔隙被填充密实。

（二）补充注浆

进行管片壁后注浆时，盾构机前方是敞开的，注浆效果可能不理想，此时应对管片进行补充注浆。针对采用矿山法施工的11环管片，打开管片吊装孔检查注浆效果，若注浆效果不好，则进行补充注浆。

盾构机通过矿山法区段后，对管片的姿态、渗漏、碎裂、错台等情况进行检查，管片垂直偏差、水平偏差控制在设计限界要求以内。

（三）管片上浮和侧移限制措施

1）一方面，由于盾构空推时刀盘反力不足，导致千斤顶推力较小，容易使管片在脱出盾尾后产生下沉而形成错台；另一方面，在盾尾注浆过程中，注浆压力容易使管片产生上浮而形成错台。为此，需对脱出盾尾的管片进行加固处理，加固方法如图 8-25 所示。先将吊装孔贯穿，再利用螺杆将管片固定在原隧道的二衬结构上，待注浆完成后，封闭吊装孔。

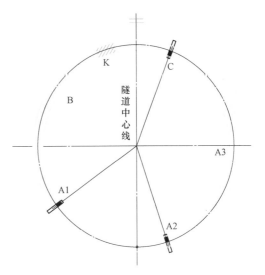

图 8-25　管片加固示意图

2）确保顶部管片及圆曲线外侧管片的壁后空隙被填充密实。若发生管片上浮或侧移，可在管片位移方向上，通过贯穿吊装孔，插入注浆管进行二次补充注浆。补充注浆的浆液优先选用双液浆，其凝固速度快，可迅速填充管片壁后空隙，组织管片上浮和侧移。

3）加强对管片的监测，每天测量管片姿态，统计监测数据，分析管片姿态的日变化量，判断管片是否上浮，上浮时的速度和上浮量。

六、小结

澜石—魁奇路区间中，魁奇路盾构始发井由于条件限制，并不满足盾构始发的要求。通过改造部分已有隧道、偏移调整盾构始发中心线、盾构机分体始发等措施，成功实现了盾构机从魁奇路始发井始发的目标。后续的施工实施效果和监测数据表明，本区间的盾构始发方案安全可靠，可为类似工程提供参考。

第九章 盾构掘进施工技术

第一节 全断面砂层盾构施工技术

一、工程概况

新城东站—东平站区间左右线盾构在始发段前 50m 掘进过程中地表沉降均超出设计要求，且出现喷涌现象。该区段内地质情况如图 9-1 所示，可以看到盾构掘进全断面均为粉细砂层，砂层为松散～稍密状态，含有较多粉粒、黏粒，透水性为弱～中等。标贯击数 3.3～16.0 击，平均 8.5 击。

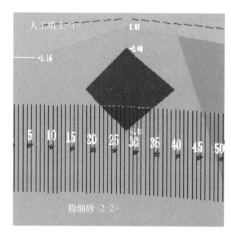
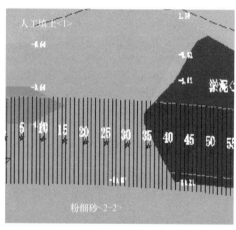

左线   右线

图 9-1 新城东站—东平站区间始发段地质情况

二、地表沉降分析及处理方案

（一）地表沉降情况

该区段各测点累计沉降情况见表 9-1。其中右线累计沉降最大的点为 DY4，累计沉降达到 116.4mm；左线累计沉降最大的点为 DZ6，累计沉降达到 113.5mm。

（二）原因分析

选取新城东站—东平站区间右线沉降较大的点 DY4 进行分析，DY4 点累计沉降情况如图 9-2 所示。

新城东站—东平站区间地表各测点累计沉降情况　　表 9-1

序号	左线始发段地表监测累计沉降值		左线始发段地表监测累计沉降值	
	测点编号	累计沉降值 mm	测点编号	累计沉降值 mm
1	DZ3	−40.55	DY3	−93.7
2	DZ4	−66.15	DY4	−116.4
3	DZ5	−102.45	DY5	−92.2
4	DZ6	−113.35	DY6	−58.6
5	DZ7	−82.65	DY7	−47.3
6	DZ8	−86.80	DY8	−45.9
7	DZ9	−71.50	DY9	−42.2
8	DZ10	−81.10	DY10	−40.3
9	DZ11	−68.20	DY11	−39.6

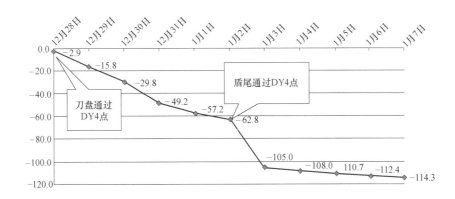

图 9-2　DY4 累计沉降情况（mm）

由图 9-2 可得出几点结论：

1）刀盘通过该点时累计沉降较小，说明该区段土压设置较合理。

2）当盾尾通过该点时，累计变化已达到−62.8mm，导致此时沉降大的原因主要是盾构掘进过程中刀盘对地层的扰动，说明盾构在全断面砂层施工中极易对砂层造成较大的扰动，导致后期地表沉降大。

3）当盾尾通过该点时，变化速率明显增大，达到−42.2mm/d，说明同步注浆在全断面砂层施工过程中极为重要。

（三）处理措施

新城东站—东平站区间右线在 720~740 环对应地面情况为保利地产 3 层的活动板房（图 9-3），该区段地质情况主要为中粗砂，下部含有少量淤泥及

图 9-3　保利活动板房（曾建辉摄）

淤泥质土。为了控制地表及房屋沉降，保证房屋安全，主要采取以下几点措施：

1）采用土压平衡模式掘进，进行开挖面稳定计算，设定合理的掘进参数，控制盾构机姿态，控制土压力以稳定开作面，控制地表沉降，将施工对地层的影响减到最小。

（1）严格按照交底土压掘进，掘进过程中土仓顶部压力波动值控制在 0.2bar 以内，出土量不得大于 $51m^3$。

（2）盾构掘进过程中缓纠姿态，避免对砂层造成较大扰动。

（3）掘进过程必须保持连续、快速掘进，中间尽量减少停滞时间。

（4）当环快要掘进完时，关闭螺旋机向前掘进，保证停机时的土压比正常掘进土压高 0.3bar。

（5）适当降低刀盘转速，减少对地层的扰动。

2）适当缩短浆液胶凝时间，保证注浆质量。

盾尾同步注浆的量与地面沉降有较大关系，过少会造成地面较大的沉降，过多会窜浆至地面，污染环境。富水砂层注砂浆极易往外扩散，在掘进过程中需根据注浆压力（0.3~0.4MPa，一般而言）和地面情况及时调整注浆量（一般为建筑间隙的 180%~200%），对管片背后对称均匀压注。注浆的标准是确保脱出盾尾的管片背后的空隙能填满，这不仅可降低后期地面的沉降，也对管片防水起到一定有利作用。

盾尾同步注浆是从盾尾圆周上的四个点同时注浆，考虑到水土压力的差别和防止管片大幅度下沉和浮起的需要，各点的注浆压力将不同，并保持合适的压差，以达到最佳效果。在最初的压力设定时，下部每孔的压力比上部每孔的压力略大 0.5~1.0bar。

穿越粉砂土层，同步注浆采用水泥砂浆，浆液的配合比见表 9-2。

同步注浆材料初步配合比表 表 9-2

水泥(kg)	粉煤灰(kg)	膨润土(kg)	砂(kg)	水(kg)
270	310	50	680	50

3）二次注浆

为提高充填密实性，更好地控制地层沉降，掘进施工中在盾尾后 4~6 环处利用管片吊装孔进行二次注浆作为同步注浆的补充，浆液凝固时间控制在 15s 左右。通过二次注浆，可以快速阻断地层涌水，削弱其对同步灌浆的冲刷，提高同步灌浆效果，强化管片环与围岩的固结，改善接缝防水，提高结构防渗效果，保持盾构通过后的地表稳定。

（四）处理效果

通过采取以上措施，在 720~740 环通过全断面砂层取得了良好的效果，该段地层沉降基本得到控制，右线 720~740 环地表累计沉降情况见表 9-3。

右线 720～740 环地表累计沉降情况　　　　　　　　　　表 9-3

序号	测点编号	累计沉降值(m)	备注
1	DY193	−15.1	—
2	DY194	−17.0	—
3	DY195	−15.9	—
4	DY196	−19.5	—
5	DY107	−27.1	—
6	DY198	−2.5	—
7	DY199	−1.8	—
8	DY200	−3.6	—
9	DY201	−29.8	—
10	DY202	−31.5	—

三、喷涌分析及处理

(一) 喷涌情况

新城东站—东平站区间左线在掘进至 310 环时，螺旋机发生喷涌，部分泥沙被带出，如图 9-4 所示，该区段盾构穿越地层主要为中粗砂，局部含有少量强风化泥质粉砂岩，喷涌加剧了地表沉降。

(二) 喷涌处理措施

1) 注入泡沫剂

盾构掘进过程中向土仓内及刀盘面注入泡沫等添加材料，形成隔水泥膜，防止水从地层中渗出，提高土仓内渣土的稠度来改善渣土的止水性。防止涌水流砂和发生喷涌现象，并有利于螺旋输送机排土。

图 9-4　螺旋机喷涌后残留在隧道中的泥沙（曾建辉摄）

2) 关闭出土闸门，关掉螺旋机，在顶部土压不超限的情况下继续往前掘进，使土仓基本满土后（此时刀盘油压较高，扭矩较大）停止；然后稍开出土闸门，不启动螺旋机，让土压把砂土挤出，待砂土挤出速度较慢甚至不自动流出时再启动刀盘往前掘进。

3) 关闭出土闸门，螺旋机正转转速调至 2.0rpm 左右，继续往前掘进，到顶部土压达 2.8bar 时停止；待土压降低到 2.0bar 以下时再按前面方法掘进，到刀盘扭矩较大（约 3200kN·m）时，关闭刀盘及螺旋机，稍开出土闸门，让土压把砂土挤出，待砂土挤出速度较慢甚至不自动流出时再启动刀盘往前掘进。

4) 严格控制盾构正面的平衡压力盾构机在过砂层时，通过下列两种方法控制土仓压力处于平衡状态：一是在保持推进速度不变的情况下，调节螺旋输送器的转速或闸门开度（螺旋输送器转速减小均能达到增大土仓压力的效果），控制出土量，建立和保持密封土仓压力；二是在保持螺旋输送器的转速或闸门开度不变的情况下，加大盾构机千斤顶的总推力，提高刀盘的转速和推进速度，增大密封土仓压力。

5）渣土改良：在砂土和砂砾等砂质土地层中，由于砂土的摩擦阻力很大，地下水丰富，土的透水系数也较高，依靠削土的土压力保持开挖面上的压力（地下水压力和开挖面土压力）是很困难的。另外，通过开挖土体很难保证出土的流动性，在这种砂性土的地层中，单纯依靠出土闸门等机械控制很难保证开挖面的稳定，所以在开挖面上加压或注入化学聚合物、泡沫剂、膨润土等材料，进行充分搅拌，改良切削下来的渣土性质，保证砂土的流动性和止水性，以求开挖面的稳定，防止喷涌、冒顶等。

四、总结（缺少全断面砂层盾构掘进引发地表沉降过大的总结）

盾构机穿越全断面砂层地层时很容易出现喷涌、坍塌等险情，若得不到有效的控制，会造成地表沉降、开裂，严重的将影响周边建筑物安全。因此在盾构掘进过程中，应加强对渣土改良、注浆及土压平衡等方面的控制，加强施工监测，保证盾构及周边建（构）筑物的安全及稳定性。

第二节 盾构机带压开仓处理异物施工技术

一、工程概况

（一）施工概况

新城东站～东平站盾构区间右线盾构机在 4 月 22～24 日掘进过程中，一级螺旋输送机频繁出现油压突然偏大且无法运转出土的情况，通过反复反转及正转后一级螺旋机无法运转的问题得到临时解决，但掘进一段时间后又会出现相同情况。根据现场实际情况及施工经验，断定盾构机土仓内存在较大异物。由于通过螺旋机反转会使土仓压力增大而损坏主轴承密封，并且经常使螺旋机处于高油压旋转状态极易损坏叶片。因此，为确保设备安全，经过研究决定盾构掘进拼装完成 467 环后停机，然后带压进仓处理异物，处理完成后再恢复盾构施工。

（二）盾构机停机处的工程地质情况

右线带压开仓所处位置刀盘里程为 YDK-5424.98，隧道掌子面区域地质主要为粉质黏土、强风化泥质粉砂岩并含有少量的粉细砂，隧道地质从上往下依次为人工填土、<2-1A>淤泥、粉质黏土、粉细砂、强风化泥质粉砂岩、中风化泥质粉砂岩，如图 9-5 所示。隧道拱顶埋深为 19.4m；隧道范围右侧有燃气管道，埋深 1.6m。

通过地质断面图可知，隧道掌子面上部可能含有少量软～流塑状态的淤泥，这对盾构带压开仓非常不利。根据现场所取渣样分析，掌子面区域主要为粉质黏土，含有

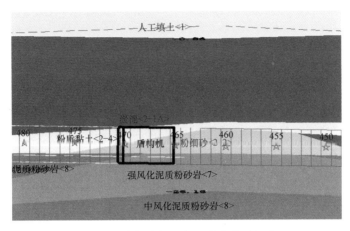

图 9-5　盾构停机开仓位置地质剖面图

少量粉细砂及强风化泥质粉砂岩。为了进一步确定隧道掌子面地质情况，对盾构机刀盘前 2m 处进行钻孔取芯，如图 9-6 所示。根据现场所钻孔取芯芯样显示，距地面18m 以下为粉质黏土，如图 9-7 所示，而盾构机拱顶埋深为 19.4m，由此可知隧道掌子面上方不存在淤泥。

图 9-6　地质补勘芯样图

为了进一步确认取芯的准确性，利用钢管通过盾体径向孔对盾体上方渣土进行取样，如图 9-8 所示，钢管伸入径向孔上方约 40cm。对样品进行分析，得出结论为盾体上方地质为粉质黏土，与之前分析一致。进一步验证了隧道掌子面上方不存在淤泥，因此具备带压开仓条件。

二、带压开仓前的相关准备工作

盾构机停机后需要尽快实施开展开仓作业，但是为了确保施工能够安全顺利完成，应严格按照要求进行开仓相关准备工作，具体工作内容和顺序见表 9-4。

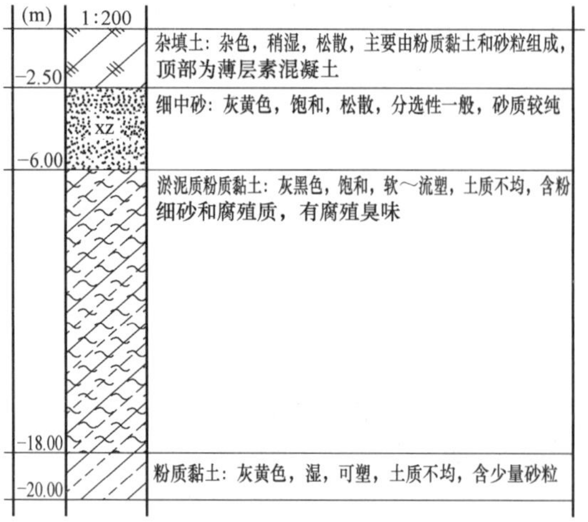

(m)	1:200	
-2.50		杂填土：杂色，稍湿，松散，主要由粉质黏土和砂粒组成，顶部为薄层素混凝土
-6.00	xz	细中砂：灰黄色，饱和，松散，分选性一般，砂质较纯
-18.00		淤泥质粉质黏土：灰黑色，饱和，软~流塑，土质不均，含粉细砂和腐殖质，有腐殖臭味
-20.00		粉质黏土：灰黄色，湿，可塑，土质不均，含少量砂粒

图 9-7 地质柱状图

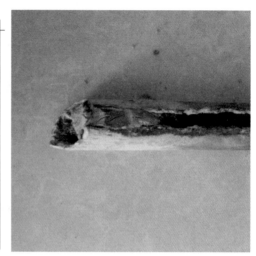

图 9-8 盾体径向孔取样图

开仓相关准备工作   表 9-4

顺序	完成时间	工 作 内 容
1	2d	进行龙门吊、砂浆站、电瓶车、注浆系统、刀盘启停、皮带螺旋机出土系统、循环水系统、油脂注入系统的检修与保养
2	1d	召开盾构开仓工作协调会，针对带压开仓进行了相关工作部署
3	2d	完成盾构带压开仓（处理异物）施工方案编制；确定开仓作业人员的来源及人数；进行人闸检查及人闸相关仪表的校准
4	1d	召开盾构带压开仓（处理异物）施工方案专家评审会；厂家对空压机进行检修
5	1d	进行人闸相关零部件的更换；土仓保压试验开始；盾构带压开仓（处理异物）施工方案按专家意见修改完成；盾构机径向孔取芯完成；膨润土注入系统管路安装完成
6	1d	刀盘前方土体垂直取芯完成；修改后方案呈专家组组长复核通过；开仓作业期间人员安排完成；保压试验完成
7	1d	盾尾后管片二次注双液浆封环完成（图 9-9）；筒体注高浓度泥浆完成（图 9-10）；开仓相关工具及应急物资准备到位；人闸密封圈更换完成；进行人闸气密性试验；盾尾油脂注入完成
8	1d	压气作业整体调试完成；作业人员安全教育及安全技术交底完成；泥膜护壁施工工序完成；应急柴油发电机及空压机准备到位
9	1d	作业人员体检完成；作业人员技术培训完成；应急发电机及空压机调试完成
10	1d	进行有害气体检测；召开带压开仓施工条件验收会并通过。通过后开始实施带压开仓作业

三、开仓过程中存在的问题及采取的措施

1) 由于盾构机保压系统及人舱年久失修，土仓及人舱的密封性难以保证。针对此问题，本次施工采取了以下措施：

（1）为确保土仓的密封性，向盾尾后三环管片注双液浆，筒体四周注以膨润土代替水泥的惰性浓浆，保证盾体气密性良好。

（2）进行保压试验，保压试验气压值设定为 2.5bar，试验需进行 20h 以上。试验过程中，开挖仓压力没有发生变化，说明开挖仓气密性良好，保压试验合格。

（3）更换人舱密封圈，进行人舱气密性试验，试验时间为 1h，气压初始设定值为 3.2bar，试验结束后，仪表上压力显示为 2.83bar。试验表明 1h 内压力降低0.37bar，小于 0.45bar，满足规范要求，人舱气密性合格。

图 9-9　二次注浆

图 9-10　筒体注惰性浓浆

2）排泥过程中出现轻微喷涌及气压突降

由于土仓内施工作业需要用水，而这会导致土仓内液面不断上升，因此必须将土仓内液面降下来，以便异物打捞。而在排土的过程中会出现轻微喷涌、气压突降及气压不稳等问题，这对施工作业人员造成极大的安全隐患。针对这个问题，本次施工采取的措施如下：

（1）排土作业前，施工作业人员退回至人舱，关闭土仓门及人舱与土仓之间的连接阀，待排土完成且气压保持稳定后，方可打开人舱与土仓之间的连接阀，然后打开土仓门，人员进入土仓内施工作业。

（2）排土作业过程中，不要旋转螺旋机，将一级螺旋机闸门关闭，慢慢开启一级螺旋机闸门，靠土仓内气压将土仓内液体排出，此时需注意控制螺旋机的液体流量，使其流量保持稳定。当出现喷涌及气压突降时，应立即关闭一级螺旋机闸门。

（3）排土作业过程中，会出现土仓内气压持续下降的情况，说明土仓内液面已在螺旋机出土口以下。此时应关闭一级螺旋机闸门，正转一级螺旋机，同时反转二级螺旋机，使一级螺旋机闸门处被土塞满，保证其密封性。同时可向土仓内注入适量膨润土，使土仓内液面位于螺旋机出土口以上。

四、带压开仓施工结果分析

（一）带压开仓施工结果概况

在严格按照要求进行开仓相关准备工作的基础上，本次带压开仓施工耗时 5d。

图9-11　掉落的刀具

施工期间作业人员在对刀具检查的过程中，发现刀盘上有一把中心撕裂刀掉落（图9-11），且固定撕裂刀的螺栓全部损坏。最终工作人员耗时2d成功将掉落的撕裂刀从土仓里捞出，对刀盘上刀具螺栓也进行了修复。本次施工达到了预期的目的，在带压开仓作业过程中不仅保证了人员的安全，同时确保了掌子面的稳定；地表沉降得到了有效的控制，燃气管道及周边建筑物无异常。经总结，本次施工还有以下几点可以改进：

1）施工前需充分考虑土仓处的土体质地。本次作业由于施工前未考虑土仓处于5～7点位的土体质地较硬，作业人员在打捞掉落刀具的过程中，脚不能直接踩到底，因此需做大量的清理工作，延长了作业时间。

2）在清理刀具的过程中，在掌子面稳定的前提下，可采用高压清洗机适当对刀具进行冲洗，这样可缩短人工清理刀具的时间。

3）在开仓过程中施工工序的安排不够清晰，需进一步明确。

（二）刀具掉落原因分析

结合技术及设备角度综合分析，造成此次中心撕裂刀掉落的原因主要有以下几点：

1）区间350～470环地层，实际的风化岩含量较详勘有很大偏差（实际的风化岩含量很高），因此对盾构机在始发前刀具的选型及配置造成一定程度的误导，导致刀具选型与实际地层分布不匹配。

2）由于此台海瑞克盾构机刀盘上配置的主要是软土地质刀具，加之地层偏差风化岩含量较高，造成盾构掘进过程中刀盘扭矩偏大，加剧螺栓的疲劳和损坏，增加道具掉落的风险。

3）设备管理人员在制定刀具配置的方案时，对刀具同风化岩的适应性方面考虑不充分，从而导致刀盘上配置用于破岩刀具的数量偏少。

4）盾构机在完成左线施工出洞后，设备人员局限于刀具磨损检查，未对刀具螺栓进行检查，没有及时将刀具上使用周期长的旧螺栓更换掉。

（三）针对刀具掉落后期控制措施

1）盾构始发前期，设备人员在刀具选型上要充分考虑地层的特征，合理进行刀具选型，尽可能选择一套最佳刀具配置方案，从而满足掘进过程中高扭矩的要求。

2）选择匹配于刀具或质量好、高强度、具有较强抗剪切力的螺栓来固定刀具，针对受力较大的刀具如中心刀，必要时可适当进行焊接加固，确保刀具安装牢固，防止掉落。

3）盾构机出洞后要仔细对刀盘、刀具及刀具螺栓进行检查，对使用周期长或变形、旧的螺栓及时进行更换。

4）设备人员在安装刀具的过程中不仅刀具位置要摆好，更重要的是固定刀具的螺栓要拧紧，再用扭矩扳手进行复紧，确保刀具安装牢固。

5）操作手在操作盾构机过程中要严格按照操作规程操作，合理控制掘进参数，尽可能降低刀盘扭矩。

五、结语

盾构机带压开仓处理异物的危险性是非常大的，因此在开仓前应做好各方面的准备工作，其中掌握刀盘前方地层的地质情况对于带压开仓施工能否安全完成尤为关键。针对这个问题，可采取盾体径向孔和地面垂直钻孔的方法，对刀盘前方地质进行补充勘测。开仓前须进行保压试验及人仓密闭性实验，并确保土仓的密闭性良好。开仓过程中应遵循应急预案做好各方面准备工作，以保持开仓能顺利完成。

第三节　盾构过裕和路段塑料排水板及脱困技术

一、盾构机被困状态形成

2014年4月18日凌晨1点，东平站—新城东站区间隧道左线的盾构机掘进至129环，千斤顶行程为1500mm时，螺旋输送机出土量逐渐减少，最后无法排土（螺旋输送机滞排现象）。这导致了土仓压力逐渐升高，最高时达到2.86bar，见表9-5，但螺旋输送机正、反转仍然正常。初步估计为土仓内障碍物妨碍出土。

第129环掘进参数表

表9-5

环号	刀盘转速 （r/min）	刀盘扭矩 （kN·m）	掘进速度 （mm/min）	推力 （t）	一级螺旋转速 （r/min）	二级螺旋转速 （r/min）	最大土压 （bar）
129	1.1	540	21	1360.5	15.7	17.5	2.86

由于此情况在行业中相当罕见，并没有相应的参考经验。为使螺旋输送机恢复出土、盾构恢复掘进，承包商采取了往螺旋输送机中注入高稠度膨润土的措施。将膨润土溶液注入后，关闭螺旋输送机出土口并浸泡4h；然后使螺旋输送机进行正、反转动冲击土仓内障碍物。该措施暂时性恢复螺旋输送机出土，但在盾构机掘进一段后又重复出现了螺旋输送机滞排现象。重复该处理措施，在盾构机向前掘进了9～138环时，螺旋输送机彻底不能出土，盾构机无法掘进，处于完全被困状态。

二、盾构机被困地层的地质条件及周边建（构）筑物

（一）盾构机被困地层的地质条件

盾构机被困地层的地质断面自上而下分别为：<1>人工杂填土、<2-1a>软塑

淤泥（标准贯入度 1～3 击）、＜2-2＞粉细砂（图 9-12）。

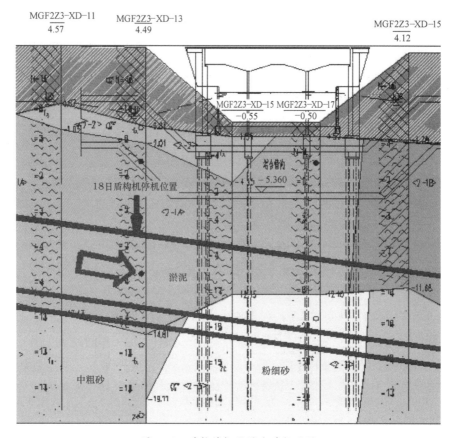

图 9-12　盾构停机位置地质断面图

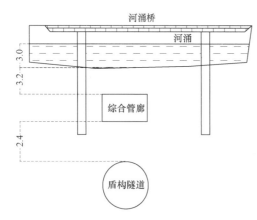

图 9-13　盾构停机平面及断面位
置示意图（王学龙绘制）

（二）周边建（构）筑物

盾构机被困位置距离新城河涌约 3m，周边建（构）筑物较为杂乱。对盾构机掘进影响较大的建（构）筑物有新城河涌桥和综合管廊（图 9-13），其中综合管廊处于隧道正上方且与隧道基本平行，最近距离约为 2.4m，管廊内布置有通信、电力、供水等管线。

东平站—新城东站区间隧道左线盾构机始发后基本沿裕和路方向进行掘进。对于裕和路，在道路施工期间对软土路基进行了处理，采取的软基处理技术是塑料排水板排水＋堆载预压固结＋水泥搅拌桩加固。其中，塑料排水板宽度 100mm，厚度 4.5mm，按边长为 1.2m 的等边三角形阵列进行布置（图 9-14）。另外，新城河涌桥建设时打入的木桩并没有进行拔除，对隧道施工有潜在影响。

通过资料调查和现场踏勘，在区间隧道范围内所分布的塑料排水板、搅拌桩体大部分都侵入到了盾构隧道断面范围内；新城河涌桥下的部分木桩也在此范围内。对于左线隧道，塑料排水板侵入隧道断面的长度范围合计为366m，搅拌桩体侵入隧道断面的长度范围合计为430m，具体分布详见表9-6及图9-15）。

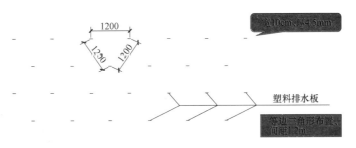

图9-14　塑料排水板平面布置图

塑料排水板及搅拌桩分布关系表　　　　　　　　　　　　　　　　表9-6

分布长度及里程	5976.1~6066.1 90m	5942.1~5976.1 34m	5689.42~5831.46 142m	5589.42~5689.42 100m
塑料排水板长度	13.1m	16.2m	25m	20.8m
隧道拱顶埋深	9.26~11.7m	11.7~12.6m	15.55~19.34m	19.34~21.9m
分布长度及里程	5917.1~5942.1 25m	5831.5~5861.4 30m	5013.5~5294.7 281.2m	4918.5~5013.5 95m
搅拌桩加固体	13.7m	19.6m	17~18m	15.1m
隧道拱顶埋深	12.6~13.27m	14.75~15.55m	10.74~16.7m	10.6~10.74m

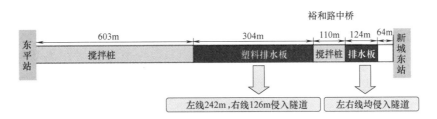

图9-15　盾构区间排水板分布示意

三、盾构机被困原因分析

盾构机停机被困以后，对产生故障的原因进行了排查。首先，由于盾构机其他子系统均能正常工作，只有螺旋输送机不能正常出土，因此可确定产生故障的部位为螺旋输送机。其次，在之前的排障过程中，向螺旋输送机注入膨润土后机器能短暂性恢复出土，基本可判断是土仓内障碍物影响螺旋输送机流畅出土。进一步地，结合调研得到的地层条件和邻近建（构）筑物信息，可判断应为侵入盾构隧道断面范围内的杂物（塑料排水板和木桩等）被卷入土仓内形成障碍物。

根据上述逐步排查法可分析得到盾构机的被困原因如下：塑料排水板和木桩被刀

盘卷入土仓互相缠绕后与渣土混合，并在螺旋输送机伸入土仓部分的上方堆积成一个拱形体。由于该位置是土仓搅拌棒的盲区，搅拌棒无法将堆积成拱形体的塑料排水板和木桩搅散，因此该拱形体持续存在、增大并影响出土，最终导致螺旋输送机彻底不能出土，从而使盾构机被困。

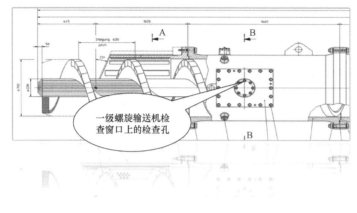

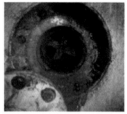

图 9-16　检查孔打开后情况

四、盾构机脱困处理

（一）脱困技术方案的确定

在分析得到盾构机的被困原因后，关键问题就变为采用经济有效的技术方案使盾构机脱困。根据已有行业经验，土仓排障方案主要分为开仓排障和不开仓排障两类。对于开仓排障，其安全实施的前提是螺旋输送机能正常出土，由于盾构机正是因螺旋输送机不能出土而被困，因此开仓排障方案不适用。而不开仓排障主要有溶液腐蚀法、局部冷冻法等；针对本工程而言，考虑到盾构机被困地层对土压变化较为敏感且土仓空间狭小，上述方法具有风险较大、操作困难等问题，因此同样不适用。

由于没有现成行业经验可供借鉴，本工程的技术专家通过整理分析关键技术问题、进行跨行业调研以后，决定采用"生物膨胀法"作为盾构机脱困技术方案。该方案的主要步骤为：首先向螺旋输送机加入黄豆，并使黄豆进入到土仓内；其次待加入的黄豆达到一定量以后，注入清水，等待土仓内黄豆吸水膨胀；然后待土仓达到一定压力值后，转动刀盘使搅拌棒带动黄豆将拱形体逐步冲散；最后排出黄豆及拱形体碎屑，螺旋输送机恢复正常出土，盾构机完成脱困。

本方案采用黄豆作为膨胀介质主要是基于两点考虑：一是黄豆具有较高的吸水膨胀率，空隙填充性较好；二是黄豆为球状，和易性、搅拌性、流动性都较好。

（二）脱困技术方案的实施

项目部准备了 60 包共 3t 黄豆用于盾构机脱困。从 4 月 28 日 15 点开始，通过一级螺旋输送机上端小孔向机器中加入黄豆，加入至一定量以后，利用反转螺旋使黄豆进入到土仓内，在灌入困难时加入少量清水（图 9-17、图 9-18）。重复此步骤直至 4 月 29 日，土仓内的黄豆达到预计量后，通过螺旋输送机向土仓内注入清水，等待土仓内黄豆全部吸水膨胀。在该过程中，监测得到的土仓压力变化见表 9-7。

图 9-17　向螺旋输送机中加入黄豆（罗政摄）　　　图 9-18　向小孔内灌水（王学龙摄）

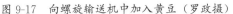

土仓压力变化表　　　　　　　　　　　　　　　　　　　　表 9-7

时间	黄豆加入量(包)	土仓压力变化(上/下)(bar)
4 月 28 日 15:00	0	1.57/1.45
4 月 28 日 23:20	37	2.18/1.83
4 月 29 日 1:30	43	2.25/1.86

至 4 月 29 日上午为止，共加入黄豆 43 包。从 4 月 29 日 17:06 开始启动盾构机，反复转动刀盘，利用刀盘搅拌棒进行搅动，从而带动黄豆运动将塑料排水板和木桩缠绕而成的拱形体逐步冲散。刀盘持续转动 1h 后，开始正转螺旋，排出土仓内黄豆，随后螺旋输送机恢复正常出土，盾构机成功脱困。在后续的盾构掘进过程中，为避免塑料排水板和木桩再次在土仓内缠绕形成拱形体，先采用较低土压的方式进行掘进，再逐渐恢复为正常土压。

（三）方案实施效果评价

通过实施上述脱困技术方案，发现在 139～146 环掘进时筛洗后的土样中含有塑料排水板和木桩的碎屑，这表明确实是由于塑料排水板和木桩造成盾构机被困；而在后续盾构掘进过程中，再也没有出现螺旋输送机滞排现象，盾构掘进正常，表明脱困技术方案是有效的。而在另一方面，由于盾构机脱困后先采用较低土压进行掘进再恢复为正常土压，该过程导致了隧道上方综合管廊的沉降过大，此为该方案的不足（图 9-19、图 9-20）。

五、施工经验总结及其应用

上述盾构机被困现象出现在左线隧道中，由于右线隧道也沿着裕和路方向敷设并穿越含有塑料排水板和木桩的地段，因此盾构机也有滞排被困的可能性。为了预防右线隧道出现类似左线隧道的情况，通过总结盾构机被困原因及相应的脱困施工技术，对右线盾构掘进采取以下措施：

 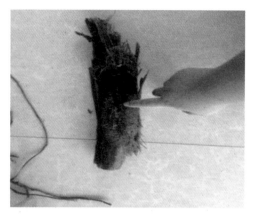

图 9-19　取出的塑料排水板（王学龙摄）　　　　图 9-20　取出的木桩（王学龙摄）

（一）增加撕裂道具

在刀盘上增加撕裂道具，使其能够很好地将塑料排水板和木桩切断，防止其在土仓内发生缠绕和堆积。

（二）改善渣土

在盾构机掘进过程中加强对渣土的改良，提高渣土的流塑性，使塑料排水板和木桩碎屑能与渣土很好地混合在一起，并随渣土一起排出，不在土仓内发生缠绕和堆积。

（三）加强掘进参数控制

加强对盾构掘进过程中的参数控制，如严格控制刀盘扭矩、土仓压力、螺旋输送机扭矩等，盾构机出现异常时及时停机分析原因，并针对该原因采取相应的措施。

通过采取上述措施，在右线盾构机穿越含有塑料排水板和木桩的地段时，虽然排出的渣土中仍然含有塑料排水板碎屑，但并未出现螺旋输送机滞排现象，盾构掘进正常。由此可见，根据左线盾构机脱困施工经验来指导右线盾构掘进取得了良好的应用效果。

第四节　盾构穿越锚索群地层施工技术

一、工程概况

（一）盾构隧道与已有锚索的基本关系

新城东—东平区间盾构隧道沿裕和路掘进，道路北侧为保利 1 号地块，区间隧道右线在靠近东平站接收井的保利 1 号地块约 122m 范围内有 68 根锚索全部或部分侵入隧道结构范围，如图 9-21 所示。

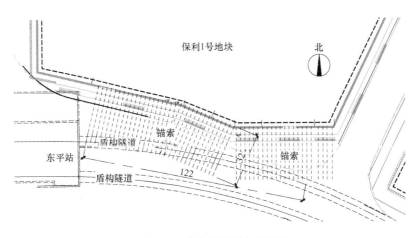

图 9-21 盾构区间锚索布置图

保利 1 号地块建筑基坑采用桩锚支护体系，影响盾构隧道结构的锚索主要分为两类，其基本参数见表 9-8。

保利 1 号地块锚索分类参数表　　　　表 9-8

预应力锚索层号	杆件材料（钢绞线）	设计长度（m）	锚固段（m）	水平间距（m）	钻孔直径（mm）	钻孔倾角（°）	设计值（kN）	锁定值（kN）
YMS1	2×7φ5	32	27	2.4	200	25	300	200
YMS2	2×7φ5	32	27	2.4	200	25	300	200

利用已有的记录资料，对锚索数量进行统计；进一步地，根据锚索与区间隧道的平面、剖面分布信息，将锚索地层区域划分为六个区间，各区间的锚索统计见表 9-9。

各分区锚索数量和长度统计表　　　　表 9-9

序号	分区	总数	侵入隧道的锚索数量	需拔除的锚索长度（m）	备注
1	一区	4	0	0	未侵入隧道
2	二区	0	0	0	未采用锚索
3	三区	11	11	32×11＝352	全部侵入隧道内，其中第一层 6 根，第二层 4 根，第三层 1 根（图 9-22）
4	四区	17	17	32×17＝544	全部侵入隧道内，其中第一层 6 根，第二层 6 根，第三层 5 根（图 9-23）
5	五区	12	12	32×12＝384	全部侵入隧道内，其中第一层 6 根，第二层 6 根（图 9-24）
6	六区	43	28	32×28＝896	部分侵入隧道内，其中第一层 18 根，第二层 10 根（图 9-25）
汇总		87	68	2176	

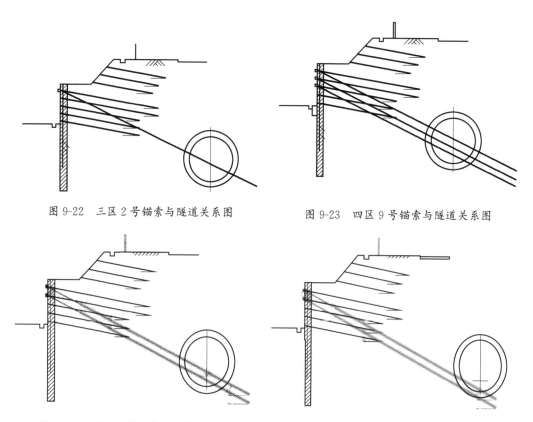

图 9-22　三区 2 号锚索与隧道关系图　　　　图 9-23　四区 9 号锚索与隧道关系图

图 9-24　五区 15 号锚索与隧道关系图　　　　图 9-25　六区 26 号锚索与隧道关系图

（二）工程地质与水文地质条件

隧道顶部覆土厚度 14m，隧道主要穿越淤泥、淤泥质土、粉细砂、中粗砂等土层，局部穿越粉质黏土层，隧道底部进入强风化泥质粉砂岩。地下水主要为松散层孔隙水和基岩裂隙水。松散层孔隙水主要赋存于海陆交互相粉细砂、中粗砂层中。场地

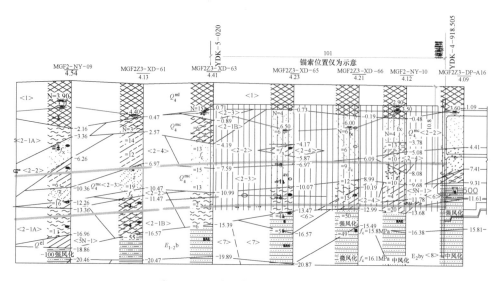

图 9-26　保利 1 号区间地质纵断面图

内砂层含水属于潜水，但在局部地段由于被淤泥层、粉质黏土层等不透水层覆盖，因此该层地下水具微承压性。

（三）现状管线情况

区间内管线较多，主要包括有：DN500、DN300、DN150 的自来水管各 1 根，埋深 1.5m；10kV 高压电缆线 4 根，埋深 1m；与高压电缆线沟槽并排的 6 组通信光缆，埋深 1m；DN400 污水管道 1 根，埋深 2m；DN110 路灯线 5 根，埋深 1m（图 9-27）。

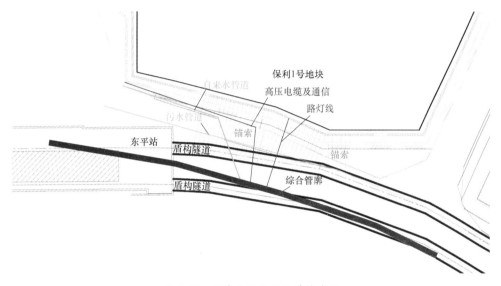

图 9-27　锚索分区及周边管线布置

二、施工难点及风险

本区间隧道进行施工时，存在着以下几方面施工难点和风险，包括有：

（一）周边环境引起的施工难点和风险

1）周边管线较多且迁改困难，在有限的场地内施工容易造成管线损坏。

2）地层复杂多变，包括有淤泥、淤泥质土和粉细砂等地层，地下水埋深较浅，影响旋喷桩加固质量，人工挖孔桩工法无法实现。

（二）锚索拔除的施工难点和风险

1）原保利 1 号地块基坑施工时的搅拌桩承载力有限，直接拔除锚索将造成桩体破碎而导致反力不足。

2）锚索在施工时进行了张拉和注浆，单根锚索的设计抗拔力为 30t；通过计算注浆体与土体间的摩擦力，若进行直接拔除，锚索将被拉断而导致部分锚索遗留在地层内。

3）锚索的外露长度不足，若采用夹具拔除锚索，则夹具难以正常使用。

4）锚索施工时，实际钻孔方向与设计方向存在着偏差，若采用套管跟进钻取法，实际钻孔方向与设计方向不重合，容易切断锚索。

（三）盾构掘进的施工难点和风险

1）锚索容易缠绕刀盘，减小刀盘实际开口率，造成扭矩和推力增大，土体难以进入土仓，引起较大的地面及周边管线变形；严重时，将使刀具失去破岩能力，盾构机无法掘进。

2）若锚索被卷入土仓，则容易缠绕螺旋输送机，导致无法出土。

3）锚索在地层中受到扰动后，将形成明显的土体软弱区，对盾构带压开仓作业和注入膨润土建立泥膜均产生较大影响，从而造成开仓处理的困难。

综合上述各方面的施工难点和风险，在进行盾构隧道施工前，应先对侵入隧道范围内的锚索进行拔除，以减小施工中的风险。

三、锚索拔除施工

根据现场实际情况，先后采用了电力腐蚀法、套管跟进钻取法、旋挖钻机回旋切割加固处理法等三种施工工法对锚索进行了试拔除，通过对比三种工法的适用性和实施效果来决定最后选用的实施工法。

（一）电力腐蚀法

2013年2月，项目部开始试用电力腐蚀法对侵入隧道范围的锚索进行清除。在实施正式电力除锚施工前，应先确定该工法的可行性。为此，进行了电力除锚工艺试验。

现场选取了两根锚索作为试验对象，试验时间从2013年3月9日～4月25日，历时48天。试验期间，控制电压使其基本稳定在60V左右，而电流则出现了先逐渐增大再逐渐减小的变化趋势。至4月25日，电流已较小，初步判断两根锚索已完成电力腐蚀过程，如图9-28所示。

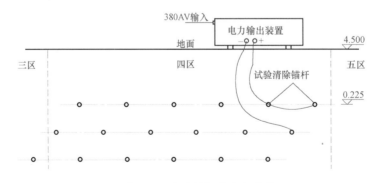

图 9-28　试验锚杆清除立面图

为检验电力腐蚀法的效果，采用旋挖钻机在实施电力腐蚀的区域内进行钻孔取样。共钻孔3个，直径均为1200mm。在深度14.8m处，只见水泥块而未见钢绞线；在深度16.8m处见少量水泥块和完整钢绞线，此处为第二排锚索位置。为进一步检验电力腐蚀法效果，采用2台32t千斤顶从自由端对试验锚索进行拔除，拔除长度约

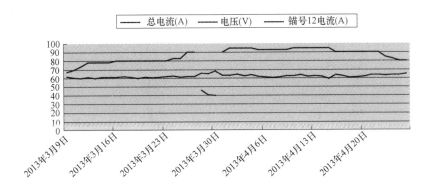

图 9-29 电流变化曲线图

为 3.65m（不计外露 0.3m）。通过对锚索的锚头部分进行检验，可判断锚索受到明显的电力腐蚀，如图 9-29 所示。

经分析，锚索在地下水位以下的部分已基本用电力腐蚀法进行了腐蚀，而地下水位以上的部分尚未完成腐蚀。考虑到盾构隧道埋深基本在地下水位以下，因此经电力腐蚀后的残余锚索并不会对盾构机掘进产生影响（图 9-30、图 9-31）。

图 9-30 挖掘出的水泥块（胡俊摄）

图 9-31 完整的钢绞线（胡俊摄）

2013 年 4 月 24 日，使用 2 台 32t 千斤顶从自由端拔出 1～12 号锚索锚头部位，拔除长度约 3.65m（不计外露 0.3m），呈针状，通过对拔除锚头部分进行分析，可明显看出 1～12 号锚索是通过电流进行腐蚀的，如图 9-32 所示。

从图 9-33 可以看出，地下水位以下已消溶，地下水位以上未消溶，侵入盾构区间锚索剩余残量对盾构机掘进不会产生不利影响。

通过试验可确定该施工工艺在此地质条件下可行，但是由于新东区间右线侵入盾构范围内锚索数量较多共计有 68 根，采取电力除锚施工工艺在后期施工检测方面操作困难，无法直观反映锚索是否处理完全，不能确定该范围内影响盾构施工的锚索全部处理完毕，后经过多次讨论及征询各方参建单位意见，该施工工艺目前还不能满足新东区间右线锚索处理，因此需进一步确定较安全的处理方式。

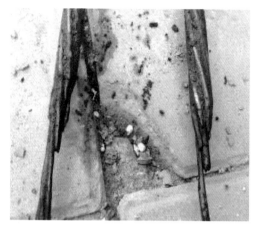

图 9-32　拔出锚索自由端（胡俊摄）　　　　图 9-33　消溶后端部大样（胡俊摄）

（二）套管跟进钻取法

该处理方案主要是以满足盾构掘进安全通过该区段为目标，在全面深刻理解该部位特点、重点与难点的基础上，并结合前期已试验过的电力除锚施工工艺，按照"能全面处理侵入盾构掘进范围内的所有锚索，不能残留以免影响盾构机安全"的原则来编制该施工方案。

根据原套管跟进钻取法施工要求，依托保利地下室外墙，沿外墙施做一个 5m 宽的工作基坑，提供套管跟进钻取法施工工作平台，然后用跟管钻机套取锚索。

1. 基坑支护概述

锚索处理基坑采用放坡加支护的形式开挖，一级基坑采用 1∶1 放坡开挖，坡脚设置 7.8m 宽平台，放坡段基坑采用网喷锚支护，打设 3 层锚杆，锚杆长度 9m，水平间距 1.2m，排距 1.1m。直壁段采用双排旋喷桩内插微型钢管桩支护，旋喷桩桩径 800mm，桩间咬合 200mm，钢管直径 219mm，桩顶设置一层 609mm 钢管支撑（图 9-34～图 9-37）。

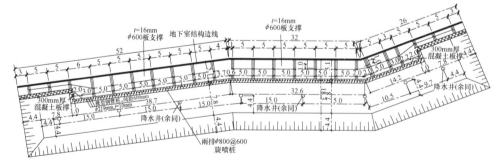

图 9-34　基坑开挖及支护形式平面布置图

2. 现场实际施工情况

从 2014 年 9 月份确定采取套管跟进钻取法到 2015 年 1 月已完成工作基坑围护结构施工与开挖，在锚索拔除实施期间，却出现套管无法完整套取锚索的情况，最长只套取 5m 左右就把锚索切割断。

造成锚索拔除失败的主要原因为锚索长度较长，锚索的实际施工角度与设计角度存在偏差较大且无准确数据支持，而锚索的实际角度又无法准确判断，采取跟管钻进时，套管轴线与锚索轴线不能耦合，造成套管钻进过程中就会与锚索发生交叉从而切断锚索，切断锚索深度根据套管进入角度与实际施工锚索的角度偏差大小而变化。由于角度不能耦合，潜孔锤松动土体深度不够，残存的锚固段过长，握裹体与围岩的摩擦力大于钢绞线最大破断力，造成拔除失败。

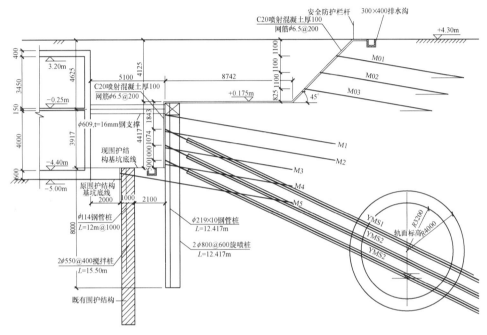

图 9-35　基坑开挖及支护剖面图

图 9-36　套管钻机套取施工（胡俊摄）

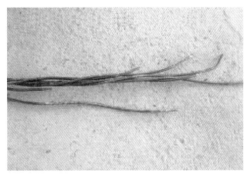

图 9-37　钻取断裂的钢绞线（胡俊摄）

（三）旋挖钻机回旋切割加固处理法

1. 旋挖钻处理锚索施工思路

经过前期现场实际实施的工法及对多种方案的比较和优缺点分析，结合现场情况，提出一种采用旋挖钻和盾构机配合的全新处理方案。该方案先在地面用旋挖钻割断锚索，释放锚索张拉应力，锚索少量被旋挖钻带出，割断后的两段锚索形成自由端残留在地层中，在盾构掘进通过时，通过选用合适的掘进参数，将成为自由端的锚索挤压至盾构两侧土体内，实现盾构通过锚索段的掘进施工。

该方案由于没有完全清除盾构通过范围内的全部锚索，将部分施工风险转移至盾构机掘进过程中，但具有旋挖桩位布置灵活、工程量少、造价可控、旋挖钻机机源充足、施工速度快、桩位定位精度高、锚索切断情况可控、采用泥浆护壁、施工安全风险可控等优点，适合该处锚索的处理施工。

2. 旋挖钻处理锚索情况

1）旋挖桩布置情况

根据锚索分布和隧道关系平面图，可统计第一层锚索共有 36 根侵入隧道，第二层有 26 根侵入隧道，第三层 6 根侵入隧道（其中 1～25 号锚索水平投影贯穿隧道，对应区间里程为 YDK-5-017～YDK-4-956）。根据地面条件与旋挖钻机处理方案，从隧道上方沿线路中心线方向切断锚索（西侧切割方向往北偏移，确保中间开槽切割所有侵入隧道锚索），采用 0.8m 直径钻头，孔间距为 0.6m，共计需钻孔 142 个。处理范围如图 9-38 所示。

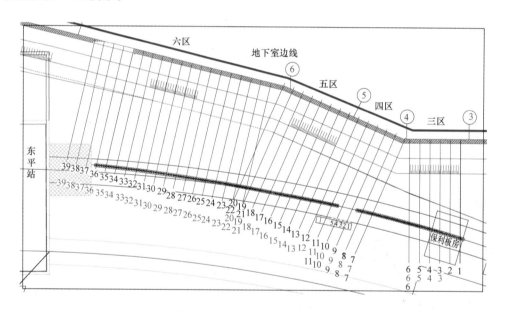

图 9-38　旋挖钻处理范围平面图

旋挖钻从地表开孔，孔径 800mm，孔深为深入隧道底板下 3m，孔间距 600mm，成孔完成后采用低强度等级 M5 砂浆进行回填，回填至距地面 2m 高度为止，相对位剖面关系如图 9-39 所示。

2）现场施工情况

2015 年 3 月 10 日开始进行旋挖钻处理锚索，到 6 月 19 日全部完成，期间旋挖钻共计有 18 根桩挖出过锚索，其中有 2 根桩挖到 2 根，其余均为 1 根，如图 9-40、图 9-41 所示。

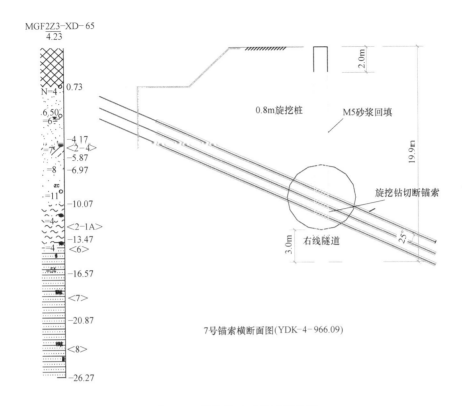

图 9-39　旋挖钻处理范围剖面图

图 9-40　旋挖钻机处理锚索（胡俊摄）

图 9-41　挖出的锚索（胡俊摄）

四、盾构机通过锚索区域掘进情况

(一) 切断后的锚索对盾构掘进的影响分析

此时的锚索已经被旋挖钻一分为二进行了切断，对盾构掘进产生影响，必须具备以下几个条件之一：

1）锚索周边地层较硬，可以给锚索提供足够的反力，让盾构刀具进行切割和缠绕。

2）刀具的布置和刀盘的设计必须具备缠绕住锚索的条件。

3）截断后的锚索必须具备一定长度的自由端被刀具进行缠绕。假设最不利情况下，旋挖钻只切断了锚索，并未带出切断部分，则在开挖面范围锚索最长自由端为 3.14m。

（二）盾构掘进参数设置

1）合理选定掘进模式和主要掘进参数。为了尽可能让盾构挤压土体，让锚索在土体中随盾构前进后滑动，掘进模式采用略低于切口压力的土压平衡模式，切口压力以补充气压和补充泥浆来实现。推进速度降低为 20～25mm/min。

2）为了防止锚索缠绕过多困住刀盘，通过设置油压，控制刀盘扭矩在 2MN·m 左右。一旦出现扭矩超负荷自动停机，迅速反转刀盘。

3）充分利用二级螺旋对喷涌防治的功能，改良液化土体。向土仓内注入大量膨润土对锚索进行润滑，注入黏土分散剂等土体改性剂，增加土体流塑性，便于盾构挤压式推进。

4）刀盘转速降至最低，且每顺时针转 1～2 圈后，更换旋转方式为逆时针，降低锚索被刀盘刀具缠绕的可能性。

5）刀盘缠绕锚索会增加对土体的扰动，带来部分土体流失。盾构同步注浆要上调充填比例至 1.8～2.0，注浆量 8～10m³/环，浆液以粉煤灰、膨润土等为主惰性浆液。在距离盾尾 5 环的位置及时进行二次补注双液浆，注浆压力严格控制在 0.8MPa 以内，形成止水环并对隧道管片进行固定。

6）为控制切口压力较低带来的地面沉降问题，地面提前施工预埋袖阀管，根据监测情况，随时做好补充注浆准备，控制地层变化，维持地表及管线稳定。

（三）盾构通过锚索段时数据分析

通过对锚索测量定位和对盾构参数的跟踪，判断盾构应于 755 环进入锚索区域（图 9-42～图 9-47）。

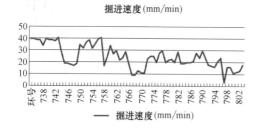

图 9-42　掘进速度（mm/min）

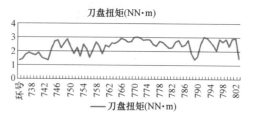

图 9-43　刀盘扭矩（MN·m）

通过上述数据的分析可以看出，随着盾构在锚索区域内的掘进深度，即使已经被旋挖钻切断的锚索自由端，仍然会对盾构机的推进速度和扭矩造成较大影响，推进速度下降 50% 以上，扭矩峰值达到 3.0MN·m，几乎为正常掘进的一倍，但仍可看出，距离海瑞克盾构机额定扭矩 4.5MN·m、脱困扭矩 5.3MN·m 仍有较大富余量。

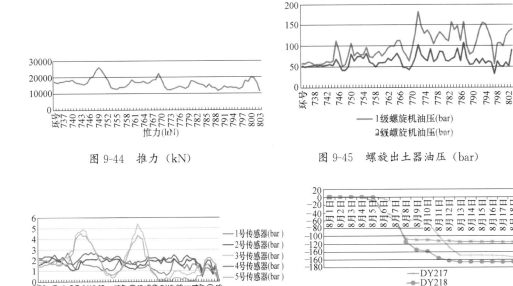

图 9-44　推力（kN）

图 9-45　螺旋出土器油压（bar）

图 9-46　土仓压力（bar）

图 9-47　地表沉降（mm）

　　盾构机推力平均为 16250kN，较进入锚索区域时 17000kN 的数值稍低，是采取略欠压模式下的体现，同时结合地面监测情况可看出，在略欠压模式下，盾构机掘进确实对地面带来了较大沉降影响，在盾构通过后，根据沉降情况，隧道内和地面采用注浆进行补充回填（图 9-48）。

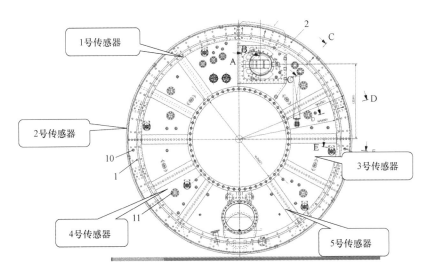

图 9-48　土仓压力传感器布置示意图

　　根据土仓面板 5 个压力传感器的位置和土仓压力曲线图分析，总体土仓压力比进入锚索区域低 20%～25%，同时伴随着盾构到达时埋深变浅，土仓压力进一步减小。掘进过程中，土仓压力波动频繁，应为部分锚索缠绕集中时对盾构机造成的影响，这一点通过与 1、2 级螺旋出土器的波动基本吻合得到证明。

（四）应急措施

1）当盾构机在加固区域内出现不能出土时，应迅速判断是否进行开仓处理缠绕刀盘的锚索。开仓作业前准备工作需做好，一旦开仓必须保证作业能连续进行，开仓后观察掌子面情况，确认稳定后再进仓处理，尽可能避免使用动火作业，采用液压切断。

2）部分盾构机使用的螺旋机无伸缩功能，前闸门无法关闭。当螺旋机出现异常时，可向螺旋机前端注入聚氨酯，并通过中盾径向孔注聚氨酯形成环箍，切断地下水补给，清理螺旋出土器内锚索。

3）在进行挤压式掘进时，必须对地面情况加强巡视及监测，提高监测频率，发现地面情况变化较大，应立即停止推进。

五、结论

通过新～东区间右线盾构穿越锚索区域的工程实例，除传统以清除锚索为主要思路的方法以外，还提出了一种在软弱地层中充分利用盾构机掘进的各项特性，结合地面对锚索进行切割的预处理，实现盾构顺利穿越锚索区域的方法，为今后盾构掘进通过更复杂地下障碍物区域的施工具有参考借鉴作用。

第五节　全断面淤泥层盾构施工技术

一、栽头事件发生的经过及处理过程

（一）事件概述

本工程右线盾构隧道于 2 月 5 日掘进至 235 环时进入全断面的＜2-1A＞淤泥层掘进，在春节期间由于受到出土、工人回家等影响，盾构机于 2 月 17 日掘进至 290 环时被迫停机，2 月 25 日时盾构机前点垂直姿态下沉 52mm。

节后恢复掘进后，2 月 28 日盾构掘进至 297 环时，双轨梁出现了故障，此时盾构机垂直姿态为：－82/－5（前/后）。3 月 3 日盾构机双轨梁修复，但此时盾构机的姿态已变为：－136/－16，盾构机垂直姿态前点下沉 54mm。

经过一天的掘进后，在 3 月 4 日发现盾构机的姿态仍然未有好转，但盾构机的姿态及趋势依然保持向下（图 9-49）。针对上述情况，参建各方经过讨论后，制定了具体的纠偏措施。3 月 7 日开始通过采取缩回盾构机上部千斤顶，下部增加外置千斤顶等一系列纠偏措施（具体详见"纠偏措施"），使得盾构机姿态渐趋于好转。

（二）事件发生地段的地质情况

盾构机栽头区段所处地层为全断面＜2-1A＞淤泥层（图 9-50）。该地层呈流塑状，含水量大、微透水。最大含水率 38.1%～76.8%，平均含水率 57%，标贯击数 0.7～5.5 击，平均 2.0 击。

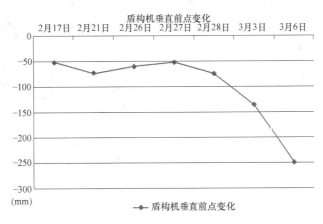

图 9-49　盾构机垂直前点变化趋势图

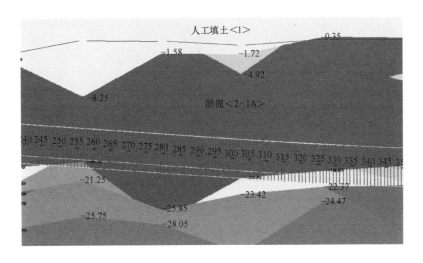

图 9-50　事件发生地段地质断面图

（三）纠偏措施

1. 管理方面的措施

1）邀请专家进行现场指导，并组织业主、设计、咨询、施工、第三方监测单位召开"右线盾构机姿态、管片姿态超限问题专题会"。

2）通过专题会议讨论制定具体的纠偏措施及编制纠偏方案。

2. 施工现场采取的处理措施

1）3月5日在1号、9号千斤顶旁边各附加一个200t的千斤顶辅助推进，并停止使用A区全部千斤顶及B区、D区3号、4号、5号、14号、15号、16号、17号千斤顶，起到了一定的效果，盾构机的趋势开始变小。

2）3月8日上午，增加了一个千斤顶，将3个200t的千斤顶分别放置于9号、10号、11号千斤顶周边辅助掘进（图9-51），效果较好，盾构机下沉变缓，趋向逐步减小，至下午，盾构机开始抬头，垂直姿态趋向为正（图9-52～图9-54）。

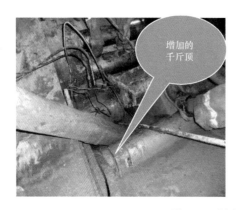

图 9-51　增加的千斤顶及传力杆

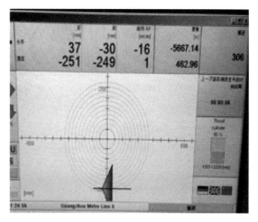

图 9-52　增加 2 个千斤顶的情况　　　　　图 9-53　增加 3 个千斤顶的情况

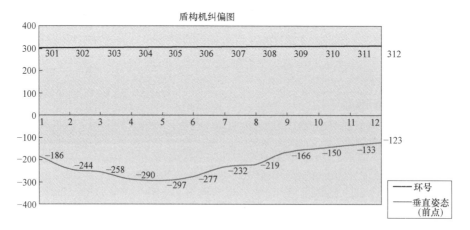

图 9-54　盾构机纠偏曲线图（mm）

（四）盾构机栽头的原因分析

1. 客观原因

1）盾构机所处地质情况不良。盾构机发生栽头的位置地层为全断面的<2-1A>

淤泥层，该地层属于软弱地层，承载力差、含水量高，盾构机在该地层中要快速掘进，否则极易出现盾构机栽头现象（290 环停机姿态变化，详见表 9-10）。

盾构机停机姿态变化统计表（mm）　　　　　　　　　　　　　表 9-10

日期	里程	垂直姿态	变化量	水平姿态	变化量
16 日	5690.34	−21/−51	−52/4	−9/30	−28/12
25 日	5690.33	−73/−47		−37/18	

2）盾构机栽头的地段在保利地产进行基坑施工时地层就被扰动过（图 9-55），导致该处地层物力特性发生改变，降低了地层的承载力。

图 9-55　盾构区间与保利地产房屋的关系图

3）盾构机双轨梁故障，导致意外停机。2 月 28 日盾构掘进至 297 环后双轨梁故障，盾构意外停机，3 月 3 日双轨梁修复后，盾构机的垂直姿态前点由−82mm 变到−136mm，变化量 54mm（表 9-11）。

双轨梁故障期间姿态变化统计表（mm）　　　　　　　　　　表 9-11

变化量	变化量	变化量	备注
2 月 28 日	−82/−5	−54/−11	297 环
3 月 3 日	−136/−16		

2. 主观原因

1）施工管理不到位，盾构机姿态出现栽头现象后未能及时采取有效措施进行纠偏，错失了盾构纠偏的最佳时机，未能更早地作出果断决定（客观的问题都不是问题，管理问题才是主要问题）。

2）盾构机操作手经验不足，盾构机操作手均为新手，对盾构机栽头现象的应对经验不足，造成越纠越偏的局面。

（五）后期的防治及改进措施

1）认真总结本次盾构机栽头及纠偏的经验教训，加强盾构施工管理，杜绝类似现象再次发生。

2）加强盾构机操作手教育培训，强化盾构机姿态的控制意识。

3）汲取本次盾构机纠偏的教训，在后期施工中出现盾构机姿态超限时，要果断督促施工单位采取有效措施进行纠偏，并在纠偏时贯穿"勤纠、缓纠"的原则。

4）盾构隧道管片姿态每天进行人工复测，同时对盾构机姿态要定期进行测量，并将测量数据及时反馈给相关单位。

5）对于管片姿态已超限的，及时将管片姿态测量成果反馈至设计单位，并会同设计、业主等参建单位共同研究处理措施。

6）对 260~305 环区段淤泥地层及 495~705 环区段淤泥地层进行地质补堪，查明每个区段地层特性的异同，同时分析塑料排水板对淤泥层含水量的影响，为后续施工提供指导。

7）加强盾构机及相关设备的维修保养，减少故障率，在淤泥质地层中确保快速均匀掘进。

取得的效果：采取了上述措施后取得了明显的效果，在本工程右线盾构施工中再次在全断面淤泥层施工中未出现盾构机栽头现象。因此在全断面及隧道断面下部分布淤泥层的地层中进行盾构施工时要加强管理防止出现栽头现象，盾构机在穿越该地层时要连续快速通过，避免中途长时间停机。

二、管片错台及原因分析

（一）管片破损情况的统计

本工程右线隧道盾构施工中，前 240 环隧道管片基本无错台，240~320 环区段管片错台现象较多，经过统计其中：错台量超过 20mm 的 11 处；错台量超过 30mm 的 4 处；错台量超过 40mm 的 4 处；其中最大处错台了 50mm（表 9-12）。

管片错台统计表　　　　　　　　　　　　　　　　　　表 9-12

环号	管片型号/ K 块位置	错台量/ （mm）	环号	管片型号/ K 块位置	错台量/ （mm）	环号	管片型号/ K 块位置	错台量/ （mm）
240	P/11	15	251	P/1	25	294	P/1	30
241	P/1	17	254	L/11	18	295	P/11	40
242	L/9	10	259	P/1	10	297	L/11	46
243	P/1	20	263	P/1	12	298	L/1	28
244	L/11	20	270	L/9	10	299	P/11	26
245	L/1	16	271	P/1	20	316	P/11	50
247	L/1	21	273	P/1	11	317	L/3	45
248	L/11	16	291	P/1	40	318	P/11	28
249	P/1	21	292	R/11	30	319	P/1	20
250	P/11	19	293	P/10	45			

（二）根据不同的错台量及错台区段进行原因分析

根据管片错台量的统计情况，按照不同的错台量及盾构掘进时的实际情况将管片错台分为：240～273 环、291～299 环、300～321 环 3 个区段进行针对性的分析。

1）240～273 环：该区段内管片错台量普遍较小集中在 20mm 左右，但错台环数较多。错台形式呈"叠互式"错台（图 9-56），管片连续出现错台。

图 9-56 "叠互式"错台

根据该区段所处的地层及管片错台的形式，经分析，该区段管片错台的主要原因是：

（1）由于该区段管片处于全断面的＜2-1A＞淤泥质地层中，而该地层含水量异常丰富达到 38.1％～76.8％，隧道管片在该地层中极易出现上浮现象；通过本工程在该区段盾构机掘进时，盾构机姿态及管片姿态对比分析可以证明这一点（图 9-57），从图中可看出盾构机姿态与管片姿态相差很大，差值基本在 100mm 左右，说明管片脱出盾尾后有较大上浮。

（2）隧道内管片螺栓复紧不及时，导致管片脱出盾尾后发生椭变，从而使管片出现错台。

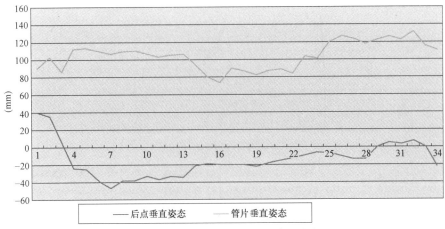

图 9-57 240～273 环盾构机姿态及管片姿态变化图

2）290～300 环：该区段内管片错台量较大、管片错台较多，其中有几处错台量超过 40mm。根据该区段盾构掘进时的实际情况及管片选型等，经分析，该区段管片错台的主要原因是：

（1）在该区段盾构掘进过程中，盾构机出现了严重的栽头及水平姿态较剧烈的变化（图9-58），因此盾构机在该区段处于纠偏状态，纠偏过程中造成盾尾间隙过小盾尾挤压管片，形成管片错台。

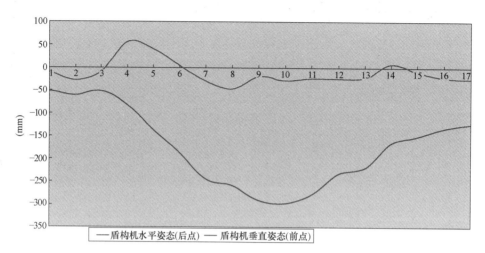

图 9-58　290～312 环盾构机姿态变化图

（2）存在管片选型不合理的现象，管片选型不合理加剧了盾构纠偏产生的不利影响。从表9-13中可以看出盾构机的千斤顶行程差一直较大，这也是管片选型不合理的间接证明。

千斤顶行程差统计表

表 9-13

环号	掘进前千斤顶行程差（mm）		掘进后千斤顶行程差（mm）		管片型号
	AC	BD	AC	BD	
291	−41	80	−51	72	P1
292	−52	68	−40	29	R11
293	−17	52	−12	27	P1
295	−5	28	43	51	P11
297	37	43	90	86	L1

3）316～320 环：该区段内连续出现较大错台，最大错台量达到50mm（图9-59）。

经分析，316～320 环区段管片错台的主要原因是：

（1）缺少右转弯管片。由于近期右线在盾构掘进过程中盾构机姿态控制难度大，导致需要频繁纠偏，因而需要大量的转弯环管片。而因管片生产安排的不合理，目前已无右转管片。

（2）设计的特殊要求。由于本工程设计有特殊要求，管片 K 块不允许拼装在 9 点和 3 点以下。最终导致在没有右转弯管片的情况下，只能用标准环拼装，最终导致管片发生错台（表9-14）。

图 9-59 管片较大错台

316～319 环千斤顶行程差数据统计表 表 9-14

环号	管片拼装前千斤顶行程差（mm）		管片拼装后千斤顶行程差（mm）		管片型号
	AC	BD	AC	BD	
316	−63	−107	−73	−105	P11
317	−81	−129	−63	−154	L3
318	−64	−117	−70	−123	P11
319	−62	−104	−59	−100	P1

从表 9-14 可以看出，316～319 环出现了很大的千斤顶行程差，由于没有右转弯管片，而左转弯又不能拼装在 9、3 点以下，使得行程差未能消除。

（3）隧道内管片螺栓复紧不及时，在管片选型不合理、千斤顶行程差较大时在水平分力的作用下出现错台。

（4）管片偏心受压，会对管片产生一个力矩，隧道整体看是个细长构件，这种力矩易造成管片错台。

（三）管片错台防治措施

1）根据地层调整同步浆液配合比，加强同步注浆及二次注浆，尽量减少隧道管片的上浮。

2）加强管片螺栓的复紧检查，以确保螺栓能拧紧到位，减少因之产生的管片变形。

3）强化"盾构掘进指令"的制度，实施精细化管理，每日盾构掘进前将掘进指令下达到位。

4）安排管片厂生产转弯管片，并组织参建单位召开相关会议，协商变更设计对管片拼装点位的特殊要求，使管片的选型和拼装更加灵活。

5）加强管片选型的管理，管片的选型应该由项目技术负责人进行确认，切实杜绝因选型不合理而造成管片错台。

取得的效果：采取上述措施后，在本区间右线盾构隧道后续施工中再未出现管片较大错台的现象。盾构施工是一项精细化的施工过程，因此在盾构施工中要很好地保证隧道施工质量，实施精细化管理，控制好影响盾构施工质量的每个环节是关键，细节决定成败。

三、对错台较大管片的后期处理

针对本工程右线盾构隧道施工过程中管片错台量超过规范要求的，采取了以下处理措施：

1）委托有资质的监测单位对错台管片进行检测，并对破损情况进行评估。

2）根据对管片的评估情况，由原设计单位对错台量较大的管片进行结构受力验算。

3）经过验收满足使用要求和结构安全性能要求后同意验收，本工程错台量较大的管片，经过设计单位结构受力验算满足结构安全性能及使用要求。

第十章　盾构施工辅助工法

第一节　世纪莲站—东平站区间压气开仓作业技术

世纪莲站—东平站区间，全长1196.598m。区间隧道采用土压平衡盾构施工。区间隧道拱顶的覆土埋深约为11～17.5m，轨面埋深约为15.1～21.6m。区间左线盾构机经过近一个半月掘进至207环，在进入190环左右以来，掘进困难，速度明显放慢（2～10mm/min），扭矩较大且波动较大（3300～4000kN·m），推力较大（1200～1300t），结合以往经验，初步判断盾构机部分刀具已经损坏，为避免刀具、刀箱座、刀盘面板出现过大损坏，保护刀盘，应立即进行开仓检查更换刀具。

一、工程概况

（一）工程地质条件

根据区间地质剖面图，停机处隧道埋深10.91m，水位高于隧道顶约10.6m，隧道下方为<9>微风化泥质粉砂岩，隧道上覆地层主要为<7>强风化岩层、<6>全风化岩层和<5N-2>残积土层，开仓位置地质剖面图如图10-1所示。

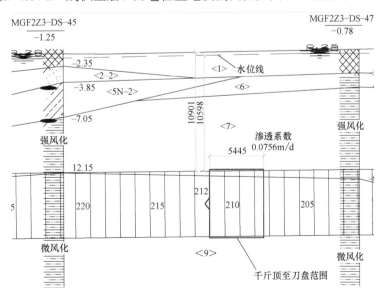

图10-1　开仓位置地质剖面图

（二）水文地质条件

该区间第四系含水层较厚，与下部强风化岩接触，与邻近工点连通，周边地表水体发育、水文地质条件复杂，隧道上覆地层为<7>强风化岩层，岩芯呈半岩半土状，有较小的透水性（0.0756m/d）。

二、工程风险分析

1）由于地层在掘进过程中受扰动后，地层稳定性急剧下降，会引起掌子面水土流失、地面塌方。

2）土仓空间狭小，设备故障会导致供气不足，容易使人窒息；同时若外界有毒气体进入土仓，容易造成中毒。

3）在作业中土仓内有人，刀盘非期望转动，容易导致人员伤害。

4）土仓内使用非安全电压而防护又不够，容易造成触电事故。

5）吊运刀具的捯链、索具等质量不合格，或磨损后未及时更换，造成砸伤人或机器损坏。

三、压气开仓作业过程

（一）方案比选及技术交底

压力开仓作业之前，先进行作业方案必选与压气作业培训及交底。压气作业培训及交底材料如图 10-2 所示，人闸正视图如图 10-3 所示。

图 10-2　压气作业培训及交底材料

图 10-3　人闸

（二）压气作业设备检测和维修

1）压气系统检查，如图 10-4 所示。

2）无人压气试验。

3）气体检测。根据相关要求，气体检测包括施工单位自检和第三方检测，并且监理部对施工单位自检和第三方检测单位检测气体过程进行监督，第三方检测结论如图 10-5 所示，施工单位气体自检如图 10-6 所示。开仓作业前提前通知第三方检测单位，第三方检测单位应在土仓加压前到达。

气体检测后正式进仓前，需把活体动物（如鸟、鸭、鸡、小白鼠和蟑螂）放入土仓下部持续 30min 观察，如果小动物无烦躁、呆滞、站立不稳、死亡等现象，经过现场负责人同意，并经过监理现场确认才能进仓。活体实验情况如图 10-7 所示。

图 10-4　压气系统检查

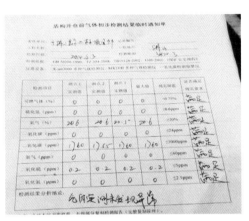

图 10-5　第三方检测结论

图 10-6　施工单位气体自检

图 10-7　活体试验

（三）盾尾补充注浆

盾尾后 10 环补充双液注浆做止水环，让管片与围岩的空隙填充密实，防止渗漏水流向盾体。补充双液注浆情况如图 10-8、图 10-9 所示。

 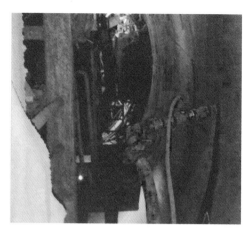

图 10-8　补充双液注浆情况（1）　　　　　图 10-9　补充双液注浆情况（2）

（四）进仓

为使开仓有序地进行，制定开仓作业程序，并建立相应的签认制度，2014 年 6 月 4 日上午，监理部按照广州地铁《开仓作业程序》审查了施工单位压气作业各项准备工作，认为符合开仓作业条件，签发同意开仓意见。

2014 年 6 月 4 日下午，各项准备就绪后，第一批压气作业人员（4 人）进仓开始检查刀具工作，刀盘前掌子面稳定，水位在刀盘 4～8 点位以下，刀盘未结泥饼，检查发现 1 把已经达到更换标准的滚刀，分别为双刃滚刀（38～40 号），同时发现双刃中心刀（1～3 号、2～4 号、5～7 号、6～8 号、9～11 号、10～12 号）已经掉落。

2014 年 6 月 4 日晚班共作业 2 个班，第二批作业人员（4 人），进仓更换 38～40 号刀，拆 9～11 号刀；第三批作业人员（3 人）装 9～11 号刀，更换 1～3 号刀。

2014 年 6 月 5 日白班共作业 2 个班，第四批作业人员（3 人），进仓更换 10～12 号刀，拆 5～7 号、2～4 号刀；第五批作业人员（3 人），进仓装 5～7 号刀、拆 6～8 号刀，同时检查发现 26～28 号刀偏磨量为 10～12mm，考虑到盾构机还要穿越＜9＞微风化层，遂决定对其进行更换，至此发现 2 把需要更换的滚刀。

2014 年 6 月 5 日晚班共作业 2 个班，第六批作业人员（3 人），进仓装 2～4 号刀，更换 26～28 号刀；第七批作业人员（3 人），进仓装 6～8 号刀。

压气作业现场情况如图 10-10 所示。

2014 年 6 月 6 日上午，最后一班作业人员（4 人）进入土仓，对刀具、刀具螺栓的紧固到位情况和土仓及刀盘前方进行全面的检查，保证刀具的正常工作，避免工具、杂物遗留在土仓内。确认后关闭所有预留送气口、排气口、阀及仓门，关闭情况由机电工程师检查，压气作业主管复核，符合要求后，报监理部组织现场验收，验收合格后由总监下达盾构机恢复掘进指令。

四、总结

广佛线二期工程世纪莲站—东平站区间左线于 2014 年 6 月 4～6 日顺利进行 207

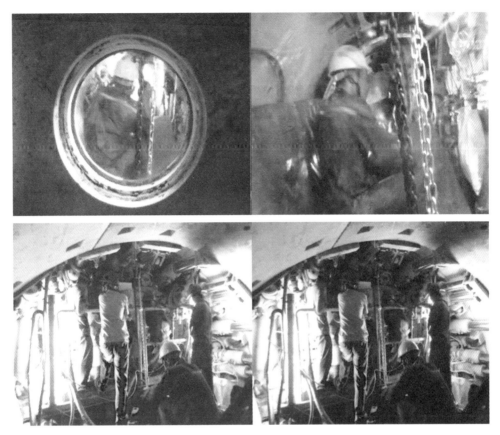

图 10-10 压气作业现场情况

环压气换刀作业，共 8 个班次，每班 3～4h（包括减压加压时间），共 27 人/次。更换 6 把双刃中心刀（1～3 号、2～4 号、5～7 号、6～8 号、9～11 号、10～12 号），2 把双刃滚刀（26～28 号、38～40 号）。

在压气开仓换刀作业过程中，施工单位施工组织有序、按部就班，驻地监理全程旁站、兢兢业业。在各参建方的共同努力下，控制有效、监测数据及时、响应迅速，保证了压气作业安全和地面建（构）筑物安全，整个施工过程处于可控状态，于 2014 年 6 月 6 日顺利完成了盾构机刀盘上整盘刀具的检查及更换工作。通过本案例，最后总结以下几点：

1）本次开仓换刀对于广佛线二期工程来说首次采用压气作业的形式进行，本次压气作业的成功实施，则可为以后在佛山地区盾构法施工的压气作业提供了宝贵的实践经验。

2）盾构机刀具配置是盾构机刀具设计中非常重要的内容，其配置是否适合工程的地质条件，直接影响盾构机刀盘的使用寿命、切削效果、出土状况、掘进速度和施工效率，应最大程度地延长刀具的使用寿命，减少换刀频率，降低施工中频繁换刀的风险，做好对刀具的监控、分析、比较、摸索，总结刀具的使用经验，将结果反馈，指导施工。

3）左线盾构机滚刀磨损量均较小，只有 2 把需要更换，中心撕裂刀却已经全部断裂掉落，此次左线中心刀并未在刀具外缘加焊高强度的耐磨钢板，需要指出，应采取合理的盾构刀具堆焊工艺保证良好的焊接质量。

4）施工前应进行风险预测及评价，针对重大风险源制定风险应对措施，及时编制专项施工方案、应急预案，做好应急物质准备，并切实执行。

5）切实落实技术交底工作，确保每个施工人员对各项施工参数及要求清晰掌握。

6）建立有效的联络机制，保证各作业界面通信畅通，做到信息化施工。

第二节　隧道基底软弱地层加固施工技术

一、工程概况

新城东站—东平站区间，设计起止里程右线 YDK-6-130.098～YDK-4-918.505，长链 0.325m，全长 1211.918m，左线起止里程为 ZDK-6-130.100～ZDK-4-918.505，短链 6.395m，左线长 1205.2m。区间采用盾构法施工，盾构管片外径 6m，内径 5.4m，管片形式为 3+2+1。隧道穿越主要地层为淤泥、粉细砂地层，考虑到淤泥具有天然含水率高、孔隙比大、强度低等特性，以及砂层的可液化性，经研究，针对隧道基地软弱底层采用洞内注浆加固处理。

洞内注浆加固采取袖阀管注浆工艺，对<2-1A>淤泥、<2-1B>淤泥质土层以及中等严重液化砂层或标贯锤击数 N≤12 的<2-2>粉细砂层进行注浆加固。加固范围为隧道腰部以上 1.5m 至<2-1A>、<2-1B>层底部范围内的淤泥质土体，隧道腰部以上 1.5m 至隧道仰拱以下 1.5m 的<2-2>粉细砂层。右线纵向加固长度为 827m，左线纵向加固长度为 850m。

二、洞内注浆加固技术

（一）注浆加固原理

袖阀管注浆加固地基土的机理是将水泥浆通过劈裂、渗透、挤压密实等作用，与土体充分结合形成强度较高的水泥土固结体和树枝状水泥网脉体。注浆花管中上下两处设置有两个栓塞，使注浆材料从栓塞中间向管外渗出，阻塞器在袖阀管中可自由移动，可以根据工程需要在注浆区域某一段内反复注浆，注浆管构造如图 10-11 所示。施工中，它能定深、定量，进行分序、分段、间歇和重复注浆，该工艺适合软弱土体加固处理。而且袖阀管可以留在土体中作为加固体的一部分，能有效提高土体的承载力。

（二）注浆加固的工艺技术

1. 注浆孔布设

本次施工的加固范围为隧道腰部以上 1.5m 至<2-1A>、<2-1B>层底部范围的

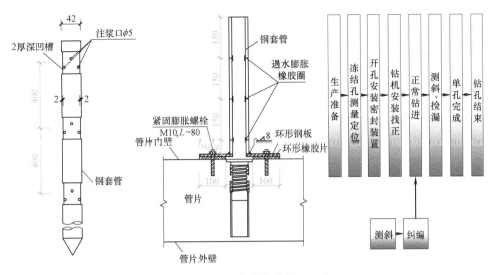

图 10-11 注浆管构造图（mm）

淤泥质土体，隧道腰部以上 1.5m 至隧道仰拱以下 1.5m 的<2-2>粉细砂层。为了满足注浆需要，对管片 A1、A2、A3 及 B 块的注浆孔进行了加密，每块除吊装孔外，额外增加 2 个注浆孔，注浆孔布置如图 10-12、图 10-13 所示。

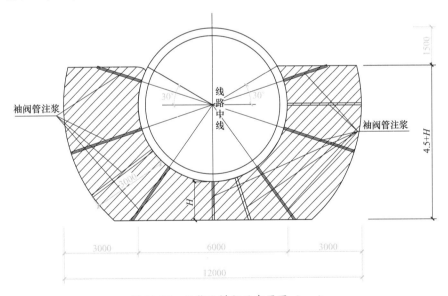

图 10-12 注浆孔横断面布置图（mm）

2. 工艺流程

注浆加固工艺流程如图 10-14 所示。

当加固土体为淤泥质土体时，浆液采用水泥浆，加固土体为富水砂层时，浆液选择双液浆为主，应根据实际注浆情况调整。

3. 注浆参数

1）袖阀管注浆扩散半径为 1.0m，注浆设备应就近安装，注浆管线应固定，不宜

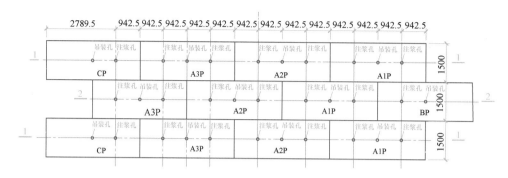

图 10-13 注浆孔展开布置图（mm）

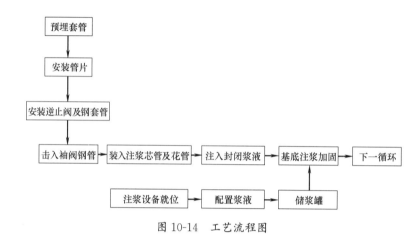

图 10-14 工艺流程图

过长，分段注浆，步距控制在 0.3～0.6m。

2）注浆压力宜控制在 0.2～0.5MPa，实施压力根据现场试验确定，终浆压力宜控制在 1.0～1.2MPa。

3）浆液材料采用 42.5 级普通硅酸盐水泥，水灰比 0.5～1，实施水灰比根据施工实际情况调整。

4）注浆充填系数为 0.25，每延米注浆量预估为 0.785m³，考虑到远离管片端弧长较靠近管片端长，需适当多注浆，保证加固质量。

5）深孔各段均达到设计终压，并稳定 10min，一般按单管不小于设计注浆量的 80%，进浆速度为开始进浆速度的 1/4 作为结束标准，当注浆压力达至设计终压不少于 20min，进浆量仍达不到注浆终量时，便可结束注浆。

（三）注浆过程中易出现的问题及解决办法

1）易出现的问题

（1）风枪成孔完成后，有塌孔缩孔现象，造成下管困难，钻孔进度缓慢的同时破坏袖阀管泄浆孔外的橡胶套。

（2）注浆过程中出现大面积串浆，造成钻孔与注浆不能流水作业。

（3）注浆期间压力上升快，浆液扩散慢。

（4）注浆导致管片隆起超限，严重影响结构安全。

2）针对以上问题，采取以下措施：

（1）钻孔时采取反复拖动钻杆，适当增大孔径，提高成孔速度，后期将继续增加成孔设备，加快施工进度。

（2）采取跳环跳孔施工，避免串浆，若再出现串浆时，钻孔与注浆不同时进行。

（3）减小泄浆孔间距，增加泄浆孔数量。

（4）采取间歇注浆，尽量防止管片变形与隆起。

（5）在注浆范围内对管片进行监测，发现隆起时及时停止注浆。

三、总结及改进

在软弱地层内采取袖阀管注浆对隧道底部软弱土体进行加固处理能提高土体的承载力，达到减小工后沉降的目的，采取现有的施工方案能基本满足施工需要，但因在既有隧道内采取主动注浆加固易造成对既有隧道的破坏，仍需进一步优化施工方案。

1）袖阀管外的壳料投放在本工程注浆中施工难度大，是否可以采用注入适量强度低的化学浆作为壳料，达到重复注浆的目的，仍需在后续施工应用中进行试验。

2）注浆导致管片隆起是因为浆液未能进入土体孔隙，是否可选用超细水泥注浆来控制管片隆起，有待进一步研究试验。

3）大面积注浆造成较大范围的孔隙水压力上升，造成管片上浮隆起，大面积实施注浆是否可采用主动排水措施辅助，控制孔隙水压力，防止管片上浮隆起有待进一步论证与试验研究。

第四篇

暗挖施工技术篇

第十一章　联络通道冷冻法施工技术

在不稳定的软土层中修筑地下工程，一般需要使用特殊施工法，如冻结法、钻井法、沉井法、帷幕法、盾构法等，其中人工地层冻结技术是比较可靠的地层加固技术，特别在暗挖施工遇到高水压下的流砂时，该技术是一种有效、快捷、环保、安全的方法。随着佛山地区地铁建设的进行，在软弱含水地层中修建联络通道等工程时，越来越多的情况需要使用人工冻结法来进行施工区域的土体加固，以保证后续能够安全有效的施工。

一、施工环境特征及重难点分析

（一）施工环境

珠江三角洲城际快速轨道交通广州至佛山段二期工程土建一标新城东站—东平站设计右线长 1211.918m，左线长 1205.200m。沿区间隧道纵向上方有一条综合管沟，截面为 3.9m×3.55m（外包尺寸），右线需穿保利地产 1 号、3 号、5 号、7 号地块。区间设计联络通道及废水泵房 1 座，线间距为 19.290m，隧道轨顶埋深右线为22.149m，左线埋深为 22.126m。本区间联络通道及废水泵房主要出于<2-2>粉细砂、<2-1A>淤泥、<2-4>粉质黏土、<7>强风化岩、<8>中风化岩等复合地层中。

（二）重难点分析

针对珠江三角洲城际快速轨道交通广州至佛山段二期工程新城东站—东平站区间联络通道及废水泵房冻结加固工程，与国内各城市的联络通道冻结工程相比，其主要特点表现为：

1）联络通道施工区域为淤泥及岩层交互形成的复合地层

由于联络通道及泵房施工区域地层为复合地层，因此冻结管施工需要同时穿越淤泥及岩层，这样对施工的影响主要有两个方面：一是在冻结管施工过程中，由于需要穿越不同地层，对整体施工的质量有一定影响，因此应该有针对性地制定在两种地层中不同阻力下冻结管的施工方法；二是在冻结过程中，淤泥和岩层中的冻土发展速度和形成冻结帷幕的质量差别较大，导致穿越淤泥及岩层的冻结管受力复杂，因此需要保证冻结管的稳定性，避免出现断管情况影响冻结施工安全。此外，在岩层及淤泥交接面上，由于地层性质差别大，如何来评价两者交接面上冻土的强度，也是一个较为重要的问题。

2）联络通道与泵站结构复杂

由于佛山地铁的联络通道与泵站合建结构和其他城市地铁建设中存在一定差别，包括相应尺寸及相对位置等因素，造成结构外部需要提供维护作用的冻结帷幕结构复杂，受力条件与传统的冻结工程差别较大，需要作专门的研究，才能使冻结设计和冻结施工更有针对性，提高施工安全性。

3）联络通道结构的长度较长

由于佛山地区施工的第一条联络通道的长度较长，形成的通道部分冻土帷幕的结构与两侧隧道之间的相互影响与传统的联络通道差别较大，所以需要对通道冻土结构与隧道的相互作用开展研究，来准确评价冻土结构的强度和稳定性。

二、冷冻法施工工艺流程及操作要点

以广佛线二期工程土建一标新一东区间附属联络通道及废水泵房为例介绍本工法施工工艺流程及操作要点。

（一）施工工艺流程

联络通道施工可分为冻结孔施工、冻结施工和开挖构筑施工三个主要部分，对本工法主要研究冻结孔施工和冻结站安装两部分，其主要施工顺序如图 11-1 所示。

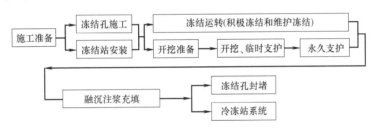

图 11-1　联络通道施工流程图

（二）施工步骤及操作要点

1. 冻结孔施工

冻结孔施工流程图如图 11-2 所示。

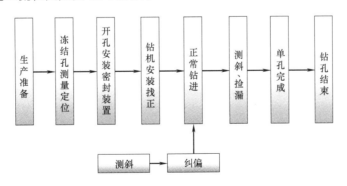

图 11-2　钻孔施工控制流程图

1）冻结孔的定位

依据施工基准点，按冻结孔施工图进行冻结孔孔位放线，孔位布置首先要依据管片配筋图和钢管片加强筋的位置，在避开主筋、管缝、螺栓及钢管片肋板的前提下可适当调整，不大于100mm。

2）冻结孔开孔及孔口密封装置

开孔选用J-200型金刚石钻机，配ϕ133金刚石取芯钻头进行钻孔，深度约260mm，控制不得钻穿管片。用钢楔楔断岩心，取出后，打入加工好的孔口管，并用至少3个固定点固定在管片上，然后安装孔口密封装置，如图11-3所示。

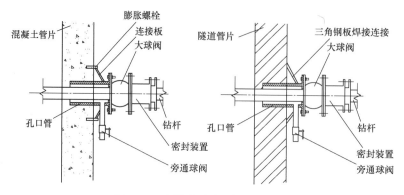

图11-3　冻结孔开孔及钻孔示意图

3）冻结孔钻进

（1）钻孔设备使用MD-80A钻机一台，配用BW250型泥浆泵，钻具利用ϕ89×8冻结管作钻杆；冻结管之间采用套管丝扣连接，接头螺纹紧固后再用手工电弧焊焊接，确保其同心度和焊接强度。

（2）每个冻结孔钻进前，先根据各孔的具体参数调整钻机，调整好后，将冻结管慢慢挺进已安装好的密封装置内，拧紧密封装置的螺栓，再将孔口管上的大球阀打开。利用安装在孔结管上的取芯钻头将剩下的管片钻通，取芯后换上一般钻头再进行正常钻进。

（3）正常情况下，钻进时安装简易钻头，直接无水钻进。如果钻进困难时，在钻头部位安装一个特制单向阀门，采用带水钻进。冻结管到达设计深度后冲洗单向阀，并密封冻结管端部。

（4）在钻进过程中，如发生水土流失，可根据每日的监测情况，及时通过安装在孔口管部位的旁通阀对土体进行补压浆，以单液浆为主，以控制钻孔对周边环境的影响。

（5）钻进过程中严格监测孔斜情况，发现偏斜要及时纠偏，下好冻结管后，进行冻结管长度的复测，然后再用灯光测斜仪进行测斜并绘制钻孔偏斜图。

（6）在冻结管内下供液管，然后焊接冻结管端盖和去、回路羊角。

4）钻孔质量技术要求

（1）冻结孔终孔最大允许间距为1300mm（集水井位置1400mm），钻孔的偏斜应控制在150mm以内，超出最大允许间距的，可进行补孔或延长冻结时间进行处理。

（2）冻结孔钻进深度应不小于设计深度。钻头碰到隧道管片的，不参与制冷循环的长度不大于 150mm。

（3）冻结管长度和偏斜合格后再进行打压试漏，压力不低于 0.8MPa，前 15min 压力损失小于 0.05MPa，后 30min 压力稳定无变化者为试压合格。试压不合格的，可拔出冻结管进行重新钻孔，或下套管进行处量。

2. 冷冻站安装

1）需冷量计算和冷冻机选型

冻结需冷量计算：

$$Q = 1.2 \cdot \pi \cdot d \cdot h \cdot k$$

式中　h——冻结总长度；

　　　d——冻结管直径；

　　　k——冻结管散热系数。

计算得出需冷量为 $9.490 \times 10^4 kcal/h$。

2）冻结设备选型

联络通道冻结站布置在地面靠近左侧隧道入口处，冻结站主要设备选型见表11-1。

冻结站主要设备　　　　　　　　　　　　　　表 11-1

序号	设备名称	数量	型号	设备功率(kW)	备注
1	螺杆机组	1台	TBS790.1JT	144	
2	螺杆机组	1台	TBS510.1JT	97	备用
3	盐水泵	1台	IS150-80-200A	37	
4	盐水泵	1台	IS150-125-400B	37	备用
5	清水泵	1台	ISG150-125-315B	18.5	
6	清水泵	1台	ISG150-250A	15	备用
7	冷却塔	2台	BY-100T	30	
8	其他			30	
	合计			408.5	

（1）冻结期间用电负荷约 408.5kW·h，最大用电负荷 400kW·h，冷冻站选用 YC-3×120＋2×35 低压橡套电缆 2 根。

（2）根据需冷量，选用 TBS790.1JT 和 TBS510.1JT 螺杆机组两台，单台机组设计工况制冷量分别为 $20.7432 \times 10^4 kcal/h$ 、$16.254 \times 10^4 kcal/h$，两台完全满足联络通道的制冷需求。

（3）盐水循环泵选用 IS150-80-200A 型和 IS150-125-400B 型各一台，其中 IS150-125-400B 一台留备用，流量 200m³/h，电机功率 37kW。

（4）通道冷却水循环选用 IS150-125-315B 型 1 台，流量 174m³/h，电机功率 18.5kW。

（5）冷却塔选用 BY-100T 型 2 台，补充新鲜水 30m³/h。

3）管路选择

（1）供液管选用 $\phi48\times3.5$ 钢管，采用焊接连接。

（2）盐水干管和集、配液圈选用 $\phi159\times4.5$ 钢管。

（3）冷却水管选用 $\phi133\times4$ 钢管。

（4）冷冻排管选用 $\phi45\times3$ 无缝钢管。

4）其他

（1）制冷剂选用氟利昂 R22。

（2）冷媒剂选用氯化钙（$CaCl_2$）溶液。

（3）冻机油选用 N46 冷冻机油。

5）冻结站布置

由于新一东区间右线盾构掘进由于受到周边房建基坑围护施工影响，导致部分锚索侵入到盾构开挖范围而受困左线已贯通，为了后续施工不受影响，经研究把冻结站外置于已完工的车站端头井靠近左线隧道入口处位置，冻结主干管从地面连接走左线已贯通线路到区间联络通道进行冻结施工。冻结站站内设备主要包括冷冻机组、盐水箱、盐水泵、清水泵、冷却塔及配电控制柜等。

6）设备安装、管路连接、保温

隧道内的盐水管用管架敷设在隧道管片斜坡上，管路完全就位后，再加固固定及保温。

清水管路和盐水干管采用焊接，在需要调整的地方采用法兰连接。在盐水管路和冷却水循环管路上要设置阀门和压力表、测温仪测试组件等。冻结管路布置如图 11-4 所示。

图 11-4 冻结管路布置

盐水管路经试漏、清洗后用 PEF 保温板保温，共包两层，每层保温厚度为 30mm，保温层的外面用塑料薄膜包扎。集配液圈与冻结管用高压胶管连接，每组冻结管的进出口各装阀门一个，以便控制流量。

冷冻机组的蒸发器及低温管路用 PEF 保温板保温，盐水箱和盐水干管用 50mm 厚的保温板。

联络通道两侧管片保温：由于混凝土和钢管片相对于土层要容易散热得多，为加强冻结帷幕与管片胶结，将钢管片格栅内用素混凝土填充密实，然后采用 PEF 保温板对冻结帷幕发展区域管片进行隔热保温，以减少冷量损失。

在冻结站对侧隧道的冻结管的端部区域范围内布置 5 排 $\phi45\times3$ 冷冻排管，然后采用 PEF 保温板对冻结帷幕发展区域管片进行隔热保温。

(三) 施工材料与设备

主要施工机械设备和材料见表 11-2。

施工机械设备、材料表　　　　　　　　　　表 11-2

编　号	项　　　目	单位	数量	备　　　注
一	主要设备			
1	冷冻机组	台	2	
2	盐水泵	台	2	
3	清水泵	台	1	
4	测斜仪	台	1	
5	测温仪	台	1	
6	冷却塔	台	2	
7	水平钻机	台	1	
8	电焊机	台	3	
9	风机	台	2	
二	主要材料			
1	$\phi89\times8$ 无缝钢管	m	1000	20 号低碳钢
2	$\phi159\times4.5$ 无缝钢管	m	1400	
3	$\phi48\times3$ 钢管	m	1200	
4	高压胶管	m	200	耐压 0.8MPa
5	冷冻机油	kg	400	N46
6	氟利昂 R22	kg	900	
7	氯化钙	t	30	
8	单向阀	只	80	开启压力 1.0MPa
9	$\phi89$ 阀门	只	130	
10	$\phi159$ 阀门	只	10	
11	$\phi133$ 阀门	只	10	
12	保温材料	m²	1300	
13	合金钻头	只	80	$\phi95$
14	合金钻头	只	80	$\phi130$

三、施工中常遇到的问题及应对措施

（一）施工常遇到的问题

1. 冻结孔施工

1）钻孔时孔口处易出现涌水涌砂现象，使水土流失过多，造成对土层的扰动，使钻孔质量下降。

2）冻结管接缝不太密实，在冻结过程中可能使盐水进入地层影响冻结效果，使土体难以发生冻结，冻结帷幕难以形成，出现工程事故。

3）冻结孔可能出现偏移，引发冻结帷幕出现薄弱环节。

4）打冻结孔时，水土流失过多，可能导致钻孔过程中地表沉降过大。

2. 冻结施工

1）因供电、供水中断、冷冻机组或其他辅助设备的机械故障引发的停车，而中断冷冻施工，使冻结帷幕温度回升或融化，强度降低。

2）各冻结管串联支路的供冷不平衡而引起的冻结帷幕发展速度不均衡，导致冻结帷幕易出现薄弱环节。

3）由于混凝土和钢管片相对土层容易散热，会严重影响隧道管片附近土层的冻结速度，使冻结帷幕与管片接合处胶结不好，易出现薄弱点。

4）因冻结盐水浓度过小而结晶发生堵管，造成盐水循环中断，甚至发生盐水管胀裂事故。

5）冻结过程中，因发生断管事故而造成盐水泄漏入加固土体内，使土体不易冻结，强度降低，易出现薄弱环节，甚至造成冻结失败。在开挖阶段则会发生透水、涌泥、涌砂事故。

6）冻结施工中，土体的冻胀是不可避免的，在冻胀过程中必然产生一定的冻胀力，会对隧道及周围环境产生影响，造成管片变形等。

（二）应对措施

1. 冻结孔施工

1）冻结孔施工前，在布孔范围内打若干小孔（ϕ38）探孔，以判断地层是否稳定，是否易喷水、涌砂，以便做好各方面的准备工作。

2）冻结孔开孔分两次进行，以此来控制泥浆涌出。第一次开孔用金刚石取芯钻头，取芯钻进入管片 300mm，取芯后，安装孔口管及密封装置。第二次开孔在密封装置的保护下进行，穿透整个管片后，及时地密封孔口。

3）采用强力水平钻机，在条件允许的情况下，优先采用无泥浆钻进。

4）钻孔过程中，严格控制水土流失，最好控制在不大于所有冻结管占用体积量，如流失过多，可在成孔后及时利用密封盒上的注浆管向土体充填压浆。水泥浆采用单液水泥浆。

5）钻孔前，对冻结孔的长度、角度及时检查，并做好记录，钻机找平找正，调整好角度后，及时固定牢固。在钻孔过程中，严格控制冻结管的焊接质量，经检查合格后方可继续钻进。钻进结束后，及时对冻结孔进行测斜、打压检漏试验、复测其深度。及时画出各孔的偏斜图。检漏压力控制在 0.8MPa，稳定 15min 为合格。终孔间距超出设计要求的，需打补孔。

6）在冻结孔施工期间，每个联络通道现场配备 $\phi125$、$\phi109$ 等规格的木楔、$2m^3$ 的砂袋和 2t 水泥（含 0.5t 速凝水泥）等抢险物资。

2. 冻结施工

1）因联络通道的施工危险点多，发生事故损失严重，事故影响大，本工程各联络通道施工用电负荷按二级负荷考虑。位于地面上的现场变电所电源供电采取双电源供电模式。从现场变电所引到各联络通道冻结机组处采取双回路供电。

2）在供水中断的情况下，可利用蓄水箱清水保证冷却用水需求。同时积极联络各方，及时恢复供水。

3）每个冻结站安装有两套冷冻机组，正常情况下一台运转，一台备用。一旦发生机械故障，可利用另一台继续维持冻结，同时修复故障机组，及时恢复冻结。平时加强设备的管理与维修，冷冻机运转前安排有熟悉机器性能的设备员对机组进行全面细致的检修，确保其安全性。现场备有各种冻结机组的易损件，配备富有经验的制冷机修工人在现场值班，以便及时发现、解决问题。在积极冻结期，当发生停冻后，可通过适当延长冻结时间的方法，以满足冻结帷幕的设计要求；在维护冻结期（开挖阶段），一台机组运转则满足冷量需求，因机械故障的停车对冻结帷幕的影响并不大。

4）在每个冻结串联支路上的盐水出、入口安装阀门。在冻结过程中，监测各个支路的盐水温差情况，一般各支路的温度差别控制在 2℃ 范围内。根据测量温差情况，通过阀门相应地调节各支路的盐水流量，直到各支路的温差满足控制要求。

5）加强对联络通道加固土体区域内的管片的保温。在钢管片的棚格内用素混凝土充填，在冻结站的对侧隧道（冻结管的末端处）布置冷冻排管；在此基础上再对整个冻结区域的管片进行铺设保温层保温。在管片与冻结帷幕接合处，布置测温点，有针对性测量冻结情况。

6）加强冻结过程中对盐水浓度的检测，要求其比重控制不小于 1.26（29.8Beo），其结晶温度在 −38.6℃。一旦浓度偏小，及时补充 $CaCl_2$。

7）加强冻结过程中对盐水箱液面的测量，一旦发现盐水泄漏，及时汇报，并及时对现场所有盐水管路进行检查，首先判断是因冻结管断裂或焊接质量有问题出现的盐水泄漏（此盐水漏入冻结土体内），还是从冻结胶管或是盐水干管及阀门中泄漏的（此盐水未漏入冻结土体内）。若盐水漏入冻结土体外，直接根据情况及时修复，再恢复冻结；若盐水漏入冻结土体内，则要用排除法进一步确定是哪些组出现了问题，最后确定到具体的冻结管，采用下套管的方法，再恢复冻结。

8）本站联络通道在冻结帷幕内，分别布置 4 个卸压孔，左、右线各 2 个，冻结过程中，加强对卸压孔内压力的观测，当压力上升至 0.3MPa 时，需及时打开卸压孔，释放因土体冻胀引起的冻胀力，减少对管片的危害。同时在冻结交圈之前，安装预应力支架，进一步控制管片的变形。

四、结语

在建隧道由于受到地质、地下障碍物等外在条件影响，在不影响整体工期前提下，如何能更安全、更快捷、更合理地进行附属结构施工，同时为后续工程提供作业空间，在广佛线二期工程土建一标新城东站—东平站区间联络通道及废水泵房施工组织较好地体现了此项工艺的实用性、可靠性及安全性。

第十二章 复合地层矿山法联络通道施工技术

一、工程概述

(一) 工程简介

东平站一世纪莲站区间里程范围为 YCK-4-702.00～YCK-3-505.45，总长约 1205.20m，为地下线，采用盾构法施工。本区间长度为 1196.55m，在里程 YCK-4-103 处设置联络通道兼废水泵房，概况图如图 12-1 所示。

联络通道采用暗挖矿山法开挖，初期支护采用钢筋格栅＋钢筋网片＋喷射混凝土支护，二衬为 C35P10 防水钢筋混凝土结构，在初支完成后施工。

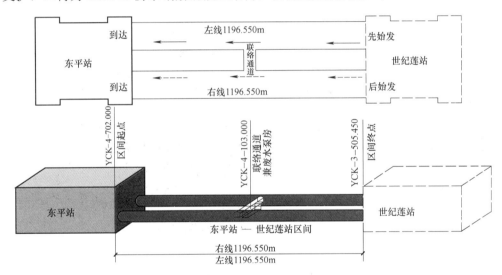

图 12-1 联络通道概况图

(二) 地质及水文情况

1. 工程地质特征

根据地质勘查资料，联络通道土层从上至下依次为：<7>泥质粉砂强风化岩、<8>泥质粉砂中风化岩、<9>泥质粉砂微风化岩，各岩性如下：

<7>泥质粉砂强风化岩岩性：深灰、褐红色，原岩结构大部分破坏，矿物成分显著变化，岩芯多呈半岩半土状，岩块用手可掰断，局部呈碎块状、块状，夹中风化岩块。勘察范围内强风化基岩属极软岩，岩体极易破碎，岩体基本质量等级为 V 级。做标贯试验 67 次，实测击数 51～81 击，平均击数 57.5 击。

<8>泥质粉砂中风化岩岩性：深灰、浅灰、褐红色，粉砂结构，层状构造，泥

钙质、铁质胶结，裂隙发育，岩芯多呈块状及碎块状，少量呈短柱状，锤击声哑，易击碎。岩石质量指标 RQD 约为 30%，岩体破碎，属于软岩，岩体基本质量等级为 V 级。

<9>泥质粉砂微风化岩岩性：褐红、浅灰、灰褐色，粉砂结构，层状构造，泥钙质、铁质胶结，可见少量风化裂隙，岩芯多呈短柱至长柱状，少量呈块状，锤击声不清脆，可击碎。岩石质量指标 RQD 约为 80%，岩体较

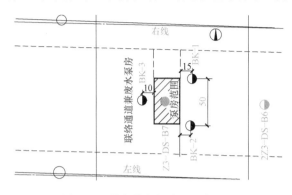

图 12-2　补充勘察探孔平面布置图

完整，多属于软岩～较软岩，岩体基本质量等级为 IV 级。

　　为了更加准确地把握联络通道处的地质特征，施工单位额外增加了一次补充勘察，增加了 3 个探孔 BK-1～BK-3，探孔布点位置如图 12-2 所示，补勘情况如图 12-3～图 12-5 所示。

图 12-3　BK-1 补勘点钻孔情况

图 12-4　BK-2 补勘点钻孔情况

图 12-5　BK-3 补勘点钻孔情况

根据补勘得到的地质图如图 12-6 所示。

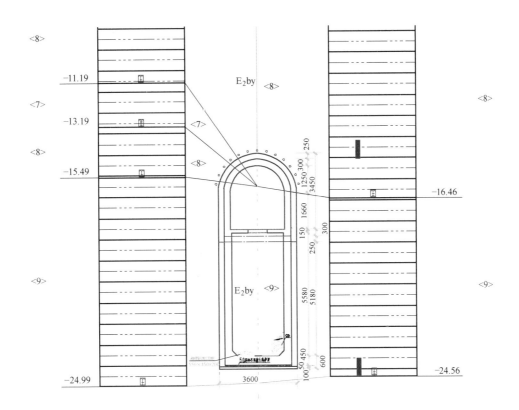

图 12-6　地质剖面图

2. 水文地质特征

从勘察资料分析,强风化岩裂隙发育,岩石破碎,岩芯呈半岩半土状或土夹碎块状;中风化岩裂隙较发育,岩石较破碎,岩芯呈短柱状或块状;由于强风化岩裂隙为泥质充填,地下水赋存条件相对较差,一般具弱透水性,富水性弱,中风化岩主要与岩石裂隙发育程度有关,地下水赋存条件差异性大,一般具弱~中等透水性,富水性弱~中等。由于强~中风化基岩上覆全风化岩、残积土等相对隔水层,裂隙水具微承压性。

(三) 联络通道设计

联络通道按照"新奥法"原理按 V 级围岩设计。联络通道初期支护主要由超前小导管、格栅钢架、钢筋网、喷射混凝土组成联合支护体系;二衬为模筑防水钢筋混凝土。联络通道结构设计详见表 12-1,如图 12-7~图 12-9 所示。

联络通道开挖断面为半圆拱直墙形,采用短台阶分步开挖法,边开挖边支护。

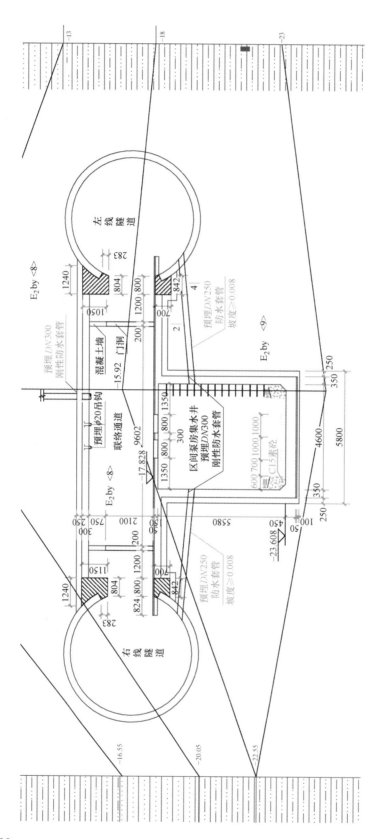

图 12-7　联络通道及泵房结构纵断面图

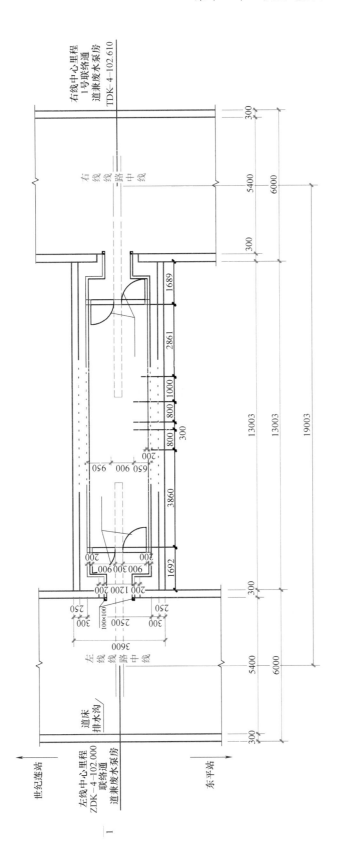

图 12-8　联络通道及泵房结构平面图

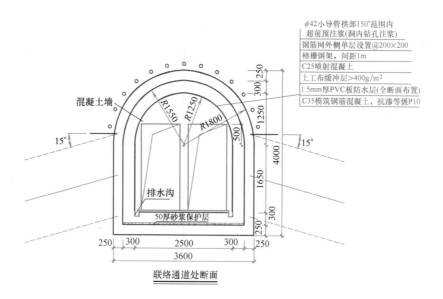

联络通道处断面

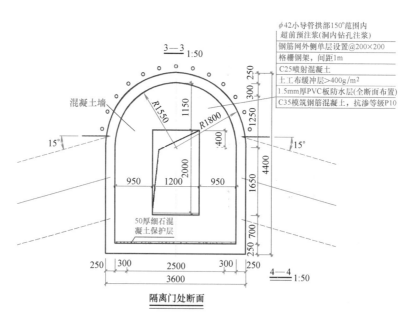

隔离门处断面

图 12-9 联络通道及

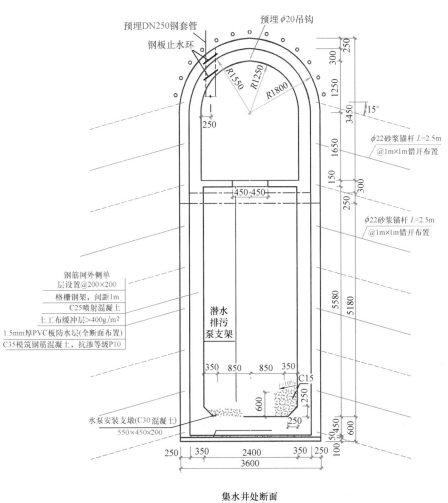

集水井处断面

泵房结构横断面图

联络通道支护参数   表 12-1

项目		材料及规格	结构尺寸
初期支护	超前小导管	$\phi42$ 热轧无缝钢管，$L=3.5$m，$t=3.5$mm	环向@30cm，纵向@2.0m，拱顶150°打设，外插角8°
	格栅钢架	多种型号钢筋、Q235钢、$\delta10$ 角钢、M24 高强螺栓	纵向间距：1.0m
	钢筋网	$\phi6.5$，200mm×200mm 网格	拱顶及边墙单层布设，搭接长度200mm
	喷射混凝土	C25 喷射混凝土	厚度：250mm，废水泵房底板100mm
	纵向连接筋	$\phi22$	环向间距：1.0m
	锁脚锚管	$\phi42×3.5$ 钢管，$L=3.0$m	泵房段每榀4处，每处2根，每榀共8根，位置见设计图
	封闭掌子面	C25 喷射混凝土	厚度：200mm
二次衬砌		C35 钢筋防水混凝土，抗渗等级P10	全断面300mm厚
防水层		复合防水卷材	400g/m² 无纺布+1.5mm 厚PVC防水板
附注		小导管沿拱部外轮廓打设，外插角为8°，压注水泥砂浆	

二、施工工艺

联络通道为开挖构筑施工，主体结构完成后，还要及时地进行壁后充填注浆工作。具体的施工顺序如图 12-10 所示。

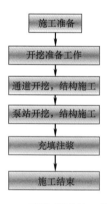

施工准备

开挖准备工作

通道开挖，结构施工

泵站开挖，结构施工

充填注浆

施工结束

图 12-10 联络通道施工流程图

（一）洞内地层加固

为保证联络通道（兼泵房）处盾构隧道管片切割（开洞）以及联络通道（兼泵房）施工的安全，在联络通道施工前，施工单位首先对特殊环管片及其前后各4环进行了壁后注浆，选注双液浆，并在注浆过程中加强了监测，确保在管片后形成一层止水层。管片开孔前先在开孔范围内按"米"字形钻了 9 个探孔（孔径 50mm，孔深 1.5m）来观察漏水情况，开始钻孔时，探孔中有少量渗水，施工单位根据此情况采取了补浆措施，直至探孔内不再渗水，如图 12-11 所示。

图 12-11　管片开孔前的探孔

（二）通道口临时支架的设置

为了防止区间隧道在联络通道口的特殊管片切割后，由于围岩压力情况变化而导致管片变形和损伤，同时提供管片切割和开挖的一个平台，施工班组在盾构隧道内设置了管片临时支架。

支架设置范围为特殊管片前后各 2 环，共 4 环，采用工字钢在管片主要受力部位设立多个工字钢的支撑点，增加上下支撑点的刚度，并设立了抗拉杆件与内支撑相连，防止和减少区间隧道在通道位置处的管片发生变形，支撑安装完成后在支架两端醒目位置悬挂了行车警示标志，如图 12-12 所示。

管片开孔的条件预备后，各相关单位组织了开挖条件验收会议，开挖条件验收重点检查的项目有：探孔漏水情况、主要物资设备准备情况、监控量测准备情况、内业资料准备情况、人员到位情况、应急物质及现场其他相关的准备情况（图 12-13）。

图 12-12　管片开孔临时支架　　　　图 12-13　联络通道开挖条件验收

(三) 管片切割施工

采用混凝土切割机切割管片，切割前对预留洞门管片进行测量放线，在管片上弹出切割边线。然后在管片上安装固定切割机位置，管片从上到下分成多块切割，切割下来的管片利用翻斗车运走 (图 12-14)。

洞门管片切割完后立即安装了防淹门，防淹门安装到通道口后，通过门框植筋到管片上以加固防淹门，如图 12-15 所示。

图 12-14 管片切割

图 12-15 防淹门安装

(四) 初期支护及开挖

1. 超前小导管支护

为保证开挖过程中掌子面的稳定，开挖前从右线隧道洞口对联络通道拱部的地层进行了超前小导管注浆加固。

超前小导管采用外径 42mm、壁厚 3.5mm、长 3.5m 的热轧无缝钢管，钢管前端呈尖锥状，尾部焊上 $\phi6$ 加劲箍，管壁四周钻 8mm 压浆孔，但尾部有 0.5m 不设注浆孔 (图 12-16)。

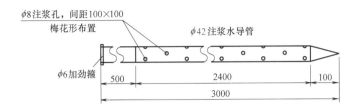

图 12-16　小导管大样图

　　超前小导管设置在联络通道拱部 150°范围内上方。施工时，将钢管与衬砌中线平行以 8°仰角打入围岩，钢管环向间距约 30cm，每排钢管纵向间距 2m，采用气腿式风钻钻孔，钻孔直径为 φ50。每打完一排钢管注浆后，超前小导管保持 1.5m 的搭接长度。开挖联络通道过程中，对于侵入联络通道开挖范围的注浆管直接进行了割除（图 12-17～图 12-19）。

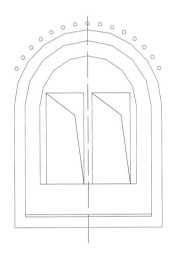

图 12-17　小导管布置横断面示意图

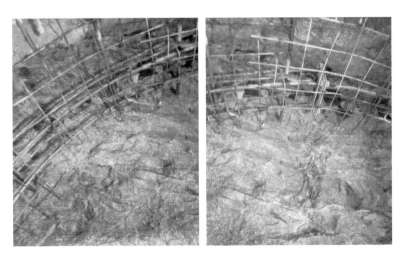

图 12-18　小导管布置照片

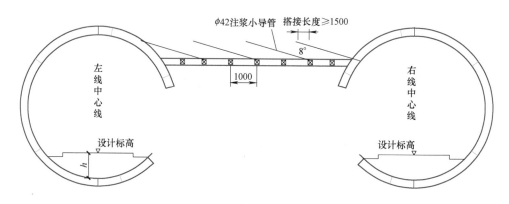

图 12-19　小导管布置纵断面图

超前小导管采用水泥砂浆，注浆参数如下：

水泥浆水灰比：1：1。

注浆压力：0.5MPa。

施工中，小导管注浆采取了注浆量与注浆压力双控制，以确保注浆效果。

2. 开挖

1）联络通道开挖采用的是短台阶留核心土分步开挖法，开挖循环为 1m，开挖步距为 5m。

2）开挖具体操作方法如图 12-20 所示。

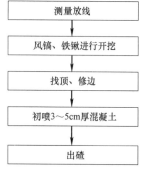

图 12-20　联络通道开挖
施工流程图

（1）开挖前先用测量仪器确定、标识出隧道中心线及轮廓，然后测量监理在现场复核了数据，待数据无误后允许班组开挖。

（2）开挖采用人工配合风镐进行，每次开挖完成后，立即进行了初期支护作业。在开挖施工时，根据围岩类别，拱顶预留沉降变形量 5cm。由于联络通道作业空间受限制，采用人工加小型设备出土，挖出土方用翻斗车运出洞口后通过提升机运至地面。

具体的联络通道开挖步骤如图 12-21、图 12-22 所示。

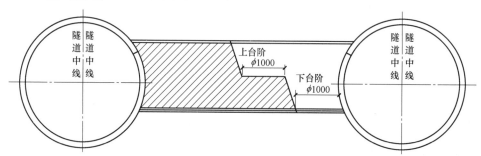

图 12-21　联络通道施工开挖步骤图

3）联络通道超欠挖处理

在联络通道施工中，对于正常的超挖采用的是锚喷支护结构相同的混凝土进行回填，对于非正常的大范围内的超挖，在5cm以内采用喷射混凝土回填，在5～30cm采用片石分层铺砌，喷射混凝土填实。

3. 初期支护锚喷混凝土施工

本联络通道的初期支护体系由超前小导管＋砂浆锚杆＋钢格栅＋单层钢筋网片和喷射混凝土联合组成，超前小导管在每次循环开挖前完成，其余支护也在开挖后及时完成。考虑到施工误差、初衬变形和拱顶沉降等因素，项目部适

图 12-22　分台阶开挖

当放大了断面开挖尺寸，放大的幅度控制在5cm内，施工过程如下：

1）钢筋网与砂浆锚杆施工

钢筋网与砂浆锚杆施工流程如图 12-23 所示。

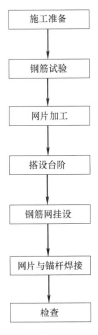

施工准备

↓

钢筋试验

↓

网片加工

↓

搭设台阶

↓

钢筋网挂设

↓

网片与锚杆焊接

↓

检查

图 12-23　钢筋网与砂浆锚杆施工流程图

联络通道拱墙在挂钢筋网前先打设了长 3mϕ22 螺纹钢筋砂浆锚杆，纵、环向间距为 1500mm×1500mm，呈梅花状布置，用风钻钻孔，用高压风吹净孔内石屑，然后将砂浆注入锚孔内，保证砂浆填充密实。钻孔孔径比杆径大 15mm 以上，孔深度允许偏差±50mm。清孔后用塞子塞紧孔口以防止石碴掉入，插杆前先将砂浆注入锚孔

图 12-24　钢筋网安装（现场采用预制钢筋网片）

内，注入锚孔内砂浆体积略大于需要体积，完成后迅速将锚杆插入孔内，杆体插入孔内的长度大于设计长度的 95%，锚杆未凝固好不允许随意碰撞，以及在锚杆上挂放物体。

为了提高施工效率，项目部在现场采用预制钢筋网片，钢筋网纵向、环向采用的是 $\phi 6.5$ 钢筋，网格为 200mm×200mm。在洞外加工完成后，将网片运入洞内，铺设时焊接在格栅上，钢筋网的混凝土保护层控制在 20mm。

钢筋网片之间以及与已喷混凝土的钢筋网片搭接牢固，搭接长度为 200mm。

2）格栅钢架安装

格栅钢架安装流程如图 12-25 所示。

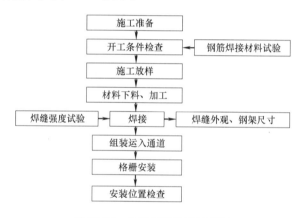

图 12-25　格栅钢架安装流程图

格栅钢架是联络通道初支的一部分，格栅钢架主筋采用的是 $\phi 22$ 钢筋加工，构件连接均采用双面搭接电弧焊，焊缝高度不小于 8mm。每榀间距 1.0m，在洞外分片加工，钢支撑加工后放在水泥地面上试拼，并经监理验收合格后运入洞内使用。

洞内安装时，先使拱架与通道轴线垂直，然后焊接连接筋，使钢架成为一个整体。

在施工集水坑段初支前，为减少初支下沉量，每榀拱架安装时，均在底部设置了"刚性托块"，以增大受力面积，控制下沉量。

每榀拱架安装好后，在每个拱脚处设置了两根锁脚锚杆，以限制初支下沉和防止初支向通道内收敛变形，锁脚锚杆采用 $\phi 42$ 钢管，$L = 3.0$m，$t = 3.5$mm，其尾部与拱架焊接牢固。锚杆采用气腿式风钻钻孔，插管时用气腿式风钻顶入。锚管安装完成后，及时注浆填充，注浆材料为水泥砂浆，砂浆强度为 M25，砂浆配合比为水：水泥：砂＝0.38：1.0：1.0（注：锁脚锚杆为控制拱架沉降的重要构件，项目部及监理部将其作为验收的主控项目）。

4. 喷射混凝土施工

喷射混凝土强度等级为 C25，厚度为 250mm，其工艺流程如图 12-26 所示。

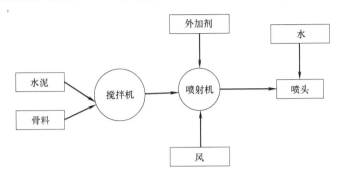

图 12-26　喷射混凝土施工流程图

为了保证喷射混凝土密实，施工单位采取的技术措施如下：

1）严格控制混凝土施工配合比，配合比经试验确定，混凝土各项指标都必须满足设计及规范要求，混凝土拌合用料称量精度必须符合规范要求。

2）严格控制原材料的质量，原材料的各项指标都必须满足要求。

3）喷射混凝土施工中确定合理的风压，保证喷料均匀、连续，同时加强对设备的保养，保证其工作性能。

4）喷射作业面由有经验、技术熟练的喷射手操作，保证喷射混凝土各层之间衔接紧密。

（五）联络通道防水施工

本联络通道防水内容有三个：一是通道的防水；二是通道与隧道管片接触部位防水；三是注浆防水。

1. 通道防水

初衬基面经监理验收合格后，施工单位进行了联络通道主体结构防水施工，通道防水材料是 400g/m² 土工布、1.5mm 厚 PVC 防水板。PVC 防水卷材采用无钉焊接，施工流程如图 12-27所示。

质量专监对防水层质量要求如下：

1）卷材防水层施工完成后，应对施工质量进行检查，对双缝焊做充气耐压试验检查，自检合格经监理工程师检验认可后，按设计要求施做保护层。

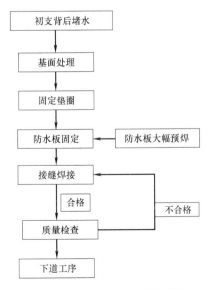

图 12-27　防水板施工流程图

2）模筑混凝土时，混凝土不得直接冲击防水层，振动器不得接触防水层，以免损坏防水层。

3）防水板搭接宽度和焊缝宽度应满足设计要求。

4）无纺布铺设无孔洞、无开裂、无接缝不严，固定点布置均匀牢固、无松动。

5）防水板铺设无漏焊、假焊，固定点防水层表面无过热烧焦现象，"丁"字接缝焊接严密。

6）防水层表面无破洞、划伤等（图12-28～图12-30）。

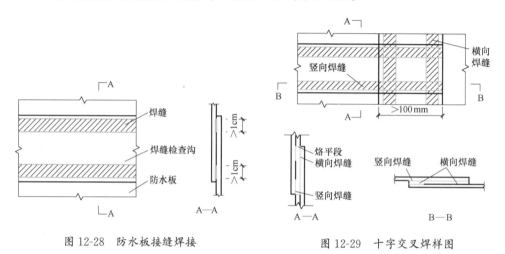

图12-28 防水板接缝焊接

图12-29 十字交叉焊样图

图12-30 防水板铺设成品照片

2. 盾构隧道管片与联络通道接触部位防水（洞口防水）

1）洞口防水施工先将洞口混凝土面清理干净，然后在混凝土面上满涂一层1.5～2.0mm渗透性改性环氧涂料。分别在底部与顶部预埋3根ϕ42注浆小导管，在洞口初衬完成后向壁后注普通水泥浆。

2）水泥基渗透液终凝后铺设防水板，防水板粘贴在管片上，两侧洞口各设置两道外贴式止水带。止水带与管片交界处安设一道双组分聚硫密封胶（图12-31）。

3. 注浆防水

项目部在二衬施工前预先设置了注浆管，对漏水部位进行补充注浆，对衬砌拱顶采取初衬后注浆和二衬后补充注浆。

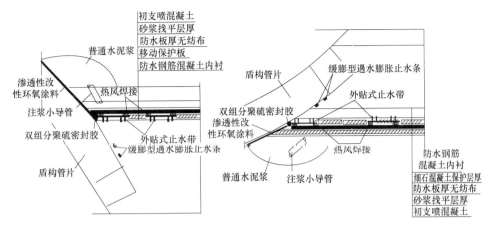

图 12-31　联络通道洞门防水施工图

（六）二次衬砌施工

二次衬砌施工顺序：竖直方向分为 2 段，先施工二衬底部，然后施工洞身二衬，为了确保二衬质量，项目部要求班组成型采用钢模板，浇筑时利用连接地面检修井的套管，根据拆模后的混凝土结构质量，证明此方法是可行的（图 12-32）。

图 12-32　利用排水套管浇筑混凝土

1. 底部的施工

1）底部施工工艺流程如图 12-33 所示。

2）底部施工方法

底部喷锚施工结束后，项目部二衬施工前做好地下水的封堵引排，底部的浮碴、垃圾、积水等清除干净，防水板全段铺设，铺设完成经检查合格后平铺 50mm 厚的 C15 细石混凝土保护层，待砂浆达到设计强度后绑扎钢筋。

2. 通道洞身二次衬砌的施工

底部二次衬砌施工结束，待混凝土达到设计强度后，继续施工通道洞身二次衬砌。施工污水泵房段洞身二衬时，向下预留泵房二衬钢筋，钢筋满足预留钢筋要求。为方便施工和浇筑，可先将其弯折 90°，待施工泵房二衬时再行弯直（图 12-34）。

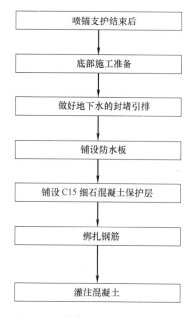

图 12-33　底部二次衬砌施工流程图

图 12-34　洞身二次衬砌施工流程图

3. 洞门施工

通道二衬施工完后，拆除保护门，开始绑扎洞门钢筋，为了保证联络通道二衬与洞门连接为一个整体，在管片上植筋，并在施工二衬时将洞门钢筋预埋在二衬里，为方便施工，现场将洞门钢筋弯成 90°，在施工洞门时将预埋钢筋扳直，钢筋绑扎经检查合格后制立洞门模型，模型采用钢模，加固采用钢管及方木支撑，检查合格后灌注洞门 C35 混凝土。

三、施工技术总结

根据现场实测，联络通道开挖轮廓尺寸控制情况见表 12-2。

联络通道开挖轮廓尺寸控制情况　　　　　表 12-2

序号	项目	允许偏差(mm)	实际偏差(mm)	检查方法
1	拱顶高度	+30,0	最大+15	量测联络通道周边轮廓尺寸，绘制断面图核对
2	宽度	+30,0	最大+20	每次开挖进尺检查一次，在安装网构钢架和喷射混凝土前进行

图 12-35 为初衬完成后的效果，由图 12-35 可知，初衬尺寸控制效果良好。

按照二衬施工方法浇筑的效果如图 12-36 所示，由图 12-36 可知结构表观质量良好。

复合地层矿山法联络通道施工遵循的原则为：管超前、严注浆、短开挖、强支护、快封闭、勤量测，做好每个工序的质量把控及相邻工序的转换管理，就可以将施工风险降低到可控程度，实体质量也可得到提高。

图 12-35　初衬完成后成品图

图 12-36　二衬完成的效果图

第十三章　水平旋喷桩技术

一、工程概况

世纪莲站 3 号出入口位于车站西南侧，通道南北方向，与市政主干道裕和路正交，裕和路路中地下综合管廊沿东西向横跨 3 号出入口通道顶部，因综合管线迁改难度较大，本通道采用明挖施工、局部采用暗挖法施工方案，暗挖段采用超前支护水平旋喷桩加固处理措施。

二、水平旋喷桩施工技术简介

（一）水平旋喷桩施工原理

水平旋喷桩施工时采用水平定向钻机打设钻孔至设计深度后，缓慢回抽并同时通过钻杆前端的喷嘴以一定压力（35MPa 左右）喷射出配制好的水泥浆液，借助浆液的冲击力切削土体，则喷流射程内的土体被破坏，与此同时钻杆以一定的速度（20r/min）旋转并以低速（15～30cm/min）外拔，使土体与水泥浆充分搅拌混合，胶结硬化后形成直径比较均匀，具有一定强度（0.5～8.0MPa）的桩体，当旋喷桩相互咬合后在隧道拱顶及周边形成封闭的水平旋喷帷幕体且水平旋喷桩具有超前支护效应能够起到防渗漏、防流砂、抗滑移的作用，从而保证隧道安全快速的掘进。

暗挖隧道水平旋喷施工桩工艺流程如图 13-1 所示。

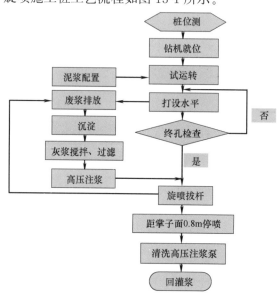

图 13-1　水平旋喷桩施工工艺流程图

（二）暗挖段隧道水平旋喷桩支护设计参数

水平旋喷桩布置在隧道开挖线 250mm 的轮廓线上，在隧道拱部 92.17°范围内采用单排 ϕ500 水平旋喷桩（共计 18 根，内插 ϕ89 钢管），相邻桩间距 300mm、相互咬合 200mm；隧道其他范围采用双排 ϕ500 水平旋喷桩，相邻桩间距 350mm、相互咬合 150mm，排间距为 350mm。其中外排水平旋喷桩 63 根，内排 56 根旋喷桩中 36 根内插 ϕ89 钢管，长度 8.7m。水平旋喷桩布置如图 13-2 所示。

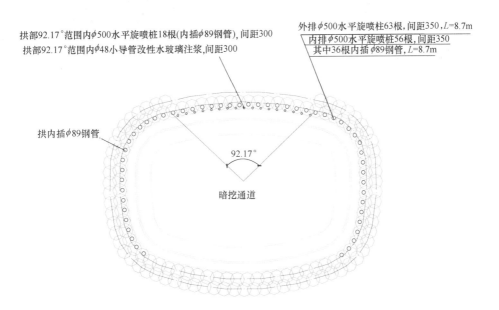

图 13-2　水平旋喷桩布置图

（三）水平旋喷主要机械设备

水平旋喷桩采用单管旋喷，主要机具包括水平旋喷桩机（图 13-3）、油泵动力系统（图 13-4）、大泵喷浆系统（图 13-5）、旋喷桩机控制台（图 13-6）。

图 13-3　水平旋喷桩机

图 13-4　油泵动力系统

图 13-5 大泵喷浆系统　　　　　　　　　图 13-6 旋喷桩机控制台

三、水平旋喷施工工艺

(一) 施工准备

1) 综合管廊内部桁架加固按照设计图纸施工,管廊内重要管线监测点布设,完成初始数据的采集工作。桁架加固情况如图 13-7 所示,自来水沉降点设置情况如图 13-8所示。

图 13-7 桁架加固情况　　　　　　　　　图 13-8 自来水沉降点设置情况

2) 测量放线定桩位,在隧道两侧测量放线定出两个同一里程点的隧道轴线,并在掌子面测量标出隧道开挖轮廓线,测量定出桩位,用水泥射钉做好桩位标志,并编好每个桩号。开挖轮廓线及孔位标记如图 13-9 所示。

3) 平整工作平台,铺设轨道,安装立柱。场地要求平整,并挖设排水沟,如图 13-10所示。

4) 场地平整,场地硬化,高压泵安装平稳,管路安装摆放整齐。

图 13-9 开挖轮廓线及孔位标记

图 13-10 方形架与排水沟

5）设备安装好后，按技术交底调整钻机角度、方位，对准孔位，孔位误差控制在±50mm 以内。

6）制备浆液：根据设计配合比配制水泥浆，浆液搅拌必须均匀。在制浆过程中应随时测量浆液相对密度，每孔高喷灌浆结束后要统计该孔的材料用量。浆液用高速搅拌机拌制，拌制浆液必须连续均匀，搅拌时间不小于 3min，一次搅拌使用时间亦控制在 4h 以内。

7）进行水平旋喷桩试桩。本通道明挖段内地质条件与该暗挖段基本一致，在明挖段内施做试验桩，根据现场实际情况，试桩 6 根，旋喷压力分别选取 30MPa、35MPa、40MPa 各 2 组，浆液要求水：水泥为 1：0.8～1：1，并插入 ϕ89 钢管，试桩可以实现以下目的，确保后期施工质量和工期要求。具体包括：

（1）在明挖段土方开挖过程中检查成桩效果，桩径、桩体强度及均匀性。

（2）检查成桩精度、相邻桩体的相互咬合程度及水平旋喷桩对围岩土体的加固效果。

（3）根据施工参数（如旋喷压力、水灰比）及成桩效果分析，并据此修改施工参数，确保通道水平旋喷能达到预期效果。

（4）根据试桩确定水平旋喷桩施工功效，合理施工组织安排，确保施工工期。

根据试桩开挖检验结果看，高压旋喷压力为 30MPa，水灰比 1∶1 能达到设计要求的桩径，桩体完整性较好。

（二）水平旋喷桩施工过程

1. 钻进

1）开孔：钻机在钻进前采用直径为 110mm 的水钻，根据已放样的桩位在已施工的 800mm 厚地连墙上分段引孔，每段 200mm，引孔完毕后用土工布或编织袋进行临时封堵处理。水钻引孔施工现场如图 13-11 所示。现场实际施工时，引孔穿透地连墙后，出现了大量涌水、涌砂情况，泥水喷射距离墙面能达到 1～2m，为保证上部综合管廊安全，现场采用之前水钻引孔时取出的圆柱形混凝土块包住土工布塞住孔，再用钻机钻杆顶紧。

根据现场实际情况，为避免引孔后涌水、涌砂情况的发生，对方案进行调整，采取如下技术措施：

（1）水钻引孔长度修改为 75cm，保留 5cm 的素混凝土，孔口用 10mm× 10mm×1000mm 方木堵塞，引孔效果如图 13-12 所示。

（2）加工合金三叶钻头，钻头 ϕ89，将剩余 5cm 混凝土钻透，合金三叶钻头如图 13-13 所示。

图 13-11 水钻引孔

图 13-12 引孔效果

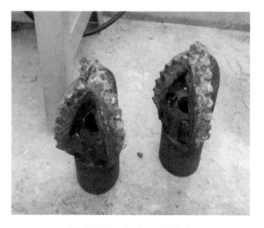

图 13-13 合金三叶钻头

2）配制循环浆液：因水平旋喷范围主要为＜2-2＞粉细砂层，循环浆液采用1∶1水泥浆。

3）打设钻孔：本暗挖通道水平旋喷旋桩长度仅 7.9m，旋喷桩钻孔的角度水平设置。主要分为以下几个步骤：

（1）将孔口临时封堵的方木取出，调整钻机，对好孔位，调平钻机，现场采用水平尺控制，水平尺钻孔角度控制现场如图 13-14 所示。

（2）将旋喷钻头送入孔内，安装密封盘根和法兰盘，减小 ϕ76 钻杆与 ϕ110 钻孔的间隙，密封盘根及法兰盘安装现场如图 13-15 所示。

图 13-14　水平尺钻孔角度控制

图 13-15　密封盘根与法兰盘安装

（3）打开循环液排出口。

（4）开始钻进，进孔角度按确定的水平角度开始钻进，直到钻至设计深度，钻杆采用 3m/节。

（5）通过观察循环液压力变化，检查喷嘴是否堵住。

（6）钻进过程中要保持循环液压力 1.0～2.0MPa，防止在钻进过程中，砂石堵住喷嘴。

2. 高压旋喷

进行高压喷浆前应检查高压注浆泵，查看泵压读数是否达到要求，泵压达到试桩要求时开始喷浆，主要包括：

1）钻杆接头处是否漏气，如漏气，则应将钻杆退回，查出漏气位置重新密封，或更换钻具。

2）喷嘴是否堵住，喷嘴如堵死，则应将钻杆全部退回进行疏通，疏通后重新下管到设计深度后再进行旋喷。

3）在钻孔底高压喷浆时应停留一定时间，然后再缓慢外拔钻杆，同时高压喷浆。

4）在高压喷浆时，应安排专人观察泵压变化，一旦发现泵压过低时应及时通知机台停止喷浆，查明原因后再恢复高压喷浆。

5）当钻杆拔至孔口0.8m时停止注浆，关闭浆液通道，拆除法兰盘再快速拔出钻杆，进行封孔作业。

6）每根高压旋喷钻杆拔出后应立即用清水高压冲洗干净，避免残留浆液凝固，避免下次旋喷时残留颗粒物堵喷嘴。

7）喷浆参数：浆液要求水：水泥为1：1，注浆压力30MPa。

8）注浆过程中管廊内全程安排专人旁站，查看综合管廊变形缝处有无浆液冒出，钢桁架有无变形，并做好监测工作，随时反馈信息。

3. 封孔

1）喷浆至孔口掌子面0.8m时，应停止喷浆。

2）卸下孔口管最外端的密封装置，关闭循环液排出口。

3）快速拔出钻杆和钻头，用圆柱形混凝土块包住土工布塞住孔口，再用钻机钻杆顶紧，最后将法兰盘安装，旋喷完成孔口封堵如图13-16所示。

4）注浆完成48h后卸下法兰盘。

图13-16　旋喷完成孔口封堵

4. 返浆处理

旋喷桩是用水泥浆置换桩内的部分土体成桩，在施工时会有泥浆从孔内返出，且水泥浆在喷出时也有部分返浆。施工时沿地连墙边设置排水沟，将返出的浆液引至明挖段结构集水井，集水井设三级沉淀，清水用水泵抽排，剩余泥土用长臂挖机装运至临时渣场，晾干外运。

5. 清洗管道及设备

每根桩施工完毕后都应用清水高压冲洗管道及设备，确保管道内不留残渣，清洗完毕后移至下一桩位。

6. 内插 ϕ89 钢管施工

水平旋喷桩施工完成，在未完全固化的桩体内插入 ϕ89 钢管，提高其抗弯折能力。根据现场实际情况，内插 ϕ89 钢管采用长度 1.5 m 和 3m，壁厚 6mm 的无缝钢管套丝连接，施工时插入端加工成锥形并固定在地连墙上，钢管端部与水平钻机连接，缓缓钻进，钻进过程中注意钢管的角度，用水平尺检查及时纠偏，确保钢管不倾入开挖轮廓线内。ϕ89 钢管外漏地连墙部分用 ϕ22 的螺纹钢加工成的连续 M 形焊接成整体。内插钢管如图 13-17 所示。

图 13-17　内插钢管

7. 止水效果检测方法

为防止开挖时发生洞内漏水事故，注浆结束后必须进行注浆止水效果检查，如未达到要求应进行外围补注浆处理。

1）定量分析法：分析注浆记录，看每个孔的注浆压力、注浆量是否达到要求，注浆过程中漏浆、冒浆情况是否严重，判断止水效果。

2）钻孔检查：在洞门范围钻直径 10cm 孔，孔深 8.7m，检查有无涌水、涌砂情况，推断整体止水效果。

3）对开挖后掌子面、成桩均匀性、咬合情况观察，判断止水效果。

（三）原有管廊底部搅拌桩处理措施

沿综合管廊底部纵向原有 5 排直径 500mm、呈梅花形布置、间距 1300mm×1300mm 的深层搅拌桩地基加固，水平旋喷桩施工范围会遇到原有搅拌桩，共计 40 根，为保证水平旋喷桩与垂直搅拌桩相交处的施工质量，确保开挖时无渗水，施工采取如下技术措施。原深层搅拌桩平面布置图如图 13-18 所示，原有深层搅拌桩与水平旋喷桩纵剖面位置关系如图 13-19 所示。

1）开工前积极联系设计和相关单位搜集原有搅拌桩的资料，详细了解搅拌桩标高、埋深等参数。

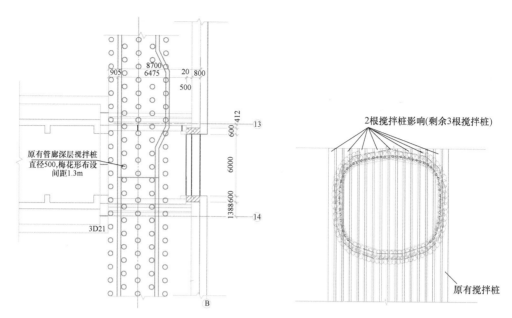

图 13-18　原有搅拌桩平面图　　　图 13-19　原有搅拌桩与水平旋喷桩位置关系图

2）钻机钻进过程中，现场需做好记录，主要包括孔口到原有搅拌桩的距离、碰到搅拌桩的数量、有无发生偏孔等。

3）如发生偏孔现象，需及时将钻杆退出，调整角度重新钻进纠偏。

4）搅拌旋喷施工时根据钻进过程的记录，对遇到搅拌桩位置进行前后复喷 3 次，确保水平旋喷桩与搅拌桩紧密结合。

5）开挖过程中，察看洞内原有深层搅拌桩与水平旋喷桩交界面的加固效果，如达不到要求，停止开挖，及时联系设计、监理制定详细处理措施，经处理后再施工，保证开挖安全。

6）开挖范围内的原有深层搅拌桩，应由上到下分段用风镐破除，严禁采用机械强行推倒。

（四）水平旋喷桩施工质量控制措施

1）试验桩施工完成后应进行桩的质量检测，主要检测其桩径、桩长、桩的强度等指标。

2）工程开工前，认真做好技术交底，做到人人明白技术要求，个个分担技术责任。

3）上岗人员必须经过技术培训，特殊工种必须持证上岗。

4）由于高压浆液对土体的削切及钻杆本身的重力，钻头在钻进过程中会发生明显的下移，为此对旋喷桩，上仰角根据桩径、桩长、隧道坡度、地层情况确定，采用跳 1 根以上施工，从拱底往上施做旋喷桩。

5）施工过程中，操作人员随时记录压力、喷浆量、钻进速度、拔钻杆速度等有效参数。施工时严格控制各种施工参数，发现问题及时汇报处理。现场施工做到及时记录、及时调整、及时汇报处理。

6）注浆压力和注浆量应符合设计要求和有关规范的规定。

7）高压旋喷应全孔连续进行，若中途拆卸喷射管，则应进行复喷，搭接长度不小于200mm。供浆正常的情况下，孔口回浆密度变小，若不能满足设计要求时，应加大进浆密度。

8）在施工时严格遵守操作规程，班长和技术员严格进行质量自检，每根桩在对好钻机后，机手、施工队长都应亲自检查孔位偏差、钻机角度。

四、地下综合管廊保护

世纪莲站3号出入口位于车站西南侧，通道南北方向，与市政主干道裕和路正交，裕和路路中地下综合管廊沿东西向横跨3号出入口通道顶部，暗挖段综合管廊部位有1条变形缝，为确保综合管廊在水平旋喷桩施工和暗挖时减小不均匀沉降和变形，需对管廊内部进行加固处理，具体加固措施如下所述。

（一）变形缝处加固措施

暗挖段通道中心线往东1.25m处，综合管廊设置了1条2cm的变形缝，管廊变形缝位置平面图如图13-20所示。

暗挖隧道全断面采用水平旋喷桩超前支护加固，拱顶距离管廊垫层底部540mm，为防止水平旋喷桩施工时压力过大，水泥浆液沿着变形缝进入管廊，污染管廊内部结构和管线，在变形缝处设置1块宽500mm、厚20mm的钢板，具体加固示意图如图13-21所示。

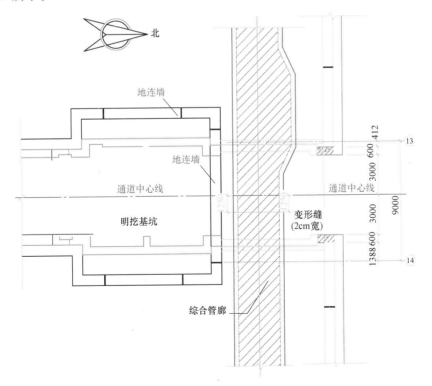

图13-20 管廊变形缝位置平面图

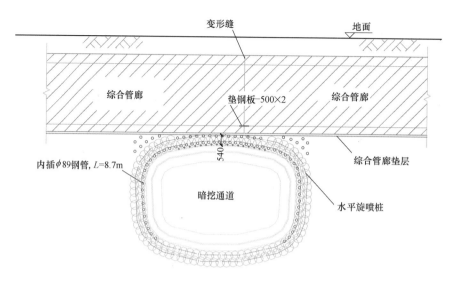

图 13-21　管廊内变形缝加固示意图

（二）管廊内部桁架加固措施

为防止通道土方开挖时，管廊发生不均匀沉降，导致管廊变形或者位移，连带内部重要管线变形，后果将不堪设想，施工过程中管廊内部将做如下技术加固处理措施。

管廊内部加固采用两榀跨变形缝钢桁架，单榀桁架长度为 12m，由 4 段组成，桁架由 L160×10 角钢拼接而成，接口处采用 M22 的高强螺栓连接，两榀桁架间距为800mm。桁架加固纵剖面图如图 13-22 所示，加固完成桁架及接口处节点如图 13-23、图 13-24 所示。

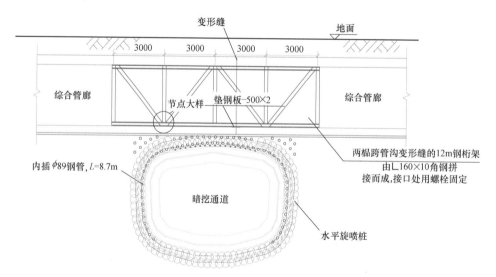

图 13-22　桁架加固纵剖面图

图 13-23　加固后的整体桁架　　　　　图 13-24　连接处节点

（三）管廊内部重要管线监测点布设及监测

3 号出入口暗挖段综合管廊（3900mm×4150mm）内主要管线有 2 条供水管、高压电缆、移动、电信光纤等，其中电缆、光纤自由度较大。现状综合管廊内部情况如图 13-25 所示。

图 13-25　综合管廊内部管线

施工过程中为保证管廊和内部重要管线（供水管）的安全，在管廊底板上纵向布置 4 个沉降点，管廊内 2 条自来水管线各布置 5 个沉降点，并在现有自来水管底部水泥墩之间加设 1 个水泥墩。施工监测中，应对测量结果及时进行分析与反馈，当遇到下面两种情况时，应暂停施工，并根据具体情况制定加强措施。

1）当管廊沉降值超过 20mm 时；

2）当管线变形超过 10mm 时。

五、总结

水平旋喷桩可以形成刚性较大的拱棚，能有效地防止开挖面前方拱棚以外的物体扰动和位移，能有效地控制沉降和防止漏水涌砂。根据现场检测数据总结分析，综合管廊的最大沉降为＋6.5mm，自来水管线沉降为＋8.2mm。开挖过程无涌水涌砂现象，施工过程安全可控。

第五篇

第三方技术服务篇

在地铁建设工程中地铁车站基坑混凝土支撑轴力监测初始值的确定、地连墙渗漏水对基坑开挖的影响、基坑开挖工序不当造成的监测数据预警是监测工作中较为重要的三项工作，下面分别详细阐述本工程中这三项工作的情况。

第十四章 地铁基坑混凝土支撑轴力
监测初始值的选定

一、工程概况

珠江三角洲城际快速轨道交通广州至佛山段二期工程（以下简称"广佛线二期工程"）线路长度约为 6.678km，均为地下线路，共设置 4 座车站，依次分别为新城东站、东平站、世纪莲站、澜石站，最大站间距 2.819km，为世纪莲站—澜石站区间；最小站间距约 1.397km，为新城东站—东平站区间，平均站间距约 1.880km，具体线路走向如图 14-1 所示。其中换乘站 1 座，设在东平站，与规划佛山三号线、广佛环线、广佛江珠城际线换乘。

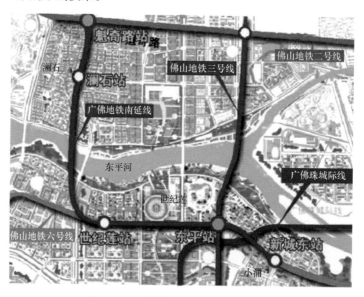

图 14-1　广佛线二期线路走向示意图

本工程 4 座车站及世澜区间均采用明挖法施工，第一道支撑均采用钢筋混凝土支撑，其他区间采用盾构法施工。

二、混凝土支撑轴力监测初始值选定的重要性

广佛线二期工程 4 座车站及世澜区间均为明挖深基坑，在其施工过程中，深基坑的支护起着举足轻重的作用。只有对基坑支护结构、基坑周围的土体和相邻的构筑物进行全面、系统的监测，才能对基坑工程的安全性和对周围环境的影响程度有全面的了解，支撑结构轴力的监测是基坑工程现场监测的主要内容之一。

广佛线二期工程各站点、区间基本情况　　　　　　　　表 14-1

站点、区间名称	工法	起止里程	长度（m）
新城东站	明挖	YCK-6-558.900-YCK-6-130.098	428
新城东站—东平站区间	盾构	YCK-6-130.098-YCK-4-918.512	1211
东平站	明挖	YCK-4-918.512-YCK-4-702.000	216
东平站—世纪莲站区间	盾构	YCK-4-702.000-YCK-3-505.450	1196
世纪莲站	明挖	YCK-3-505.450-YCK-3-220.450	285
世纪莲站—公铁合建分界点	明挖	YCK-3-220.450-YCK-2-409.760	810
澜石站	明挖	YCK0-983.236-YCK0-532.050	451
澜石站—魁奇路始发井	盾构	YCK0-532.050-YCK0+024.017	558

通过对轴力的监测，可准确掌握支护结构的受力状况，从而对基坑的安全性状进行分析，在出现异常情况时及时反馈，并采取必要的工程应急措施，甚至调整施工工艺或修改设计方案，从而保证基坑本身和周围建筑物、构筑物的安全，以确保工程的顺利进行。

但在对支撑轴力特别是混凝土支撑轴力监测过程中，因基坑处于力学性质较为复杂的地层中，存在较大的不确定性和工程设计估算的简化、假定法的自身缺点，以及地下工程施工过程中，存在着诸多偶然因素的作用，使得对基坑支护结构监测所获得的数据和设计预算的数值存在一定的差异，在类似监测工程中经常出现混凝土支撑实测轴力远大于设计轴力的情况，因此，在基坑混凝土支撑轴力的监测过程中，其初始值的选定就尤为重要。

三、混凝土支撑轴力计算原理

目前，国内对混凝土支撑轴力的计算公式普遍采用刘建航主编的《基坑工程手册》中的公式：

$$N = \left[\frac{E_c}{E_s}(A_b - A_s) + A_s\right] \times \frac{1}{n}\sum_{j=1}^{n}\left[K_{sj}(f_i^2 - f_0^2)_j / A'_{sj} + T_{bj}(T_{ij} - T_{0j})\right]$$

(14-1)

$$N = \frac{1}{n}\sum_{j=1}^{n}\left\{\left[\frac{E_c}{E_s}(A_b - A_s) + A_s\right]K_{sj}(f_i^2 - f_0^2)_j / A'_{sj} + T_{bj}(T_{ij} - T_{0j})\right\}$$

(14-2)

式中　N——支撑轴力（kN）；

　　　A_b——支撑截面面积（m²）；

　　　A_s——钢筋截面面积（m²）；

　　　A_{sj}——第 j 个应力计对应钢筋截面面积（m²）；

　　　E_c——混凝土弹性模量（kPa）；

　　　E_s——钢筋弹性模量（kPa）；

　　　f_i——应力计的本次读数（Hz）；

f_{ij}——第 j 个应力计的本次读数（Hz）；

f_0——应力计的初始读数（Hz）；

K_s——应力计的标定系数（kN/Hz^2）；

K_{sj}——第 j 个应力计标定系数（kN/Hz^2）；

T_b——应力计的温度修正系数（10^{-6}/℃）；

T_{bj}——第 j 个应力计的温度修正系数（10^{-6}/℃）；

T_i——应力计的本次测试温度值（℃）；

T_{ij}——第 j 个应力计本次测试温度值（℃）；

T_0——应力计的初始测试温度值（℃）。

公式（14-1）为先计算各个映力计平均值，然后把得到的平均应变扩散到整个钢筋混凝土截面上，从而得出该截面受力情况，公式（14-2）通过各个应力计测得的值来计算截面受力情况，然后取其平均，得出该截面受力情况，因此，两种计算结果及意义存在一定的差别。

公式（14-1）更能反映该截面局部受力情况，所以目前混凝土支撑的轴力计算一般采用公式（14-1），而在实际计算过程中一般不进行温度的修正。

但是通过计算公式可以看出：如果钢筋计在测试过程中存在误差，其通过等应变计算的混凝土支撑轴力值变化较快并远大于设计值，有的甚至好多倍，从而造成最后的轴力值存在较大的误差。

四、影响混凝土支撑轴力变化的主要因素

混凝土支撑轴力为水泥混凝土及内部钢筋的综合力，影响轴力变化的主要因素主要有：

（一）钢筋应力计的灵敏度

测试系统的灵敏度高意味着它能检测到被测物理量极微小的变化，但灵敏度越高，往往测量范围越窄，对外界干扰也就越敏感，在实际监测过程中，如何选择合理的传感器对所测的物理量差异也存在一定的影响。

（二）混凝土支撑配筋

目前普遍应用的混凝土轴力计算公式是根据每个应力计测量的平均值计算钢筋单位截面积所受应力值，将混凝土截面积按其和钢筋弹性模量关系折算成钢筋的截面积，再根据单位截面积的应力值，计算换算后的整个支撑截面的应力值，而换算后的计算结果和实际值必然存在一定的误差，因此混凝土支撑配筋、截面积以及弹性模量指标也是衡量支撑轴力监测值是否精确的一个重要指标。

（三）测试时温度

由本文中上述公式所示，混凝土支撑轴力的监测值和温度的变化存在直接的关系，测试温度和初测温度差距越大，所测算的轴力和实际轴力偏差也就越大。

（四）混凝土的收缩和徐变

混凝土的硬化过程实际就是水泥拌合物的水化反应，反应过程中会对混凝土本身产生一定收缩，而混凝土和钢筋计之间的徐变协调差异也易导致钢筋计产生一定量的附加压力。

（五）基坑开挖后围护结构位移及立柱隆沉等

基坑开挖后，基底土体卸载回弹，基坑内外的土体由原来的静止土压力状态向被动和主动土压力状态转变，应力状态的改变引起立柱隆沉、围护结构承受荷载产生变形，而围护结构、立柱之间的变形差异导致支撑受力并不是单纯的轴向受力，存在必然的扭矩，所测得应力分布不均，计算的轴力也和设计预算值存在一定的差异。

五、混凝土支撑轴力监测初始值的选定

在现场监测实施过程中，测试时的温度以及混凝土支撑浇筑完成后多长时间进行混凝土支撑轴力初始值的采集是本工程影响轴力变化最大的因素，以新城东车站混凝土支撑 ZL10、ZL11 为例，如图 14-2 所示。

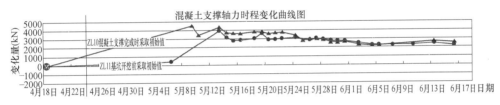

图 14-2　混凝土支撑轴力时程变化曲线图

混凝土支撑轴力 ZL10 是在混凝土支撑完成时（距基坑开挖尚有一段时间）开始采集的初始值，混凝土支撑轴力 ZL11 是在混凝土支撑完成后基坑开挖前采集的初始值。从图 14-2 中可以看出：

1）采用在基坑混凝土支撑完成时（距基坑开挖尚有一段时间）开始采集的初始值时，因基坑尚未开挖，混凝土支撑浇筑后，混凝土的硬化收缩而导致钢筋计产生一定量的附加压力，后续监测过程中所测算的轴力值就必然包含这种附加压力，但其并不是因基坑开挖所引起的，这样就会导致测算的轴力显然比设计轴力偏大，距基坑开挖时间越长，其偏差值越大。

2）采用基坑开挖前采集的初始值时，虽然也存在偏差，但因距开挖时间较短，受外界因素及本身因素影响较小，混凝土硬化收缩产生的附加应力也相对降小，相对于在基坑混凝土支撑完成时开始采集的初始值，其测试数据较为有效，在基坑大面积开挖后两者数据变化趋势较为类似。如混凝土支撑浇筑完毕达到 28d 强度后再采集，则可有效避免附加压力对支撑综合轴力的影响。

3）如采用未安装状态下的值为初始值时，因混凝土支撑轴力的监测值和温度的变化存在直接的关系，测试温度和初测温度差距越大，所测算的轴力和实际轴力偏差也就越大；直接采用标定系数中的初始值时，因标定数据都是在室温恒定且理想的情

况下进行测定的，因此在现场的测量中，应对所测数据计入温度效应的影响，但由于现场没有对温度补偿或温度影响参数测定的条件。

由此可见，混凝土支撑轴力初始值的采集不论是取未安装状态下的值为初始值，或直接用标定系数中的初始值，还是取基坑混凝土支撑完成时（距基坑开挖尚有一段时间）开始采集的值为初始值，都会导致测算的轴力比设计轴力偏大。因此，混凝土支撑轴力的初始值应在混凝土支撑浇筑完毕达 28d 强度后、基坑开挖前进行采集，这样可有效剔除因混凝土的硬化收缩而使钢筋计产生的附加压力。

六、结语

在广佛线二期工程实施过程中，混凝土支撑轴力预警实例举不胜举，可因混凝土支撑轴力预警而判断基坑处于不安全状态的实例却少之又少，其根本原因还是因影响混凝土支撑轴力的因素较多，实测的混凝土支撑轴力与设计预算值存在较大的差异。因此，为将该差异降低到最小，在工程施工过程中需注意以下几点：

1）在混凝土支撑轴力监测时，应统一在一天的同一时间进行观测，或者先进行气温的测量，待气温相同时，再对支撑进行轴力观测，这样，所得数据将可以较为准确地表现真实值。

2）混凝土支撑轴力的初始值理论上应在混凝土支撑浇筑完毕达 28d 强度后、基坑开挖前进行采集，但由于受工程工期的限制，土方开挖是在混凝土支撑浇筑 7d 左右后进行，所以初始值测量必须在这之前进行，这样就无法彻底地消除混凝土收缩变形对钢筋计变形的影响，也无法准确地得到支撑所受外力对钢筋计变形的影响。按照这样监测下去，得到的结果势必比真实值偏大，所以在这种情况下，考虑适当放大设计轴力和预警值。

3）在实际的监测工作中，不能简单根据单根混凝土支撑轴力平均累计值预警作为最后工程施工存在安全隐患的依据，在关注平均轴力累计值的同时，需要结合施工工况，关注其变化趋势，并应结合围护结构的水平位移等其他监测项目数据对支撑轴力的变化进行综合考虑分析。

第十五章　地连墙渗漏水对基坑开挖的影响

地铁工程渗漏水是现今国内较常见的一种工程缺陷，尤其是珠江三角洲区域及地下水位较高的地区，它不仅与地下工程周边地质水文环境、结构埋深、防水设计方案、防水材料等有关，还与结构混凝土性能、施工方案、施工工艺等有关。由于影响地铁工程防水效果优劣的因素很多，导致多数地铁工程在完工后或多或少存在局部渗漏的质量缺陷。在基坑开挖过程中，如果因地连墙出现渗漏水情况，其势必加大施工难度，直接影响实施工程的安全，久而久之，必将成为施工过程及运营阶段的隐患问题。

因此，各参建单位必须对地连墙渗漏水问题要引起足够重视，并加大解决力度，提高施工及管理水平，保障整个工程的施工质量问题，为避免地铁工程在项目完工后因渗水缺陷导致其不能及时投入使用，故对地连墙渗漏位置的变形情况及其相应分析就显得尤为重要。

一、基坑开挖过程中地连墙出现渗漏及原因

广佛线二期工程 4 座车站（新城东车站、东平车站、世纪莲车站、澜石车站）及一个区间（世澜区间）均为明挖施工，其支护形式基本上均采用地下连续墙＋顶层一道钢筋混凝土支撑和两道钢管支撑（图 15-1）。

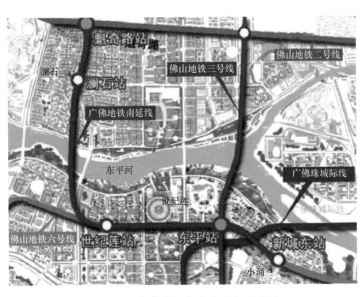

图 15-1　广佛线二期线路走向示意图

采用地下连续墙围护结构形式是出现渗漏情况的主要形式之一，因其施工时需设置地连墙施工缝，地连墙施工缝分为结构段间与段间的竖向施工缝和结构段内衬墙与顶板间的水平施工缝。施工缝的设置，致使渗漏的概率增加。因此，在地铁施工中出现渗漏情况是最为常见的。

广佛线二期工程四座车站及明挖区间在施工过程中，其地连墙均有不同程度渗漏水情况，分析其原因主要有以下几点：

1）施工缝混凝土表面凿毛不规范，造成新老混凝土的粘结不好。

2）止水条（带）敷设不牢靠，浇筑混凝土时跑偏、变形。

3）遇水膨胀胶条与基面不密贴或在浇筑混凝土前受水浸泡先行膨胀。

4）胶条接头处理不当或施工缝处模板缝隙处理不好，混凝土跑浆。

二、地连墙发生渗漏实例及其监测工作部署

以广佛线二期工程新城东车站为实例，该车站围护结构采用 800mm 厚地下连续墙＋第一道混凝土支撑＋第二、三道钢支撑的形式。基坑标准段第一道支撑为八字撑，主撑 800mm×1000mm＋辅撑 600mm×800mm，第二、三道采用双拼 ϕ609，$t=$ 16mm 钢支撑，基坑端头扩大段采用三道混凝土斜撑，第一道为 800mm×800mm，第二、三道为 800mm×1000mm。其工程地质特征及水文地质特征情况如下：

（一）工程地质特征

该站站址范围为珠江三角洲海路交互相沉积平原地貌，地势高低起伏变化较大。场地西部为堆土场，大量土方堆积于此，场地东部为鱼塘，标高为 1.55～10.00m。地表土层为堆土及素填土，下伏基岩为泥质粉砂层（表 15-1）。

土层分层及物理特性　　　　　　　　　　　　　　表 15-1

土层序号	土层名称	层厚(m)	标高(m)	特性	渗透系数(m/d)或(cm/s)
①	人工填土层	1.00～12.40	−4.32～4.76	松散、浅灰，主要由黏性土等组成，局部含碎石	0.5
②1A	淤泥	1.00～5.90	−16.74～1.12	深灰色、流塑，主要成分为黏粒、粉粒及有机物	0.01
②1B	淤泥质土	1.30～9.00	−18.65～1.57	深灰色、流塑，主要成分为黏粒、粉粒，含少量粉细砂	0.01
②2	粉细砂层	1.70～20.00	−20.01～2.68	浅色、深灰色、稍密为主，少量呈松散或中密状	1.5
②3	中粗砂	1.00～20.30	−20.05～0.55	浅色、深灰色，中密～密实	3.5
②4	粉质黏土层	1.20～4.80	−20.07～4.76	灰黄色、浅灰色、可塑，主要由粉黏粒组成	0.02

土层序号	土层名称	层厚(m)	标高(m)	特性	渗透系数(m/d)或(cm/s)
⑤N-2	粉质黏土	1.80～6.70	—16.75～—15.18	灰色、灰褐色、硬塑为主,为泥质粉砂岩风化残积土	0.05
⑦	泥质粉砂岩强风化带	2.10～15.50	—23.03～—15.94	浅灰色、灰褐色、矿物成分显著,局部呈碎块状、块状	0.5
⑧	粉砂岩中风化带	1.02～9.50	—30.85～—19.32	深灰、浅灰、灰褐色,粉砂机构、层状构造	0.5

（二）水文地质特征

根据该地区的水文地质特征,结合场地地下水水位埋深情况,地下水抗浮设防水位标高采用建筑物室外地坪标高,该站设防水位取至地面标高 4.5m。

在日常监测实施过程中,在 2013 年 11 月 2 日现场监测巡视中发现:地连墙出现渗漏情况,在现场可以通过肉眼看到地表下沉明显(图 15-2、图 15-3),并将该信息及时通知业主代表、监理单位及施工承包商。

图 15-2　CX43 地连墙渗漏水

图 15-3　CX44 地连墙渗漏水

出现渗漏情况的区域位于新城东车站工作井东端头及标准段北侧,其对应于工程主要的监测项目及监测点按照已批准的监测方案已布设完成,测点未被破坏,具体见表 15-2。

主要监测项目及测点编号　　　　　　　　　　　　　　表 15-2

序号	监测项目	监测点编号	备注
1	地表沉降	DB43-1、DB43-2、DB43-3、DB44-1、DB44-2、DB44-3	
2	坑外水位	SW43、SW44	
3	墙顶沉降	QD43、QD44	
4	混凝土支撑轴力	ZL21-1、ZL21-2、ZL22-1、ZL22-2	
5	墙体水平位移	CX43、CX44	

　　根据现场情况及工作部署，针对现场出现的渗漏区域采取了应急监测：要求对该区域的全部监测项目及所有监测点按照监测方案及规定的监测方法进行每天一次的监测包括对渗漏区域的现场巡视，特别是在承包商对该区域进行渗漏水处理过程中，对各个测点进行监测数据的采集及对地表、支撑、围护结构等变化情况的巡视，掌握周边环境、支护体系和土体在处理过程中的动态变化，并及时反馈至业主、监理、设计、施工单位等各参建单位，为各方能及时掌握各监测对象实时状态提供参考依据。

　　因该站基坑基本属粉细砂层地质，透水性较强，承包商在地下连续墙施工缝处理中未处理好，导致该区域发生地连墙渗漏水情况，要求承包商根据渗漏位置及渗漏情况及时进行注浆处理，并确保注浆效果。

三、主要监测结果及分析

　　在基坑开挖过程中该区域的地连墙发生渗漏后，为有效确保基坑及周边环境的安全，加强监测工作，对坑外水位、支撑受力、地表沉降、墙体水平位移等监测项目进行频率和测点的加密监测，得出的监测数据作为指导承包商施工的依据及业主决策。

（一）基坑外地表监测变化曲线

　　基坑外地表沉降变化趋势如图15-4所示。

　　自2013年11月2日基坑发生渗漏以来至11月23日底板浇筑完成，坑外地表最大沉降达20.07mm，最大变化速率为3.78mm/d，随着堵漏注浆及底板封闭完成，坑外地表沉降曲线趋于平稳，待底板浇筑完成后，坑外地表沉降基本趋于稳定。

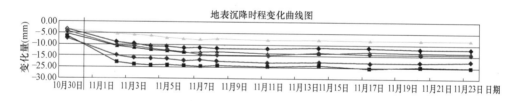

图15-4　坑外地表沉降变化曲线图

（二）坑外水位变化曲线

　　从基坑发生渗漏后至底板完全浇筑完成，坑外水位SW43、SW44变化趋势如图15-5所示。

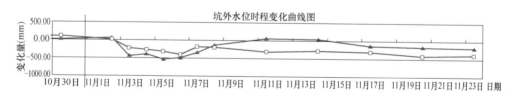

图15-5　坑外水位变化曲线图

　　从图15-5中可以看出，基坑发生渗漏时坑外水位下降较为明显，坑外水位累计变化最大为−528.0mm。待堵漏注浆及底板浇筑完成后，坑外水位趋于平稳。

（三）混凝土支撑轴力变化曲线

混凝土支撑轴力以工作井第一道混凝土支撑、第二道混凝土支撑轴力为例（编号 ZL21-1、ZL21-2、ZL22-1、ZL22-2），混凝土支撑轴力变化曲线如图 15-6 所示。

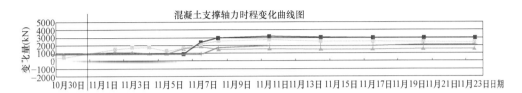

图 15-6　混凝土支撑轴力变化曲线图

从图 15-6 中可以看出，在同一温度及相同测试方法等条件下，轴力变化趋势与坑内堵漏、基坑开挖及底板施工包括基坑外机械作业等有关。在 11 月 2 日以后混凝土支撑轴力均呈上升趋势，随着基坑进一步开挖，以及注浆作业、基坑周边机械行驶、材料堆放产生的静载等对混凝土支撑轴力都造成了混凝土支撑受压，其轴力增大趋势较为明显。在 11 月 23 日随着基坑垫层混凝土浇筑完成，支撑轴力均趋于平稳。

（四）地连墙顶竖向沉降变化曲线

从基坑发生渗漏后至底板完全浇筑完成，墙顶 QD43、QD44 竖向沉降变化趋势如图 15-7 所示。随着基坑发生渗漏情况，地连墙呈现上浮趋势，最大累计变化量达到 5.69mm，在基坑底板完成浇筑封闭后，其变化趋于稳定。

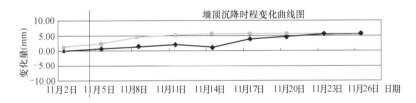

图 15-7　墙顶沉降变化曲线图

（五）地连墙体水平位移（测斜）变化曲线

从基坑发生渗漏后至底板完全浇筑完成，测斜 CX43、CX44 变化趋势如图 15-8、图 15-9 所示。

从图 15-8、图 15-9 中可以看出，地连墙出现渗漏水前，基坑开挖过程中墙体变化比较平稳，在 11 月 2 日出现渗漏后，随着基坑进行注浆堵漏处理及基坑进一步开挖后，墙体变化较为明显，且在施工过程中，受支撑施做不及时、粉细砂层暴露时间长都易导致测斜数据增大，两个测点监测数据均说明在发生渗漏后，墙后水土流失，围护结构内外压力差增大，最终导致墙顶向基坑外变形。自基坑发生渗漏至基坑底板完成浇筑的施工过程中：CX3 最大累计变化量达到 43.89mm；CX4 最大累计变化量达到 43.88mm。且两者在基坑开挖位置的变化最大。

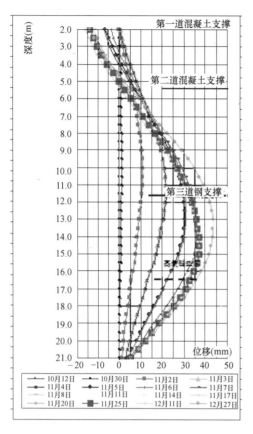

图 15-8 CX43 数据变化曲线　　　　图 15-9 CX44 数据变化曲线

通过以上渗漏区域的各监测项目监测数据变化分析可以看到，在出现渗漏水时坑外水位、墙体测斜、地表沉降、混凝土支撑轴力等监测数据变化较大，特别是墙体水平位移的监测数据，因此，如果不对出现渗漏的地连墙进行及时处理，其结构质量、安全得不到保障，在得到有效处理后，数据变化趋势趋于平稳，表明基坑变形趋于稳定，同时也可从数据变化的趋势判断出承包商在渗漏位置的注浆效果明显，渗漏情况得到有效控制，消除了工程的安全隐患，确保了工程质量。

四、结语

基坑发生地连墙渗漏水情况时，承包商要及时、积极、主动采取注浆堵漏措施，监测单位除了要及时启动应急监测，还应将监测信息及时反馈至各方，综合对渗漏区域的监测数据的变化分析及现场工况巡视，可以得出以下结论及建议：

1）深基坑围护设计与施工不仅涉及结构问题和岩土问题，且因地下工程不确定因素较多，在进行基坑支护结构设计时，必须考虑到工程地质及水文资料、环境条件、综合施工技术水平等。在施工过程中，承包商随时要根据具体情况采取必要的技术措施，确保后续工程的施工得以顺利进行，从而规避或降低施工中存在的风险，出现险情时能将造成的工程危害降低至最低程度，还可以弥补设计过程中存在的不足。

2）基坑围护结构发生渗漏水现象，造成周边环境及本基坑的变形过大，其关键原因是地下连续墙施工接缝未处理利索、降水井封闭过早等所致，因此，在基坑围护结构施工过程中，要确保工程质量，切实做到前期早策划，规范好本单位的施工工艺，在基坑开挖过程中一旦发生渗漏情况应立即组织进行堵漏，同时承包商应及时组织设计、监理等单位进行研讨，并及时向业主汇报。

3）施工过程中的工程监测必不可少。当监测数据变化较大时，需加强监测及现场巡视，当有危险预兆时进行连续监测，当发现监测数据超过预警值时，及时向业主、设计、监理、施工单位反馈信息。

4）在粉细砂层开挖过程中，当开挖到支撑位置时应及时施做支撑，加快施工进度，避免基坑开挖后土层暴露时间过长，并尽快封闭底板，消除基坑开挖过程中的安全隐患。

5）在遇到险情时，要及时启动应急预案，各单位特别是承包商要及时确定方案、采取有效处理措施，将基坑变形控制在可控范围。

第十六章 基坑开挖工序不当造成的
监测数据预警

一、前言

　　基坑开挖与支撑施做是地铁车站深基坑施工的重中之重，是确保总工期、节点工期，确保基坑安全，确保整个工程质量的最为关键的一道工序。所以在深基坑开挖前必须制定周全、严密的施工方案和措施，并进行书面技术交底，施工时每一步必须严格按照方案、施工计划进行施工，严格管理，以确保深基坑开挖和支护的安全和质量，在佛山地区必须通过基坑开挖前的条件验收方可进行开挖，这也是确保基坑开挖过程中工程安全和质量的措施之一。

　　但在实际施工过程中，因基坑开挖时未严格按照施工方案要求、未按照基坑开挖工序进行施工的现象屡禁不止，也导致工程监测项目的监测数据出现预警，表明基坑在开挖过程中其安全风险的增大，因此，只有按照施工工序合理安排施工生产安排，才能确保工程施工质量和安全。

二、基坑开挖要点

（一）基坑开挖施工过程中监测是必不可少的

　　1）监测作为指导施工的眼睛。在基坑开挖施工过程中对工程周边环境和工程自身关键部位实施监测，从而掌握周边环境、支护体系和土体在施工过程中的动态变化。

　　2）通过对施工过程实施全面监控和有效控制管理，以及现场安全监测、现场安全巡视和安全状态是否预警，较全面地掌握各工点的施工安全控制程度，为业主提供可靠的数据和信息，同时综合各方信息确定是否预警和报警，使有关各方有时间作出及时反应，为业主作出决策提供技术支持。

　　3）在基坑开挖前首先要就基坑工程本身及周边环境进行相应监测点的布设，并根据规定采集相应初始数据，以确定基坑工程及周边环境是否变形的实际情况。其次要在基坑开挖过程中对监测点进行相应保护措施，避免因监测点的损坏无法采集数据，致使因监测数据缺失而不能判断基坑自身变形情况及周边环境变形情况。

　　因此，在基坑开挖前及过程中，监测点布设、初始数据采集、日常监测等工作需引起重视。

（二）做好开挖前降水工作的控制

　　基坑开挖前必须认真做好基坑降水及明排水工作，确保基坑干燥，加快施工进度，坑内可采用明沟、盲沟和集水井排水，基坑周边的地面排水沟必须保持畅通，并防止坑内排出的水和地面雨水倒流，回渗坑内。

广佛二期工程部分车站地下水补给充沛，控制不好易产生大量涌水，对施工影响很大，特别是基坑处于粉细砂层时，其自稳性差，透水性强，随着基坑降水的进行，围护结构内外两侧形成较大的水压差，使得地下水携带泥砂，透过围护结构底部向坑内上涌，施工中易发生坍塌、涌水、涌砂、变形、失稳等现象。

因此，深基坑开挖的稳定和安全是重点：一是在降水施工期间，为防止地面沉降量过大，一般在基坑外布设水位观察井，通过对坑外水位的监测数据，可以判断其变形情况，并采取相应措施可以保持坑外地下水位，减小基坑周边地面沉降量；二是在基坑工程施工过程中对地下水的处理一般以封堵、降排为主，基坑周边设置排水沟和集水井，降水控制在基坑开挖基面以下 1～2m 左右，保持坑内无水状态作业，如出现意外，立即采取注浆止水措施，必要时对降水井进行回填后封堵，以满足车站施工阶段的抗浮要求，防止基底隆起。

（三）开挖时必须按工序进行开挖

一般来说，基坑开挖时要遵循"分层开挖，先撑后挖、严禁超挖"的原则进行，以减小围护结构的变形。对于面积较大的基坑，基坑开挖宜采用分段、分层对称开挖和分段安装支撑的施工方法。

在广佛二期工程中，基坑开挖一般都采用分段开挖，但需要注意：（1）开挖时需进行纵向放坡，并控制开挖段台阶长度及坡比，并随开挖随进行支撑施做。（2）要充分重视开挖过程中基坑变形和围护结构变形的控制，在施工过程中要尽量加快基坑开挖速度，同时做到在最短时间内及时架设支撑并施加预应力，尽快封闭基坑底板，减少基坑在无支撑情况下的暴露时间。

在基坑开挖后要充分考虑到基坑本身及周边环境的监测，做到利用监测成果来指导施工。

（四）支撑必须及时施做

基坑开挖时应按照先撑后挖的原则，一般先中间后两边，对称安装钢支撑。为了保护基坑周边环境及减少围护结构的变形，一般在基坑开挖至支撑位置后 8～24h 内安装完毕。

预应力施加和复加是钢支撑施工的重要组成部分，也是控制基坑变形最为关键的手段之一。在开挖过程中特别要注意围护结构的受力变形控制，在开挖到支撑位置时应及时架设钢支撑。

基坑开挖后围护结构受外侧土的侧压力后有向内收缩的趋势，钢支撑预应力施加的控制难度大，预应力施加大时则围护结构外扩，不够时则围护结构收缩，因此需要通过设计计算值和现场量测不断调整和确定支撑预应力的大小。在施加预应力时要充分考虑到气温变化对钢支撑应力的影响，为了最低限度减少气温对钢支撑预应力施加的影响，施加应力时宜选择在气温较低的时间段进行。

（五）对围护结构的渗漏点必须及时封堵

在基坑开挖前做好围护结构的施工，特别是桩间的施工质量，保证围护结构的强度、刚度、稳定性和防水性。如在基坑开挖过程中一旦发生渗漏情况应立即组织进行堵漏。

三、工程实例

以澜石车站一期工程为例，该车站位于汾江南路与前进路交叉路口以北，西北向为澜石建陶厂、银苑商住城，东北向为澜苑村；汾江南路与澜石二路交叉路口东南向为澜石明珠幼儿园；西南向为新建高层商住楼利豪名郡。围护结构采用 800mm 厚地下连续墙，标准段墙长约 20.4m，插入基底 4m；端头墙长约 20.7m，插入基底 4m。支撑系统首道采用 800mm×900mm 钢筋混凝土支撑，间距 9m（斜撑间距 4.5m）；以下二、三道均采用 $\phi600\delta14$ 钢支撑，不设置换撑。

澜石站基坑开挖范围内自上而下地层依次为：

1）人工填土层<1>；

2）淤泥层<2-1A>；

3）淤泥质土层<2-1B>；

4）粉细砂层<2-2>；

5）粉质黏土层<2-4>；

6）粉细砂层<3-1>；

7）粉土<5F-1>；

8）粉质黏土层<5N-2>；

9）全风化（泥质）粉砂岩层<6>；

10）强风化（泥质）粉砂岩层<7>；

11）中等风化（泥质）粉砂岩层<8>；

12）微风化（泥质）粉砂岩层<9>。

澜石站地层具体比例如图 16-1 所示。

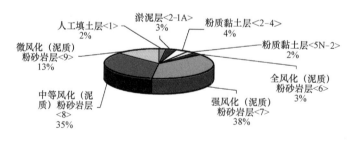

图 16-1　澜石站地层比例示意图

澜石站基坑开挖约 16.49m，开挖深度范围内以第四系松散层为主，在基坑东面开挖深度 2m 左右存在强风化岩层，基坑西面开挖深度 1.5m 左右存在强风化岩层；基坑东部区域内基底主要为强风化（泥质）粉砂岩<7>、中等风化（泥质）粉砂岩

<8>、微风化（泥质）粉砂岩<9>，基坑西部区域基底主要为强风化（泥质）粉砂岩<7>，局部为中等风化（泥质）粉砂岩<8>。

在一期工程第4～6段施工过程中，因其未按照"分层开挖，先撑后挖、严禁超挖"开挖工序进行开挖，导致现场施工存在严重安全隐患。其现场开挖如图16-2所示。且在施工过程中，地连墙因接缝处未处理好，出现渗漏水现象，如图16-3所示。同时在开挖过程中未对监测点进行相应保护，如图16-4所示。

图16-2　澜石车站一期工程基坑开挖现场示意图

图16-3　澜石车站一期工程地连墙渗漏水

在此期间，各监测项目监测数据变化及分析如下：

（一）混凝土支撑轴力

混凝土支撑轴力自基坑2013年12月2日开始开挖后，在12月6日后ZL5-1监测数据就呈现负值，表明该支撑受拉，如图16-5所示。

（二）墙体测斜

在12月6日开始，墙体测斜CX11开始缓慢增大，到12月9～11日，变化较为明显，其中在12月11日CX11变形速率最大为3.12mm/d（8.0m位置），累计变化15.36mm，如图16-6所示。

图 16-4 澜石车站一期工程监测点被破坏

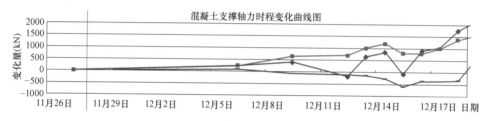

图 16-5 混凝土支撑轴力变化曲线图

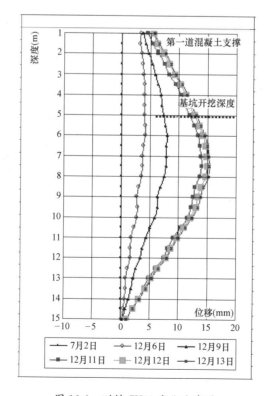

图 16-6 测斜 CX11 变化曲线图

（三）坑外水位

坑外水位 SW5 变化曲线如图 16-7 所示，从图 16-7 中可以看出，自 12 月 9～12 日，水位下降极为明显，表明地下水流失严重。12 月 12 日坑外水位 SW5 累计变化达到－1297mm，在 12 月 14 日达到－1437mm。

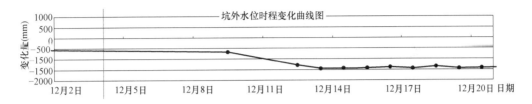

图 16-7　坑外水位 SW5 变化曲线图

因该区域地质条件较好，坑外地表沉降及墙顶变化较小，就不列表说明了。

在 12 月 12 日下午建设单位组织各参加方召开了专题会议，会上明确该区域（第 4～6 段）安全上存在严重隐患，从监测数据分析上可以判断该区域地连墙存在"鼓肚"，首道支撑出现拉应力也表明了这点，要求承包商严格按照基坑开挖工序施工，对已开挖段进行回填后再架设钢支撑，进行对称、分层开挖，同时加大监测频率，加强现场巡视，一旦出现异常及时启动应急预案（图 16-8）。

图 16-8　整改后现场施工示意图

通过现场返工整改，从图 16-5～图 16-7 中可以看出，在 12 月 13 日以后的监测数据变化较为平缓，基坑变形得以控制。

四、小结

从澜石车站一期工程基坑开挖过程中出现的问题及根据现场整改情况和效果可以

得出：

1) 必须合理分段、分层进行开挖，开挖后及时进行钢支撑的架设，做到随挖随撑、对称均衡开挖，减少基坑暴露时间，工程安全风险才能得以控制。

2) 基坑开挖及结构施工期间，必须进行各项施工监测，只有通过现场监控量测对开挖施工过程进行跟踪，实行信息化施工，才能以反馈正确信息来确保开挖方法的科学、安全和可靠，才能真正做到监测作为眼睛，通过监测指导现场施工。

3) 充分利用时空效应，以监控量测为手段，特别是在开挖深度较大的基坑，合理安排施工工序，采取切实可行的技术措施，确保基坑开挖安全有序、均衡高效。

4) 减少基坑边缘地面荷载，认真做好基坑开挖时围护结构的防水工作，做到挖一点、防一点，确保工程施工质量和安全。

参 考 文 献

[1] 刘建航. 基坑工程手册 [M]. 北京：中国建筑工业出版社，2009.

[2] 李文峰. 对地铁基坑混凝土支撑轴力监测精准性的探讨 [J]. 隧道建设，2009，29（4）：424-426.

[3] 叶真华，黄飘. 基坑支撑轴力实测值与理论计算值对比分析 [J]. 岩土工程界，2008，12（3）：27-30.

[4] 胡正亮. 基坑工程中混凝土支撑应力监测结果异常分析 [J]. 西部探矿工程，2007（2）：2.

[5] 夏才初等. 土木工程监测技术 [M]. 北京：中国建筑工业出版社，2001.

[6] 《岩土工程安全监测手册》中国水利水电出版社.

[7] 刘招伟，赵运臣. 城市地下工程施工监测与信息反馈技术 [M]. 北京：科学出版社，2006.

[8] 崔颖哲，范鹏. 软土地基地铁基坑的堵漏抢险 [J]. 施工技术，2005，34（11）：43-44.

[9] 夏明耀，曾进伦. 地下工程设计施工手册 [M]. 北京：中国建筑出版社，2010.

[10] 曹俊发. 注浆法在地铁隧道裂缝渗漏处理中的应用 [J]. 山西建筑，2005，31（6）：125.

[11] 李佳，焦苍，范鹏等. 地铁深基坑支护结构变形预测分析与应用 [J]. 地下空间与工程学报，2005，1（3）：474-477.

[12] 胡正亮. 基坑工程中混凝土支撑应力监测结果异常分析 [J]. 西部探矿工程，2007，19（2）：2-3.